宋庆龄 著

为新中国奋斗

人民 米 题

人民出版社

前言:关于本书各部分历史背景的说明

第一部

 本部包括作品十一篇,是作者在一九二七年国民党背叛革命后为斥责这个背叛而写的。除一九三一年的一篇外,其余都作于一九二七年七月至九月。

 在一九二四年,国民党曾经经过一次改组而变成人民革命的联盟。这个改组是在孙中山先生亲自指导下进行的。在一九一七年俄国十月社会主义革命影响下,孙中山先生接受了中国共产党的建议,改变了他在一九一一年以来的革命路线,确定了反对帝国主义、反对封建主义的革命纲领和联俄、联共、扶助农工三大政策,并于一九二四年改组他所领导的中国国民党为代表工人、农民、小资产阶级、资产阶级的联盟的群众性的政党。由于有了这些改革,国民党重新获得了生命力,在一九二四年至一九二七年与中国共产党共同举行了第一次国内革命战争,消灭了长江以南的军阀势力,造成了全国的革命高潮。但是,正在这时候,以蒋介石为首的国民党右派分子,公开背叛孙中山先生的革命原则和政策,投降了帝国主义和封建主义。从一九二七年四月十二日上海事变开始,蒋介石对中国共产党和革命人民发动了大规模的凶恶的袭击和血腥的屠杀。一九二七年七月十五日,武汉的国民党跟着实行了同样的叛变。从此,正如毛泽东主席在《论联合政府》一书中所说:"内战代替了团结,独裁代表了民主,黑暗的中国代替了光明的中国。"

 在武汉的国民党公开叛变的前夕,作者发表了《为抗议违反孙中山的革命原则和政策的声明》一文，以严正的言词斥责了孙中山先生的叛徒。她抱着对于革命的坚定的信念，宣布与叛徒们分裂，并于一九二七年八月访问孙中山先生所信赖的伟大的革命友人——苏联。在访问苏联以前，作者发表了《赴莫斯科前的声明》；在访问苏联期间，又继续发表了《向苏联妇女致敬》、《写给共产主义青年团的机关刊物〈年青一代〉》、《在莫斯科发表的声明》、《对塔斯社发表的声明》、《对列宁格勒〈真理报〉发表的声明》、《中国目前的形势》、《妇女与革命》、《青年与革命》等一系列的声明和论文，表示她对于三大政策的不变的忠诚。一九三一年九月十八日事变以后，作者在上海发表《国民党已不再是一个政治力量》一文，对于蒋介石国民党政权的本质以及这个政权在民族危亡之际所进行的各种无耻活动，作了无情的揭露。作者在这里表示她的确信：革命必将朝着正确的方向前进并获得最后的胜利。

第二部

本部包括作品四篇，都是为反对法西斯恐怖统治和保障人民权利而作的。

一九二七年以后，蒋介石反动政权一方面进行大规模的反共内战，一方面在全国各地城市和农村中凶恶地残杀革命的工人、农民和知识分子。它的口号是："宁可错杀一百，不许放走一人。"蒋介石全力效法意大利的法西斯和德国的纳粹，为了巩固他的反动统治，在一九二九年十一月成立了后来称为"中统局"的特务机关，在一九三二年三月成立了后来称为"军统局"的特务机关。这两个特务机关集中了大量的汉奸、流氓、土匪、兵痞和叛徒，毫无顾忌地剥夺人民的一切自由权利。人民的爱国民主运动受到严厉的镇压。据当时上海的一家报纸报道，仅一九三〇年八月至十月三个月中即有十四万共产党员和进步分子横遭杀害。

作者在这个黑暗的时期把保卫人民权利和营救被捕革命者的斗争作为自己的主要任务。她和鲁迅、杨铨等在一九三二年发起中国民权保障同盟。中国民权保障同盟不但直接援助了许多在蒋介石狱中的革命者，使他们得到辩护或释放,而且对蒋介石的反动恐怖统治作了严厉的抨击。作者在这一时期所发表的《中国民权保障同盟的任务》、《在中国民权保障同盟的会上对新闻界发表的谈话》、《告中国人民》的声明和论文中,暴露了蒋介石特务机关任意蹂躏人权、屠杀革命人民的残暴罪行,指出了保护被捕革命者的重要意义。在《谴责对德国进步人士与犹太人民的迫害》一文中,作者代表中国民权保障同盟对希特勒匪徒在德国的恐怖统治提出了抗议。

第三部

本部包括作品八篇,代表作者对于一九三一年中国被日本侵入后的政治局势的意见和作者在这种局势中所作的促进中国人民一致抗日的努力。

一九三一年九一八事变以后,蒋介石政府坚持反共反人民的内战,对于日本帝国主义的侵略行动继续采取不抵抗政策,于一九三三年以后放弃热河,承认日寇所提出的"华北特殊化"的无理要求,造成了空前严重的民族危机。中国共产党在九一八事变当时,首先号召抵抗日本侵略者。一九三三年一月,中国工农红军宣布愿与全国军队在抗日民主基础上实行停战。但是蒋介石对于中国工农红军和中国革命人民的进攻反而更加残酷了。

日本帝国主义的进攻和蒋介石政府的卖国政策引起了全国人民的反对和国民党内部的分裂。人民群众的爱国民主运动在全国范围高涨起来。一九三二年一月,陈铭枢、蒋光鼐、蔡廷锴等所领导的国民党第十九路军违反蒋介石的命令,对进攻上海的日本侵略军进行了英勇的反抗。一九三三年十一月,十九路军在被迫调到福建以后,这个军队的领导者与李济深等即在福建成立反蒋的人民政府,并与中国共产党所领导的工农红军签订停战协定,宣布共同抵抗日本侵略。一九三三年五月,冯玉祥、方振武等在察哈尔与共产党人共同组织了民众抗日同盟军,发动了察北抗日战争。中国人民的团结抗日的要求到一九三五年达到了高峰。这是因为日本在这一年对华北开始了新的威协,而中国共产党则正式提出了建立抗日民族统一战线的主张。一九三五年一二九运动以后,中国共产党领导全国人民不顾蒋介石政府的残暴压迫展开了广泛的救亡运动。一九三六年十二月,在中国共产党的抗日主张的影响下,张学良所部东北军和杨虎城所部西北军发动西安事变,逮捕了蒋介石,迫使蒋介石接受停止内战实行抗日的要求。

作者在这一时期中,进行了实现抗日民族统一战线和保障人民民主权利的斗争,并领导了世界反对帝国主义战争远东会议上海筹备委员会的活动。在《中国的工人们,团结起来!》一文中,作者指出:"蒋介石政府不能统一中国,不能领导武装人民进行抵抗日本帝国主义的民族革命战争,不能给农民土地。"只有工人、农民、学生和义勇军联合起来,才能使中国获得解放。《反对帝国主义战争!》是作者以世界反对帝国主义战争委员会远东会议上海筹备委员会主席名义发表的声明,《中国的自由与反战斗争》是作者在这个会议上所发表的演词,她斥责了帝国主义的战争阴谋,阐明了人民的解放战争的进步性,认为"反动的武力只能以革命的武力来对抗"。中国人民的武装力量虽弱,但"武装不是唯一的决定因素;思想意识也有其作用的。"中国人民的抗日战争必能获得胜利。在《为杨铨被害而发表的声明》和《为"七君子"被捕而发表的声明》中,作者对于蒋介石特务机关破坏人民权利的罪恶行为作了有力的指责。一九三七年二月,作者与冯玉祥、何香凝在国民党三中全会上提出了恢复孙中山先生联俄、联共、扶助农工三大政策的建议,《实行孙中山的遗嘱》一文即系作者在这次会议上的发言。在《儒教与现代中国》一文中,作者批评了蒋介石的反动复古思想,主张以改善人民生活的运动来代替蒋介石的"新生活"运动。在《中国是不可征服的》一文中,作者要求国民党与一切抗日力量相团结,指出日本的经济及社会结构不能支持一个对中国人民的长期战争,认为"中国太弱,抵抗不了日本"的意见是不正确的。

第四部

本部包括作品十二篇,除末了两篇外,其余十篇都发表于抗日战争期间。

在抗日战争中,国民党反动派实行了消极抗日、积极反共反人民的罪恶政策。蒋介石用大量的军队封锁陕甘宁边区和其他解放区,屡次向八路军和新四军(他们是由中国工农红军改编的,也就是现在的中国人民解放军)进攻,而在国民党统治区则压迫爱国民主运动,剥夺人民的一切自由权利。

因此,解放区战场就成了抗日战争的主要战场。在一九四四年三月以前,侵华日军用于解放区战场的为百分之六十四,用于国民党战场的为百分之三十六。由于中国共产党和八路军、新四军在抗日战争中的艰苦努力,由于全国人民坚持抗战、反对投降,坚持团结、反对分裂,坚持进步、反对倒退的斗争,由于以苏联为主体的世界反法西斯战争胜利的援助,抗日战争终于获得了最后的胜利。

作者是中国人民抗日战争的积极支持者和宣传者。在一九三七年十一月发表的《关于国共合作的声明》中,她说明了她的积极拥护抗日民族统一战线的立场。在《致英国工党来华调查日本侵略的代表团的信》中,她指出了日本帝国主义在中国所进行的侵略战争对于资本主义国家首先是英国的威协。在《两个"十月"》一文中,她表示了在抗日战争中建立起一个新的民主国家的希望。

一九三八年六月,作者发起组织保卫中国同盟(一九四二年以后改名为中国福利基金会,一九五○年又改名为中国福利会),致力于战时医药工作和儿童保育工作。她在一九三九年至一九四四年所发表的论文和通讯《关于援助游击队战士的呼吁》、《当中国赢得胜利的时候》、《中国需要更多的民主》、《中国妇女争取自由的斗争》、《给中国在海外的朋友们的公开信》、《致美国工人们》和《孙中山与中国的民主》,描述了中国抗日战争的真实状况,说明了中国人民的意志,并揭露了国民党反动派破坏团结抗战的阴谋。这些论文和通讯对作者所领导的保卫中国同盟的工作起了推动的作用。有很多国际友人经过保卫中国同盟以医药用品支援在敌后艰苦坚持战斗的八路军和新四军。有很多国际友人组织医疗队,由保卫中国同盟介绍到八路军和新四军所创造的抗日根据地参加战时救护工作。白求恩大夫所建立的国际和平医院就是这些医疗队工作之一。

一九四五年日本投降以后，蒋介石在新的侵略者美帝国主义援助下继续从事反共反人民的内战。作者于一九四六年发表《关于促成组织联合政府并呼吁美国人民制止他们的政府在军事上援助国民党的声明》，表示了对于美帝国主义和蒋介石的反共阴谋的态度。在一九四八年《给世界民主青年联盟的信》中，作者发出了反对第三次世界大战的号召，表示了对于保卫世界和平的信念。

第五部

本部包括作品二十八篇，都是在一九四九年以后发表的。

一九四七年至一九四九年，中国共产党和中国人民解放军在全国人民支持下，最后消灭了蒋介石国民党的罪恶统治。

一九四九年九月，在中国共产党领导下举行了由中国共产党、各民主党派、各人民团体、各地区、人民解放军、各少数民族、国外华侨及其他爱国民主分子的代表们所组成的中国人民政治协商会议。在会议上通过了中国人民政治协商会议共同纲领，并产生了中华人民共和国中央人民政府。从此建立了中国的人民民主政权，开始了中国人民的伟大的历史时期。

作者在中国人民政治协商会议上被选为中央人民政府副主席。中央人民政府成立后，领导全国人民进行了经济和文化的伟大的改革和建设工作，普遍地实行了土地改革，镇压了反革命分子的活动。孙中山先生所理想的民族独立、民权自由和民生幸福的新中国终于在他逝世二十六年以后成为事实。久受帝国主义和封建主义奴役的中国人民第一次展望到了祖国的无限光明的前途。

一九五〇年六月，美帝国主义发动侵略朝鲜民主主义人民共和国的战争。这个战争对于中国边疆和世界和平形成严重的威协。中国人民发起了抗美援朝保家卫国运动，组织了志愿军援助朝鲜作战。中国人民的这种正义行动，沉重地打击了美国侵略者，并为世界和平提供了有力的保障。

由于作者在长时期以来对于保卫世界和平事业的贡献,她在一九五一年荣获"加强国际和平"斯大林国际奖金。

在一九四九年至一九五二年这一时期中,作者不仅参加政府工作,从事新的人民福利事业和保卫和平运动,而且访问了新中国的许多城市和农村。她所发表的作品也以这一时期为最多。她写出了对于新中国的热烈的颂歌:《向中国共产党致敬》、《在中国人民政治协商会议第一届全体会议上的讲话》、《在中国人民救济代表会议上的闭幕词》、《解放斗争中的中国儿童》、《新上海的诞生》、《新中国的第一年》、《新中国的信息》、《新中国向前迈进》、《中国共产党是中国人民的鼓舞力量》和《伟大的中国三大运动》。在其他的作品中,作者集中注意于保卫世界和平的正义事业。这些作品包括《加强和巩固中苏友谊,粉碎战争贩子的阴谋!》、《在中苏友好协会总会成立大会上的开幕词》、《庆祝十月革命三十二周年向斯大林致敬电》、《在亚洲妇女代表会议上的讲话》、《庆贺斯大林大元帅七十寿辰》、《苏美外交政策的区别》、《中国人民签名拥护世界和平》、《友谊就是团结》、《朝鲜人民的斗争在亚洲所起的作用》、《三十三年的进步》、《为荣获斯大林和平奖金而发表的谈话》、《论印中友好协会的成立》、《论和平共处》、《与〈红色权力报〉记者的谈话》、《印中友好协会帕芝辣分会成立贺词》、《在〈加强国际和平〉斯大林国际奖金授奖典礼上的答词》、《福利事业与世界和平》和《为亚洲、太平洋区域和全世界的和平而奋斗》。

人民出版社

一九五二年九月

目　录

序　言 ·· 1

第一部　反对反革命的斗争

为抗议违反孙中山的革命原则和政策的声明(一九二七年七月十

　四日) ··· 3

赴莫斯科前的声明(一九二七年八月二十二日) ·········· 7

向苏联妇女致敬(一九二七年九月三日) ················ 10

写给共产主义青年团的机关刊物《年青一代》(一九二七年九月三日) ··· 11

在莫斯科发表的声明(一九二七年九月六日) ············ 12

对塔斯社发表的声明(一九二七年九月六日) ············ 14

对列宁格勒《真理报》发表的声明(一九二七年九月六日) ··· 15

中国目前的形势(一九二七年九月十九日) ·············· 16

妇女与革命(一九二七年九月二十五日) ················ 18

青年与革命(一九二七年九月) ························ 19

国民党已不再是一个政治力量(一九三一年十二月十九日) ········ 21

第二部　为争取民权自由的斗争

中国民权保障同盟的任务(一九三二年十二月) ·········· 27

在中国民权保障同盟的会上对新闻界发表的谈话（一九三二年十
二月） ………………………………………………………… 36

告中国人民（一九三三年四月一日） ………………………… 37

谴责对德国进步人士与犹太人民的迫害（一九三三年五月十三日） ……… 40

第三部　为争取国内团结和反对帝国主义战争的斗争

中国的工人们，团结起来！（一九三三年五月二十四日） ……… 45

反对帝国主义战争！（一九三三年八月六日） ………………… 49

中国的自由与反战斗争（一九三三年九月三十日） …………… 52

为杨铨被害而发表的声明（一九三四年） ……………………… 58

为"七君子"被捕而发表的声明（一九三六年十一月二十六日） ……… 59

实行孙中山的遗嘱（一九三七年二月十八日） ………………… 61

儒教与现代中国（一九三七年四月） …………………………… 64

中国是不可征服的（一九三七年八月） ………………………… 71

第四部　为坚持团结与战胜法西斯主义而斗争

致英国工党来华调查日本侵略的代表团的信（一九三七年十月三日） ……… 79

两个"十月"（一九三七年十一月六日） ………………………… 83

关于国共合作的声明（一九三七年十一月） …………………… 87

关于援助游击队战士的呼吁（一九三九年三月八日） ………… 88

当中国赢得胜利的时候（一九三九年七月十一日） …………… 92

中国需要更多的民主（一九四一年十月） ……………………… 95

中国妇女争取自由的斗争（一九四二年七月） ………………… 99

给中国在海外的朋友们的公开信（一九四三年九月十八日） ………… 109

致美国工人们（一九四四年二月八日） ………………………… 112

孙中山与中国的民主（一九四四年三月十二日） ……………… 114

关于促成组织联合政府并呼吁美国人民制止他们的政府在军事上
　　援助国民党的声明（一九四六年七月二十三日）……………… 116

给世界民主青年联盟的信（一九四八年一月）…………………… 119

第五部　解放和人民政府

向中国共产党致敬（一九四九年七月一日）……………………… 123

在中国人民政治协商会议第一届全体会议上的讲话（一九四九年
　　九月）…………………………………………………………… 124

加强和巩固中苏友谊，粉碎战争贩子的阴谋！（一九四九年九月
　　六日）…………………………………………………………… 127

在中苏友好协会总会成立大会上的开幕词（一九四九年十月六日）…… 129

庆祝十月革命三十二周年向斯大林致敬电（一九四九年十一月六日）… 131

在亚洲妇女代表会议上的讲话（一九四九年十二月十一日）…… 132

庆贺斯大林大元帅七十寿辰（一九四九年十二月二十一日）…… 146

苏美外交政策的区别（一九五〇年一月十六日）………………… 148

在中国人民救济代表会议上的闭幕词（一九五〇年四月二十九日）… 155

解放斗争中的中国儿童（一九五〇年五月八日）………………… 157

新上海的诞生（一九五〇年五月二十六日）……………………… 160

中国人民签名拥护世界和平（一九五〇年六月八日）…………… 163

新中国的第一年（一九五〇年十月一日）………………………… 166

友谊就是团结（一九五〇年十月一日）…………………………… 167

朝鲜人民的斗争在亚洲所起的作用（一九五〇年十月十一日）… 169

三十三年的进步（一九五〇年十一月一日）……………………… 174

新中国的信息（一九五〇年十一月十八日）……………………… 178

为荣获斯大林和平奖金而发表的谈话（一九五一年四月十一日）… 187

新中国向前迈进（一九五一年五月一日）………………………… 189

论印中友好协会的成立（一九五一年五月）……………………… 221

论和平共处(一九五一年六月一日) ……………………… 222

与《红色权力报》记者的谈话(一九五一年六月十日) ……………… 227

中国共产党是中国人民的鼓舞力量(一九五一年七月一日) ……… 229

印中友好协会帕芝辣分会成立贺词(一九五一年八月) ……… 231

在"加强国际和平"斯大林国际奖金授奖典礼上的答词(一九五一年

 九月十八日) …………………………………………… 232

伟大的中国三大运动(一九五一年十月一日) ……………… 236

福利事业与世界和平(一九五一年十月) ………………… 244

为亚洲、太平洋区域和全世界的和平而奋斗(一九五二年七月

 三十一日) ……………………………………………… 247

重印后记 …………………………………………………… 253

序　言

　　中国革命是一个长期的、艰苦的和复杂的斗争，为了这个斗争而牺牲的是很多很多。它错综在全体人民的生活之内，交织在祖国的大地上。

　　中国革命的胜利是历史上最重大的事件之一，与伟大的十月社会主义革命具有同等的重要性。在争取民族独立和世界安全的斗争中，它们曾共同创造了许多宝贵的经验。它们也共同规划了未来的世界，到那时候人剥削人的思想将成为历史的记载，而原子弹也将与棒槌和土炮同样地变成博物馆的陈列品。

　　从很多方面来说，中国革命是有它的独特性的。因此，关于它的事迹写得越多，从它的经验中所能获得的好处也越多。陈毅将军和另外几位朋友都劝我说，如果我能把我从一九二七年以来所发表的演讲、文章和声明编印出来，我可以在这方面有所贡献。因为他们认为这些著作反映了历年以来的革命潮流，反映了人民力量的消长，反映了人民的力量最后冲破一切，取得胜利。本集所收集的就是我在参加中国解放斗争中所讲所写的一部分。

　　在这里收集的只是一部分，因为把全部汇编起来是不可能的。有些稿子在一九四一年十二月日寇进犯九龙香港的时候，在我从九龙避难重庆的途中遗失了。因此，临到要为这本文集搜集资料的时候，除了上海解放后所发表的几篇文章外，我所能选用的基本资料为数很少。我对于所遗失的材料虽已进行了搜寻工作，但是所得也不多。因此，这本书只能包括一部分写作。

　　读者们可以看出，从一九二七年七月到一九四九年五月这段时期，我所发表的文字许多是以外国读者为对象的。其中有一部分是访问苏联时发表的：

一方面对于苏联人民给予中国革命群众的鼓舞和帮助表示感激,另一方面也表示了坚持斗争直到全部胜利为止的决心。其余的部分主要是我在中国通过英文报纸和其他国内外可资利用的媒介写给英美人民的。当然,使这两大人民了解中国的形势,并且了解这里的斗争如何影响着他们自己争取安全和幸福的斗争,始终是而且在今天也还是非常重要的。至于我当时为什么身在自己的国家,却使用上述的方式,那是另有一个重要的原因的。由于我站在中国人民一方面,因此我向广大群众说话的一切途径都被封闭起来了。出版和广播都完全操纵在反动派的手里。他们不是压制我的言论就是歪曲和曲解我的意思。

虽然有些中文出版物有时也能利用,而在必要的时候或环境许可的时候,我也利用它们;但是当我的意见必须传播得越广越好的时候,我就只好依仗外国报刊和其他外国媒介了。我这种办法有时使得当时被控制的出版界不得不登载我的声明。而这种公开的传播方式有时也使得人民能够通过自己的途径而听到。

这里,我要说明一下,外国刊物和通讯社刊登我的声明这一事实,并不表示它们完全同情中国革命,或者能够让我畅所欲言。固然,有些外国报刊的确是本着真正国际主义的精神把我们之间的合作当作共同斗争中的一部分。但是,大多数的外国报刊却都是帝国主义的代言人,因此它们有时拒绝刊载我的文字,有时即使刊载了,也只是为了他们自己的目的,或是为了要有"耸动性",或是为了"捷足先得的消息"。

此外我可以表达自己的仅有的媒介(尤其是在三十年代的中期),便是通过中国人民的国际友人在中国所办的英文刊物。这些友人冒了和中国同志一样的革命危险。我对于他们在这段最困苦危险时期中的贡献,是永远衷心感激的。

今天,人民取得了政权,形势完全改变了。凡是站在革命立场上愿意和人民发出一致呼声的人,都可以采用最普及的工具,用我们自己的语言和其他各种语言来发表意见。今天,真理可以毫不受限制地达到群众的耳目。我是抱着这种思想来准备这个文集的,同时我希望它能够对于研究这一时期中国人民斗争的人有所帮助。

　　就在我整理这些文稿的时候,斗争又进入了一个新的阶段。那些以美国的银行家——将军们为首的帝国主义侵略者,更加紧了独霸全世界的图谋。他们已经公然侵略别人的土地,大肆屠杀人民。他们进攻了我们的邻人朝鲜人民,从而威胁了朝中两国人民的胜利果实。这是我们不能置之不理的。因此,今天我们的中国人民志愿军部队正与朝鲜人民军并肩作战。他们是最后一次反帝国主义的斗争的先锋队。为了这个缘故,我谨以此书献给全世界一切爱好和平与和平建设的人民英雄。

宋庆龄
一九五一年六月于上海

第一部

反对反革命的斗争

为抗议违反孙中山的革命原则和政策的声明

（一九二七年七月十四日于汉口）

　　我认为现在我必须以国民党中央执行委员的身份来说明我们目前有必要作明确的解释。本党若干执行委员对孙中山的原则和政策所作的解释，在我看来，是违背了孙中山的意思和理想的。因此，对于本党新政策的执行，我将不再参加。

　　今天危机当前，我们应该从基本的问题中去寻求基本的答案。我们必须解答革命性质的问题，特别是中国革命性质的问题，它究竟是政治革命，还是社会革命？它包含些什么变革？

　　归根结底，一切革命都必须是社会的革命，以社会的基本变革为基础；否则便不成其为革命，只是改换政府而已。

　　为了在中国革命中指导我们，孙中山把三民主义和三大政策交给我们。目前存亡攸关的是民生主义，它是解答中国基本社会变革问题的主义。

　　孙中山认为民生主义在我们的革命中是基本的。从这个主义，我们可以看到他对于社会价值的分析和他对于工农阶级地位的确定。这两个阶级在我们打倒帝国主义、废除奴役我们的不平等条约和有效地统一全国的斗争中，都是我们力量的基础。他们是建设自由新中国的新柱石。如果没有他们的支持，作为一个革命的政党，国民党的社会纲领便会软弱无力、混乱而不合逻辑；如果没有他们的支持，政治问题就模糊不清。如果我们采取了削弱这种支持的任何政策，我们便动摇了党的基础，出卖了群众，而且不是真正忠于孙中山。

　　现在有许多关于政策的讨论。孙中山曾明确地说明，他的三大政策是实行三民主义的唯一方法。但是现在有人说政策必须按照时代的需要而改变，这种说法虽然有一部分道理，但是政策决不应改变到如此地步，以至成为相反的政策，使革命政党丧失了革命性，变为虽然扯起革命旗帜而实际上却是拥护旧社会制度的机关；而本党就是为了改变这种制度才建立起来的。

现在我们面临着严重的问题。党内种种不同的分子中间发生了理论上和实际上的分歧。有人提议一些猛烈的解决办法。由于我认为这些解决办法中有若干项如果实行起来将会摧毁党的力量，并延迟革命的成功，所以我必须发言。这些解决办法在我看来，是一种政策的一部分，这种政策必然会疏远并且压迫我们所依为主力和革命为之奋斗的阶级。我认为这种政策是注定要失败的。

这种新政策是作为纠正过去错误的一种办法而提出来的。但我看这种纠正办法比原来的错误更加严重。

现在是开诚布公、当机立断的时候了。过去确是犯了错误，但我们同志当中有些人却不愿承认；我们对这些错误所应负的责任，至少与那些我们现在认为他们是完全错了的人一样多。假使我们老老实实回顾一下过去在武汉的几个月，毫不忌讳地审查一下我们自己的言论和决议，我们是逃避不了责任的。演说和宣言都载在党的历史上，但我们现在却要逃避责任，诿过于他人。

是的，错误是有的，但是我们必须承认这个事实，错误不只是他人的错误，也是我们自己的错误。我们促成了这些错误，我们也就必须改正这些错误，并且用革命的方法去改正革命的错误。我们不能出卖群众。我们已经使他们抱有极大的希望。他们已对于我们寄以极大的信心。我们要永远矢忠于这种信心。

孙中山是从民间来的。他对我讲过许多早年的事情。他生于农民的家庭。他的父亲种田。他县里的人民都是农民。

孙中山很穷，到十五岁才有鞋子穿。他住在多山的地区，在那里，小孩子赤足行路是件很苦的事。在他和他的兄弟没有成人以前，他的家住在一间茅屋里，几几乎仅仅不致挨饿。他幼年吃的是最贱的食物，他没有米饭吃，因为米饭太贵了。他的主要食物是白薯。

孙中山好几次告诉我说,就在这早年还是贫农家里的贫儿的时候,他变成为一个革命的人。他下了决心,认为中国农民的生活不该长此这样困苦下去。中国的儿童应该有鞋穿,有米饭吃。就为这个理想,他献出了他四十年的生命。

但是今天中国农民的生活比孙中山当初痛感人间不平而终生投入革命的时候是更加困苦了。然而今天自命为孙中山信徒的人,口里谈的是阶级,心里想的却是一种实际上漠视中国千百万贫困农民的疾苦的"革命"。

现在更有人非难农工运动为新近的外国产物。这是谎话。二三十年前孙中山在言论思想中就表示要用革命来改善中国农民的地位。他在二十多岁的时候,曾向李鸿章建议社会与经济的改革。在一九一一年,他写了一篇关于中国土地问题的文章,登在日内瓦《社会主义者》报上,其中他说,中国社会经济改革的基础就是土地革命。这就是他一生中的巨大目标之一。凡是他所计划的,都是改善中国人民生活的方法。

一九一五年我们在日本的时候,他还要廖仲恺对农民和工人问题作更深刻的研究。

孙中山奋斗了四十年,但是直到最近几年,这些人民革命的计划才开始获得成果。我清楚地记得一九二四年七月广东全省第一次农民大会在广州开会。这是我们第一次看见必然成为中国新力量的中国人民来参加革命。这些农民来自广东各县,许多人赤着脚走了好些里路来到广州。他们衣衫褴褛,有的还带着箩筐和扁担。我深深地受了感动。

孙中山也很受感动。我们回到家里之后,他对我说:"这是革命成功的起点",并且又告诉我中国被压迫的人民在自救中所必须起的作用。

这些年来,他的目标是很明确的。但是现在人们又讲什么新近的外来影响了。当俄国还在沙皇铁蹄之下的时候,孙中山就已经倡导中国土地革命了。难道他是外国阴谋的工具吗?

孙中山的政策是明明白白的。如果党内领袖不能贯彻他的政策,他们便不再是孙中山的真实信徒;党也就不再是革命的党,而不过是这个或那个军阀的工具而已。党就不成为一种为中国人民谋未来幸福的生气勃勃的力量,而会变为一部机器、一种压迫人民的工具、一条利用现在的奴隶制度以自肥的寄生虫。

我们面临一个严重的危机。但是这个危机对于我们个人比对于中国全国的关系更大。不论现在的国民党在此时是上升到它的最高理想，勇敢地寻求纠正错误的革命方法，还是堕落到一种可耻的反动与妥协的地步，孙中山的三民主义终究是要胜利的。革命在中国是不可避免的。

现在，我认为我们背弃了孙中山领导群众和加强群众的政策。因此我只有暂时引退以待更贤明的政策出现。

我对于革命并没有灰心。使我失望的，只是有些领导过革命的人已经走上了歧途。

现在本党虽然有些党员离开了孙中山手定的中国革命的道路，然而已站在本党旗帜之下的千百万中国人民，仍将遵循这条道路以达到最后的目的。所以抱着这样的信念的并不只是我一个人。我相信国民党一切忠实的党员一定都会遵循这条革命的道路。

赴莫斯科前的声明

（一九二七年八月二十二日于上海）

中国如果要想作为一个独立的国家在现代各国的斗争中生存下去，就必须彻底改变半封建的生活情况，并以一个新的现代化的国家代替那存在了一千年以上的中世纪制度。这一工作必须用革命的方法来完成。因为国内军阀的腐蚀和外国帝国主义的侵略内外夹攻，不允许我们有那样漫长的时间来采取逐渐改进的办法。

为了铸造一个合适的革命工具，孙中山于一九二四年冬在革命的基础上改组了国民党，制定了三大政策的行动纲领来加强三民主义。第一项政策号召吸收全国工农参加革命工作，取得他们的支援。工人农民是两大基本群众——工人推进和维持有组织的社会生活，农民生产人民赖以生存的粮食，他们代表全国约近百分之九十的人口。他们在数量上既然如此众多而且应该是革命的最主要的受惠者，那末，如果我们要使革命运动具有生命，和切合实际，很显然地就必须把他们吸收进来。

孙中山所制定的第二项政策，认识到在与国内军阀和外国帝国主义作革命斗争的时期中，国共两党有合作的必要。中国共产党无疑地是中国内部革命力量中最大的动力；通过共产党在群众中的影响和宣传力量，可以使国民党控制党内军人，使他们服从政治当局。

孙中山的第三项政策是关于国民党联合苏联这个基本重要的问题。这种联合是合理的，因为苏联没有以不平等条约加之于中国。但在孙中山看来，这只是次要的理由。他制定第三项政策，是因为有更重大的原因。他认为中国共产党在国内所有革命力量中最为活跃,同样地,他认为苏联在世界上所有革命力量中最为壮大。他相信,国民党如能和这两种伟大的革命力量建立正确的关系,就会大大地帮助革命,使中国获得国家的独立。孙中山不怕也不耻于承认他这个革命的论题,因为他知道,法国曾经通过拉斐德在美国革命中起了客观的革命作用,在争取自由的斗争史中,也还有很多同样的例子。

由于孙中山以大政治家的风度运用了三大政策,并由于三大政策使各种力量相互结合,国民党才能结束十年来广东的混乱局面,创建了并供应了革命军队,大举北伐,打到长江这条历史性的防线,更击溃河南奉军①主力,推进到黄河岸边。除了在广东的惊人政绩以及在北伐中取得的伟大军事收获外,国民党在中国历来只有失败和耻辱的国际舞台上还获得一些值得纪念的成就。它使中国的国际地位空前地提高了,迫得列强的代表与中华民国的外交部部长在会议上以平等地位进行谈判,使世界各地朝野人士都重视他就国民革命的目的与抱负所发表的谈话。在那些日子里——还只不过三个月前呵——国民党可能叫人憎恨,甚至叫人害怕,但是没有人敢轻视它。

今天却大不相同了。国民政府的盛名,现在已经一落千丈,与北方的半封建余孽不相上下;昔日受革命委托而担任领导工作的人,今日却任凭长江一带的新督军府②操纵利用国民党,而他们自身也正在堕落,或即将堕落为新恺撒的臣仆了。国民党不再叫人害怕,也不再受人尊敬了;甚至从前听到国民党部队进军的风声就抱头鼠窜的敌人,现在也轻视它了。

它的价值和人们的观感发生这样惊人的变化,原因是什么呢? 这可以从反动派在广州、南京、上海、长沙以及最近在武汉的行动中找到答复。农民、工人、共产党人以及他们的领袖们曾辛苦工作,将国民党的政权推进到长江一带,可是现在他们被残酷无情地、狂滥地杀害了;连那些曾经尽力帮助国民党的苏联革命工作者,现在也全被逼走了(日后到了更公平的时候,人们会断定苏联革命工作者是对得起中华民国的),这是因为那些所谓国民党的"领袖

---

① 奉军是东北军阀张作霖的部队。
② "督军府"在这里是指军阀集团。

们"——如出一辙的小政客们——相信他们能够违背孙中山的三大政策,依赖新军国主义以完成革命的伟大事业。

他们必然失败,走上以前企图以同样方式来统治人民的那些人的道路。但是我们决不能让他们的最后崩溃殃及孙中山留给我们的遗产。孙中山的忠实信徒们必须设法拯救那真正的国民党,使它不至于堕落成为那些以阴谋与叛变得逞一时的新督军府的附庸。

我个人的路线是明确的。我深信三大政策是革命的思想与方法的基本部分,因此我得出结论:在与国内军阀及外国帝国主义的斗争中,只有在国民党领导下正确地配合运用由三大政策所产生的革命力量,国民党人才能获得真正的成功。国民党冒牌领袖们所领导的反动势力危害了三大政策,因此,国民党内部的革命的一翼——如果今天孙中山活着,他一定和他们站在一起——必须使苏联深深地相信,虽然有些人已经投靠了反动势力与反革命,但是,还有许多人将继续忠于孙中山为指导与推进革命工作所制定的三大政策。

因此,我要亲自到莫斯科去说明这一点。

向苏联妇女致敬

（载一九二七年九月三日莫斯科第三国际
妇女部机关刊物《女工》）

　　我以一个中国妇女和中国国民党左派的代表的身份,谨向苏联的女工人致敬。中国妇女是世界上最受压迫的国家里最受压迫的阶层。我,一个中国妇女,前来访问你们苏联妇女。你们已经亲眼看到一个社会新时代的诞生,在这时代里,人们非但可以做一个自由的工人,而且还可以做一个自由的妇女。在我们中国人的心目中,苏联妇女的解放是件令人惊羡的事。我们也正在为我们自己争取同样的解放而努力。在我们未来的斗争中,我们期待着苏联妇女的同情与合作,因为你们曾经领略过枷锁的滋味,而且现在又体会了自由的幸福。我代表中国的革命妇女向你们致敬。

写给共产主义青年团的
机关刊物《年青一代》

（一九二七年九月三日于莫斯科）

　　在我们从海参崴出发的漫长旅程中，每到一个车站所遇到的来欢迎我们的苏联青年，在我看来都象征着确保苏联胜利的远景。就是这些青年人，他们保卫着革命的胜利果实，警戒着反动的陷阱，监视着反革命的活动。苏联革命青年的精神是一种比军队或战舰更为强大的力量。我们中国也正需要像你们这样的青年，来构成一条坚强的阵线，保卫已得到的与尚待争取的胜利。我代表革命的国民党——一个面对着摆脱压迫、争取自由这个尖锐斗争的政党，向你们苏联青年致敬，因为你们是你们祖国的永久自由的保障。

在莫斯科发表的声明

（一九二七年九月六日）

　　我这次访问苏联，是为了向苏联人民致谢，感谢你们给予中国革命的帮助。近几年来，在中国人民反抗帝国主义统治的尖锐战斗中，我们主要是从苏联人民那里才能得到同情、合作和指导。为了使受压迫的中国得到解放，你们曾经与我们并肩进行斗争。革命的苏联在协助我们的过程中，已经完成了它作为全世界被压迫人民的朋友的使命，因此我站在被压迫民族一分子的立场上，谨向你们表示谢意。

　　目前中国已经进入反动时期。革命的联合战线已经破裂了。有人背叛了革命，有人开小差，还有人完全歪曲了国民革命运动的真义。成百万个有组织的农民，却根据国民党的宗旨，为了实现"耕者有其田"，参加了斗争。没有土地革命就不可能推翻封建制度；土地革命如果不能实现，整个革命就不可能有任何进展。因此，谁反对土地革命，反对千千万万的农民获得经济解放，谁就站在反革命阵营那边。

　　几个月以前，广大的长江中部地区还是为反抗世界帝国主义争取自由而斗争的中心，但今天已经落入反革命分子的手中。那些以前被群众信任为国民革命领袖的人物，现在却领导着这个可耻的反革命。这对于中国来说，确是莫大的污辱。

　　因此，世界各国人民感到迷惑了，他们希望领导革命的人能够把这次革命的性质和目的加以说明。所以我这次访问苏联的另一个主要目的，就是要使全世界明了，那些盘踞在长江流域的人，虽然自命为中国国民党的发言人，但他们并不能代表革命的国民党,也不能代表中国的革命群众。

革命的国民党极力反对目前这种反动行为。在革命旗帜的掩护下,新的封建军阀背叛了革命而抬了头,并且窃取了许多革命的胜利果实。但是,革命的精神始终没有屈服动摇。因此,我代表中国的革命群众,前来说明:虽然中国的革命暂时丧失了它已经取得的地区,但它仍然坚强有力、朝气勃勃、充满信心。我所代表的革命的中国,与目前盘踞长江流域的封建官僚军阀截然不同。这些人已经脱离群众,为了个人的利益和权势正企图把中国拉回到军阀混战的老路上去,造成了混乱。但是这仅仅是表面上的混乱。在表面的混乱下,存在着一股根深蒂固的、坚强地组织起来的、不可征服的革命力量,它的呼声很快就会响遍全世界。

我这次访问苏联,还有第三个任务希望完成。孙中山去世了,在去世以前,他竟未及实现他的一个最珍爱的愿望——亲自到莫斯科与中国的坚强的革命友人们会谈。他的死亡是四十年来艰苦的革命斗争和屡次发生的破坏革命纪律事件所促成的;而这些叛徒们现在又假借他的主义,再度背叛了他。在他去世以前,他要我替他访问莫斯科。所以我这次是代表他,也是代表中国的革命群众,来向苏联人民表示谢意,感谢你们过去所给予我们的援助,同时也来表示我们的信心:我们确信在未来的斗争年月中,苏联人民必将继续给予我们援助。

对塔斯社发表的声明

（一九二七年九月六日于莫斯科）

我代表中国国民党左派向苏联工人们致敬。中国国民党左派是一个革命的团体，它保证要把中国的广大群众从外国帝国主义、从国内军阀和剥削阶级的压迫下解放出来。

国民党左派代表中国的工人阶级，代表千百万人民，他们受尽了压迫，却使封建军阀阶级得以大发横财，外国帝国主义者得以日益强大。这广大的被压迫群众是中国真正革命分子的主力，他们是中国战胜外国剥削和封建压迫的希望。在代表中国的革命工人群众向你们苏联的革命工人群众致敬时，我要声明：我们中国的革命者非常重视我们和苏联革命弟兄之间的亲密关系。对于苏联工人阶级豪爽地给予我们的同情，我表示谢意；同时我觉得非常荣幸，能够有这样一个机会亲自到你们国里来表达中国革命群众对你们的感激。我代表革命的国民党向你们致敬。

对列宁格勒《真理报》发表的声明

（一九二七年九月六日）

列宁格勒的工人们：

我代表国民党左派，向你们列宁格勒的无产阶级致敬，因为你们首先燃起了世界革命的火炬。在中国的革命斗争中，你们苏联的工人一向是我们最忠实的同盟者。我们非常感激你们的同情与合作。在向你们致敬的时候，我愿意表示：我深信我们将继续并肩作战，打垮我们的共同敌人——世界帝国主义和一切反动势力。

中国目前的形势

（为《三十天》杂志作，一九二七年九月
十九日于莫斯科）

中国的局势是没有丝毫理由可以感到失望的。这次运动是用革命的方法来摆脱帝国主义和军阀的剥削，争取中国的自由，并使劳动人民从目前的重负下解放出来，它的失败纯粹是表面的。从地理上看来，这个失败似乎是很大。但地理是会骗人的。

反动派盘踞武汉、南京和上海，并且也算控制了江南的全部土地和江北一片相当大的地区，他们的权力虽然是这样地扩张了，但却并不深入。六个月以前武汉的中国革命政府的命令，不仅在广大地区发生效力，并且也达到社会的各阶层。非但工人、农民、商人和工业家都服从国民党政府，而且国内外的帝国主义者都不得不俯首听从。今天，所谓"国民政府"的话，对于国内人民既不生效，对世界各国也同样没有作用。这是目前情况的一个基本事实。反动派在中国是没有力量的。

另外一个使人不会气馁的基本事实就是人民的坚强组织。凡是国民党控制的地方，中国的人民都已经觉醒了。他们不仅明白反动派不能得到最后胜利的弱点所在，并且知道他们自己很强，可以冲破表面的混乱现象而战胜敌人。今天他们正挺起胸膛以坚决的斗志来面对未来。过去两年来，在广州、长沙、武汉和华南、华中数十个大大小小城市的街道上游行的妇女，已经不是两年前的妇女了。

我看到过拐着小脚参加工人游行队伍和国民党的庆祝大会的中国劳动妇

女们。她们中间许多人都佩戴工会证章;这证章象征着今天在中国以较少劳力所换来的工资已经足够使她的家庭摆脱极度的贫困。我认为这些在胜利的游行队伍中的缠脚妇女们,就是中国已经不同往昔的最有力的明证。

伟大的群众到处都变了。缠脚的妇女们提供了一个生动的例子。其他阶级中的变化也并不亚于此。现在的工人和两年前不同了。他们懂得组织了,并且一度得到过政权。农民也不同了。他们懂得了靠自己团结的力量,可以防止地主和军阀的剥削;这种剥削曾使他们这些生产粮食的人,养不活家。他们更发现了一种农村组织的新制度,可以使他们有权处理自己的事务。中国人民大众都懂得了悲惨的日子不是注定的,通过革命可以换来另外一种生活方式。

就是这一种认识保证了胜利。有了已经觉醒、满怀信心的人民,有了经过两年斗争的锻炼、又在过去几个月的压迫中对最后胜利信心毫不动摇并且积累了比以前更多的领导经验的领袖们,中国是不会失败的。

经过锻炼的群众领袖们今天全都站到国民党左派的行列中。这是中国唯一有资格承受孙中山留下来的革命的称号的党派,因为这是唯一忠于他的主义和政策的党派,而群众是信任这些领导者的。

我们已经听到在名义上受反动派控制的地方发生暴动的消息。在目前,这些暴动似乎是分散的,这里一起,那里一起。但是酿成这种暴动的酵母却遍布国内各地。从遥远的华南到长城内外都将沸腾起来。这表示了一个不可征服的民族的高度决心,不论阻碍多么大,压迫多么残酷。这就保证了表面混乱的目前阶段将要过去,中国将要得到自由。

妇女与革命

（一九二七年九月二十五日于莫斯科）

中国革命主要任务之一是要使两万万以上的妇女从半封建的、中世纪的社会意识和习惯的束缚中解放出来。这样广大的、占中国人口一半的群众一天得不到解放，不但国家的机构，就是一般的人民生活和思想，也就一天不会发生真正革命性的变化。

单纯的盎格鲁-撒克逊式的政治革命，像十七世纪在英国发生的和十八世纪在美洲殖民地发生的那种，或资产阶级的革命，像法国大革命的那种，没有本国的妇女群众直接参加，是可以成功的。但苏联的布尔塞维克革命是一个根本的社会革命，而不只是政治革命或资产阶级革命，因而很自然而且合理地苏联妇女应该而且必须参加革命工作，来帮助并配合男子们及其领导者们的创造性劳动。这样，苏联今天的深刻变化和成长中的新的文明就能够持久。

我是根据这种认识来祝贺全苏妇女苏维埃第一次全国大会的召开的。我在向大会致贺之际，要求她们帮助中国千千万万的妇女从中世纪的压迫下解放出来，因为，如果要保证中国的永存，中国妇女必须为明日的中国抚育优秀的工人和领导者。

青年与革命

（一九二七年九月于莫斯科）

我在苏联的短短期间，苏联的青年，比我看到的别的一切都更使我感到兴奋和鼓舞。从他们的热情与诚挚、他们对国家进步的深切关怀以及他们对国内外各种事物与问题的透彻了解当中，我认识到了苏联的最伟大的力量——使它不可战胜的力量。青年是革命的柱石。青年是革命果实的保卫者，是使历史加速向更美好的世界前进的力量。

我一回到中国，首先要做的工作之一，就是展开一个与我在苏联所看到的同样伟大的运动。我们在中国也了解青年的力量，但我们还没有像你们这样把他们组织起来。现在我们也必须动员我们的青年了，因为他们才能确保我们的胜利，完成我们尚未完成的工作。

孙中山经常了解到中国革命的成功必须依靠青年的热情和支持。甚至在他最忙碌的日子里，他也从不拒绝那些成群跑来找他谈话的男女青年们。他时常不得不请那些事务繁忙的人等上几小时或几天——但从来不让青年学生或那些年轻、热情而纯朴的工人和农民等候他。对于这些人，他的门永远是敞开着的。如果有人抗议说：青年们年轻，有时间等待。他就会回答说：国民党的主义只有中国青年才能完成；老的领导者们随着年月的消逝，有的死了，有的动摇了；只有青年们才是坚决的，能克服一切的。

他的预言不幸而言中了。过去几个月中，老的领导者们叛变了。许多十五年前同孙中山搞革命的人，今天已经加入了反动的行列。现在革命组织所以能够仍然保持坚强与生气勃勃，就是因为有了革命的青年一代。主要是青年领导者们，他们始终拒绝妥协，始终对抗反动派，虽然反革命的力量十分强大，他们仍是会胜利的。

但这些年轻领袖们，有许多也会变得衰老，因此他们必须把革命的火炬传给今天还在学校与工厂中的男女青年们。我们所必须组织起来的，也就是这些青年们。

这是一件巨大的工作，我们希望苏联共产主义青年团给我们帮助。我们需要你们的合作。有了你们的合作，我们就能够壮大。苏联共产主义青年团团员与中国的革命青年联合起来共同奋斗，就有力量使全世界被压迫的人民获得解放。这一种为实现革命理想的合作，才是真正的人道和真正的友爱，才是世界各地的革命奉为目标的国际主义的真谛。中苏两国的青年团结起来，无论在数量上与精神上，都将成为强大的堡垒。他们并肩工作，就能产生创造新世界所必需的力量。

国民党已不再是一个政治力量

（一九三一年十二月十九日于上海）

当作一个政治力量来说，国民党已经不复存在了。这是一件无法掩盖的事实。促成国民党灭亡的，并不是党外的反对者，而是党内自己的领袖。一九二五年孙中山病逝北京，国民革命突然失却了领导，以致中辍。幸而当时在广州的党内同志严格遵守他的遗教，以群众为革命的基础，使北伐能于短期内在长江流域取得胜利。但是不久之后，蒋介石的个人独裁与军阀和政客之间的相互争吵，造成了宁汉分裂，使党与人民之间的鸿沟日益加深。

残暴的大屠杀和恐怖迫使革命转入地下。国民党以反共为名来掩饰它对革命的背叛，并继续进行反动活动。在中央政府中，国民党党员力争高位肥缺，形成私人派系，以巩固他们的地位；在地方上，他们也同样剥削群众，以满足个人的贪欲。他们和一个又一个的军阀互相勾结，因而得以跃登党和政府中的高位。但是，忠实的、真正的革命者却被有意地百般拷打，以至于死。邓演达的惨遭杀害就是最近的例子。

五年以来，内战和政治阴谋循环不已。由于背弃了革命政策，各敌对的派系都向帝国主义者投降，并且不惜利用武力和最下流的手段。过去北洋军阀政客所不敢做的事，都在"党治"的名义下毫无顾忌地做出了。因此，国民党今天已名誉扫地，受到全国的厌弃和痛恨，还有什么可奇怪的呢？孙中山的遗嘱连一天也没有真正实行过。

近来宁粤两派发生分裂，形成两个对峙的力量。双方各自指摘对方的缺点，又夸耀自己的长处。他们用虚伪的政治口号，比如"政治公开"、"民主统治"、"革命外交"等,作为欺骗中国人民大众的武器。但实际上,广州和南京这两派都以军阀为靠山,都在力争他们的帝国主义主子的欢心,而且都背叛并屠杀中国人民大众。

由于日本公然侵入我东北,广州和南京,这两个集团由于国难当前和舆论的谴责,都不得不暂时停止公开的战争,而召开所谓"和平统一会议"。阴谋围绕着会议进行了三个月之久,争论的中心问题不外乎党中央委员会和政府中职位的分肥。关于构成全国极大多数的农民工人的苦难和急需,在这个会议上没有一个字提到。这些敌对的派系,昧于自私自利,完全看不出个人独裁、党的堕落和帝国主义瓜分中国,都是它们使国民党脱离了群众的结果。

惟有以工农政策为基础的党才能为社会主义打下基础,才能粉碎军阀的势力并摆脱帝国主义的枷锁。假如所谓"和平"与"统一"进行顺利,从而各派都满足了它的贪欲,那末"和平"不过是和平地分赃,"统一"不过是对群众进行统一的掠夺而已。绝不可能想象中国人民愿见这样的"和平",或全国愿要这样的"统一"。

我们现在已经可以在南京看到这种统一的第一个果实。仅在三天以前,在帝国主义国家使节的命令之下,这个"统一政府"竟力图镇压爱国的学生运动。在不到十二个小时的时间内,兵士和流氓包围了学生,棒打枪刺,把他们像畜牲一样地赶出城去。学生多人死伤,据报另有大批失踪。

暴行是在这样的时候演出的:一支外国帝国主义的军队正向锦州推进,而所有卖国贼和帝国主义分子正受到优遇、阿谀和保护。在口头上讲着革命外交、全民民主和言论、出版、集会自由的人们到达南京后,这个暴行就发生了。可以明白地看出,新的统一的政府是由日、法、英、美等帝国主义的代理人组成的,是服务于这群利害冲突的主子的,它将继续接受帝国主义者的命令,镇压中国民族求解放的任何一种形式的群众运动。

我不忍见孙中山四十年的工作被一小撮自私自利的国民党军阀、政客所毁坏。我更不忍见四万万七千五百万人的中国,因国民党背弃自己的主义而亡于帝国主义。

因此,我不得不率直地宣布,既然组织国民党的目的是以它为革命的机器,既然它未能完成它所以被创造起来的任务,我们对它的灭亡就不必惋惜。我坚决地相信:只有以群众为基础并为群众服务的革命,才能粉碎军阀、政客的权力,才能摆脱帝国主义的枷锁,才能真正实行社会主义。我深信:虽然今天当权的反动势力在进行恐怖活动,中国千百万真正的革命者必不放弃自己的责任;反之,由于国家当前形势的危急,他们将加紧工作,朝着革命所树立的目标胜利前进。

第二部

为争取民权自由的斗争

中国民权保障同盟的任务

（一九三二年十二月于上海）

对于中国民权保障同盟的性质，我们必须有一个清晰的了解。这个同盟不是一个政党。它的目的不是领导中国人民大众去作政治与经济的斗争，因而它的目的不在领导夺取政权的斗争。虽然，一方面我们对于我们的工作是这样去看的，但另一方面也必须了解，我们所要处理的问题却是政治性的。在我们初次的宣言中，我们所列举的任务如下：

一、争取释放国内政治犯，反对目前到处盛行的监禁、酷刑和处决的制度。本同盟首要的工作对象是大量的无名囚犯。

二、予政治犯以法律的辩护及其他援助，调查监狱的状况和公布国内剥夺民权的事实，以唤起舆论的注意。

三、协助关于争取公民权利，如出版、言论、集会和结社自由的斗争。

由于本同盟不是一个政党，它的行列可以容纳一切真诚支持我们的斗争要求的人们。但是那些帮助政府压迫人民或为这种压迫辩护的人们，在本同盟中是没有立足余地的。本同盟也不容留那些只是软弱地"批评"政府个别的专横残暴的行为，而实则拥护那整套压迫人民的"合法的"恐怖制度，并支持国民党——地主、资本家、豪绅和军人的政党——钳制民主权利的人们。

本同盟要达到上述目的，就必须反对盟内或盟外人士改变本同盟的章程和工作性质，或使它成为国民党统治体系的附属品的一切企图。这样一种同盟根本就不配得到那些诚恳地愿为我们的要求而战斗的人们的支援。相反地，我们大家都应该和这种反动的同盟作斗争。我们已经有过一个考验，可作为例子。胡适身为同盟的盟员，又是北平分会主席，竟进行反对同盟的活动，他这种行动是反动的和不老实的。胡适是同意了同盟所发表的基本原则才加入同盟的。但当国民党与张学良公开反对本同盟时，他害怕起来了，并且开始为他的怯懦寻找借口和辩解。本同盟清除了这样一个"朋友"实在是应该庆贺的，同时还要尽力防止类似事件及破坏再度发生。在这许多基本原则上，我们只有绝对团结，不能容许动摇。不同意我们的原则的人就不应参加本同盟；但如果同意而参加了，就必须坚决地拥护它，支持它。

让我们来看一看人民的民主权利这个问题。本同盟的敌人和批评者对我们的活动与原则提出了很多无稽的反对理由。民主权利是不能与震撼世界和震撼中国的斗争分开的。相反地，它和这些斗争是结合在一起的，而且是这些斗争的一部分。争取民主权利和争取政治犯的释放，对革命都是必要的。我说对革命是必要的，就是指中国获得政治解放和民族解放的必要。不然除了投降与分裂，就没有其他出路了。没有一个有血性的中国人和中国的朋友会希望中国投降或分裂。而我也不能想象中国民权保障同盟的盟员们会希望看到这种事。因此，我们的工作就是为防止投降分裂的斗争的一部分。

我想说一说本同盟几件最重要的工作。

我们的敌人和批评者向我们提出了一些满以为可以窘倒我们，使我们哑口无言的问题，如："你们要求释放绑票匪吗？"我们的答复是：绝不！绑票匪和匪徒们是今天统治中国的制度的一部分，我们必须反对这一制度。那些分子并不在本同盟内，他们是一班高官显贵与半官方人物。他们并不属于中国人民大众，倒常常是当局压迫人民大众的工具。正如美国匪帮棍徒的经济基础是建立在资本主义和私酒的贩卖上，中国匪帮棍徒的经济基础就奠定在帝国主义和封建的政权以及鸦片的买卖之上。而且，我们所反对的是正在全国及租界中进行的对反帝战士的绑架和逮捕，那是中国人和外国帝国主义分子干的，而且常常由他们的工具——棍徒们来执行。我们反对国民党政府和帝国主义勾结起来镇压国内的革命运动。这种勾结说明了国民党的腐败，说明了中国的利益是怎样出卖给帝国主义者的，也说明了国民党对帝国主义在思想上与政治上的屈膝。害怕跟这些罪恶作斗争的人们最好不要参加本同盟。

　　另一批敌人则企图吓退我们。他们问道："你们要求释放那些从事政治暴行的政治犯吗?"对这一问题,我们的答复是同样地清楚:我们不赞成个人的恐怖行为。它决不能代替群众的斗争,并且常阻碍群众斗争。但我们也明白,当人民的各种权利完全受到压制的时候,个人的恐怖行为就比通常时候普遍。使用恐怖手段的人常常是与群众或群众的组织毫无关系的。甚至在今天,许多文明国家仍在庇护一些向暴君们施行恐怖手段的人。美国、英国和法国都曾收容并保护过许多这种人物。当世界大战时,现任第二国际书记的菲特烈·阿德勒为行刺奥国军政部部长而坐了牢。群众合理地要求无条件释放他。一九一八年,奥国的革命释放了他和其他数万名政治犯。

　　其实我们还用不着到欧洲去找这种例子。我们中国就有很多著名的例子,例如:行政院院长汪精卫在他革命的时期就是一个投炸弹的刺客。蒋介石政府不是也在三月十一日释放了刺杀张宗昌的刺客郑继成吗? 政府确是这样做的,因此我们破例不反对政府这个行动。我们的要求是不要将这种赦罪的行动局限于与蒋介石政府利益有关的那些案子。我们要求释放一切政治犯。他们不是罪犯,他们是人类解放斗争的先驱者。他们中间大多数人所以被捕,全由于他们运用了或企图运用他们的言论、出版、集会和结社的基本权利。我们所以要求释放他们,不过是我们要求实现公民权利的一个合乎逻辑的结果。中国人民的精华在监狱中被摧残得奄奄一息;而流氓、军阀、职业政客、资本家和封建地主却把持政府中的要职,把我们的国家奉送给帝国主义。这真是无比的丑行。如果要中国不成为一个被奴役的国家,我们释放所有政治犯的要求就是革命上必要的要求。

　　本同盟的敌人把我们中间一些人叫作共产党人,并且强辩说苏联没有民主。的确,苏联有以工农联盟为基础的无产阶级专政。但这一专政是人民中绝大多数群众的统治。苏维埃的制度是司法权行政权合一的,是真正民主的国家专政机构。工农广大群众有权选举和罢免他们的苏维埃代表。因此,苏维埃才是工农大众的真正民主的国家机构。言论、出版、集会和结社等权利,有史以来就没有像在苏联那样发达,别的国家也没有那样有力的群众组织。一个拥有三百万党员的政党把所有政治、经济和文化问题都摆在群众面前,教育他们，领导他们，公开同他们讨论一切问题，负起了最重的工作与责任，公开地在每一步伐中作自我批评，并且为了避免错误和替群众获得最大的利益，邀请群众提出批评。青年团拥有一千万工人农民的团员，它是新的一代的伟大的教育者与组织者，这一代已经摆脱了资本主义社会的个人主义观点，自觉地成长为新的社会主义社会的建设者。伟大的儿童组织少年先锋队进行着同样的工作。有两千万会员的工会，与这个工人的国家一致地保护着工人们的利益，帮助组织社会主义的生产，也做着伟大的文化工作。合作社有数百万社员，解决了一个伟大国家的生活必需品的供应工作。数不尽的文化、科学及其他机构，给群众带来了文化的发展，带来了科学与艺术。新闻、文学、电影和剧院的巨大发展，全部明确有力地驳斥了我们敌人的谎言。谁能想象没有千百万群众自觉的努力，没有一个代表广大群众利益的领导，苏联能取得从消灭地主和资本家、驱逐帝国主义到完成五年计划的伟大成就呢？当然是不能的。只有当群众被吸收到整个的行政工作与社会主义经济建设及文化工作中时，才能取得群众自觉的努力，这也是同样可以肯定的。如果说反动派和一般市侩们不明白这一点，那主要是由于他们一想到建筑在剥削制度之上的旧社会必将进入一个战争与革命的时代，就不寒而栗。这时代的开端，我们今天已经可以清楚地看到了。

本同盟的另一些反对者说："像英、美、法这些现代资本主义国家的民主制度不是比苏联的制度优越吗？"我的意见是：绝不。资产阶级的形式民主，对人民大众来说，始终是有名无实的。它只给予少数人民主的权利。甚至在"最自由"的资本主义国家里，群众的权利也是受限制的。他们只能对资产阶级所允许讨论的问题、允许进行的选举和允许存在的政党表示意见和进行投票。然而，结社的权利还是受到限制的，游行示威必须事先得到批准，不然就要被殴打。此外，工农更受到种种阻碍；所有大印刷厂、出版社、教育机关和大会场，除了很少的例外，全在资本家的掌握中。民主只是形式的，只是宪法上的具文，只有在它不妨碍资本家剥削者掠夺人民的"权利"时，才被允许留存。事实上，这些"民主"制度不过是严密保障着一小撮剥削者的权势的一种制度。这些制度的"民主权利"不过是掩盖这一小撮剥削者对广大人民群众进行独裁统治的烟幕。但是连这一点形式的民主,在它与资产阶级的利益发生抵触的时候,也要被取消的。在上次世界大战中,我们在所有资本主义国家中全看到这一点,最近我们在别的许多国家内也看到同样的情形。战后,意大利的法西斯分子在资产阶级"民主"机构的废墟上建立了独裁。至于德国工人在一九一八年革命中获得的民主权利,其最后的残余在今天的德国也正在被消灭中。在英国、比利时、法国和美国的每一次大罢工中,我们都看到对工人们所施用的围攻与恐怖手段,并且公开宣布其目的为保障少数资本家的利益。反对广大人民的阶级压迫越来越凶恶;它粉碎了资产阶级形式民主的体制,为法西斯主义的恐怖统治开辟了道路。

在欧美存在着这些情况,中国的情况如何呢?国民党更糟糕。它的法律据说是为"人民"谋福利的,而实际上却公开地、无耻地为极少数的封建地主、资本家和帝国主义者的利益服务。有关"人民"的纸上法律只是一种宣传,内容完全是空洞无物的。每天都发生极端残酷地镇压工人、农民和学生的事件,这就说明了真实的情况。甚至当日本侵略上海时,工厂老板竟以此为借口来减低工资与延长工时,而当局也按照他们的一贯做法,乘机加强对人民的反动压制。东北和热河被公开奉送给日本帝国主义,这也变成了进行新的镇压与压迫的借口。最近在汉口,当局就利用热河事变颁布了许多新法令,其中一条说:外人所办的工厂中的工人,如果为争取改善生活情况而直接同资本家谈判,因而"造成了严重局势"的话,一律处死!这命令宣称,凡企图组织社团或集会者将立即加以逮捕!上海和各地国民党对各种报纸实行新的检查,以防止中国人民知道真实情况。可是日本及其他帝国主义却对中国的情况、政府的每一措施和军队的每一调动都了如指掌。只有中国人民被蒙在鼓里,希望靠这样可使他们更容易地受人欺骗剥削,使他们不致起来反对投降,保卫国家。

中国民权保障同盟的敌人和反对者在思想上是受了资产阶级论点和对"民主"的幻想的影响的。他们喜欢指摘苏联国内也有压迫。那末,让我们再以苏联作一个比较吧。譬如:全世界——在资本主义国家,在中国,在苏联,都有陆军海军;但是,它们的功用是多么地不同呵!西欧资本主义国家的武装部队是为了进行侵略,为了压迫殖民地人民,为了进攻像中国这样的弱国,为了保护他们已经建立的(用武力建立的)、掠夺自己的与殖民地半殖民地的人民的"权利"。在中国,军队几乎全是用来进行军阀的混战和镇压为自己权利而斗争的工人和农民。然而在苏联,军队却是为了保护人民,抵御充满敌意的资本主义世界在积极准备的新干涉战争的。帝国主义的军队可以在中国土地上横行无阻,但是一个帝国主义的兵士只要把鼻子伸过苏联边界,就会被打得头破血流。反人民的少数剥削者的使用武力与反对少数剥削者的广大人民的使用武力,其间也有同样的分别。对于前者,使用武力是为了支持残酷的剥削与奴役的制度,为了阻碍社会向更高的阶段发展,尽管资本主义已经证明完全破产,已经显示虽然人类劳动生产力大有增加,它还是没有能力来供给群众粮食、衣服和房屋等生活必需品。在后一种情况下,以前一向受剥削的人民大众使用武力,是为了反抗千方百计要想夺回已失的权利的少数人。在这种情况下,武力就成了为广大人民群众的利益而使用的一件武器,为社会向更高阶段前进与消灭人剥削人的制度而使用的武器,而不是用来奴役人的武器。

有人或许要问:"你既然不相信资产阶级民主,为什么还要在中国为民主权利而斗争呢?"回答很简单。第一,资产阶级的形式民主与人民大众的民主权利是截然不同的。为了民主权利,工人农民将永远斗争下去,因为他们一旦得到了言论、出版、集会和结社的权利,他们就得到了一个更有利于发展他们争取最后解放的斗争的基础。在这个斗争中,我们必须和中国的民众站在一起,提醒他们不要信任国民党的纸上诺言,例如新宪法中最近提出来的"人权",而要完全依靠自己的努力和力量。

第二,我们还有一个重要的原因。中国正受着被帝国主义世界瓜分的威胁。这一瓜分过程,几十年前就由帝国主义开始,而日本帝国主义正在进行的全面战争更加速了这一过程。谁能想象不唤起全体人民参加民族革命战争就能击败日本帝国主义呢?谁能相信在这个战争中封建的国民党军人和将军们能够领导人民呢?如果有人那样想,请他看看东北和热河吧,请他注意一下华北进一步的发展吧,在那里我们看到蒋介石政府为了直接和日本谈判,正通过帝国主义在北平的外交官们从事一个秘密的幕后阴谋活动。报纸所以被国民党检查官严格审查，是因为蒋介石政府正在秘密出卖中国。他们不让中国人民明了真情。可是中国人民却必须为这次以及其他许多次祸国殃民的事件付出代价。如果人民大众不来阻止，结果就是中国被瓜分、被灭亡。凡关怀中国和中国人民大众的利益的人必须明白：要使人民广泛地组织起来，掀起对帝国主义的抵抗，肩并肩地在一支不可征服的队伍中前进，用民族革命的精神来反对中国的一切敌人，不论谁当权，群众都必将从他的手里夺回他们的这些民主权利。如果他们与中国要生存下去，他们就一定会而且必须这样做。这就是斗争的伟大的一方面，我们的同盟只不过是这个斗争的一小部分而已。我们越是记牢这一点，我们就越能完成我们的日常工作，就越能得到更广大的群众的信任。

民权保障同盟还必须对另一个可怕的罪恶进行毫不妥协的战斗。那就是虐害政治犯的制度，这种制度在世界上是无与伦比的。一个反帝战士或一个共产党员被捕之后，他几乎总是受到毒打或其他酷刑，有时甚至因而丧命，来逼他供出警察所要知道的事情，强迫他出卖同志和组织。与酷刑并施的是迫使政治犯"悔过"的整套办法。这些"悔过书"一般都是公开的宣言，政治犯宣告他们背叛从前的信仰，现在接受国民党的纲领。所有这些公开宣言，虽然每次都签上不同的名字，但读起来却是一模一样，词句雷同，全像一个人或一批人按照一个公式写出来的。这些用酷刑逼出来的，或者是假借那些束手待毙的犯人的名字发表的宣言，适足以使这个酷刑和腐败的制度臭名昭彰。它们暴露了使用这些方法的这个制度的弱点，它不用拷打和杀害反帝战士的方法就无法维持下去。它们也说明了国民党本身不能得到人民大众的任何尊重，而必须要借用被捕的革命志士的名字才能使人注意。但这些方法骗不了人。我们很明白它们是怎样被逼出来的。我们也知道如果政治犯相信国民党，他们以前有自由的时候就早已加入国民党了。事实是，只是刑具和死亡的阴影才逼着革命犯人宣称支持国民党。

中国有许多所谓"知识分子"，胡适就是其中典型的一个，除非酷刑在他们的眼前施行，他们是不相信监狱中施用酷刑的。可是，有哪一个犯人敢在狱吏面前公开说话呢？有哪一个狱吏会让调查者看一看刚受过酷刑的囚犯或者让他亲眼看看酷刑的场面呢？连最温和、最软弱的人都承认,在中国的土牢中政治犯像牲畜一般地被锁在囚室里。他们甚至认为这是自然的事。而帝国主义者,一方面用同样的方法对待政治犯并且督促中国当局继续如此办,一方面却以此为借口,说外国人不能受中国法律管辖。可是,我所关心的并不是外国帝国主义者的假惺惺。我所关心的是塞满在牢狱中的中国青年们。想想吧!男男女女,时常是些男孩女孩,这些中国的精华,被判定多少年地坐在肮脏的监牢中,吃的是不堪下咽的食物,不能与外界互通信息,没有书报看,日复一日,年复一年,锁在沉重的枷锁上。他们没法反抗酷刑,无力抗拒狱吏的蛮横,只有依靠我们在外面的人把他们从垂死中拯救出来。因此,从土牢里拯救上万的政治犯是本同盟的一桩重大的任务。

我们更要为政治犯们组织法律的保障,要尽可能给他们法律上的援助,使他们的案件能够提出来公审。我们必须要求立即废除用任何方式限制公民权利的一切法律和条例,像"危害民国紧急治罪法"之类。我们必须反对新提出的宪法中那些假仁假义的条款,这个宪法刚说到各种基本权利,跟着就用一些"依法办理"之类的词句,把它们收了回去。这种词句实在的意思就是:民权只有国家的极少数人,也就是剥削者和为剥削者张目的知识分子才能享有,迫切需要民主权利的工农大众却是不能享有的。

我们的另一项工作是必须摧毁审问政治犯的秘密法庭,在那种地方不仅是最起码的公道,而且连人的基本权利也一齐遭到玩弄与蹂躏。在这种法庭上,政治犯受到种种酷刑,没有任何为自己辩护的权利,并被秘密地送进监狱去苟延残喘,或送上刑场。我们更必须与外国帝国主义者在租界施行的秘密拷打和秘密"罗织成罪"的办法作斗争,帝国主义者根据最轻微的口实进行逮捕,用特务——他们一般都是棍徒——捏造的证据引渡被捕的人给中国当局去重受酷刑、监禁和屠杀。拷打和屠杀中国人民的外国人和中国人,他们的罪行必须加以制止。我们要求释放数万名中国政治犯,我们也必须要求立即释放保罗·鲁格夫妇。他们是中国人民的朋友。但是,另外却有一批人应该监禁起来,像英帝国主义分子伍德海。哪一个国家能让这样一个冷血动物胡作非为,天天游说中国将军,要他们带领军队投降日本呢?

那些自以为可以无限期延长他们对人民的血腥统治的人是大错特错了。人民大众一定要为他们的基本权利而斗争。这个斗争会加强起来,会席卷全国,会使中国强大和统一。这就回答了我们敌人的最后一个问题:"你们拥护革命吗?"我们并不是一个革命的政党。我们的任务十分有限。但是,我们生在革命的时代。世界六分之一的地区已经完成了革命,古老资本主义国家的民众正为伟大的斗争而集合起来。殖民地的人民必须集中力量,粉碎帝国主义统治的枷锁。中国今天看来似乎没有力量,但明天一定会解放自己的。帝国主义对中国的战争是一个事实。但革命的形势也同样是一个事实。不是革命在中国胜利,就是帝国主义征服和瓜分中国。别的道路是没有的。我相信中国人民的最后胜利,所以我相信革命一定会建立自己的权利,建立中国的统一、独立和完整,以及人民自治的权利。我以为中国民权保障同盟就是推动我们达到这个目标的工具之一。

在中国民权保障同盟的会上
对新闻界发表的谈话

（一九三二年十二月于上海）

　　我代表中国民权保障同盟向你们致真诚热烈的欢迎。新闻界同人和民权保障同盟的盟员们应该并肩站在一起，共负促进人类社会进步的使命。因此，在这共同事业中，我们要形成一个统一战线，并且要忠诚地合作，这是理所当然的。

　　我们的组织的宗旨在于支援为争取结社、言论、出版、集会自由等民主权利而进行的斗争。换句话说，民权保障同盟是倡导和保卫出版自由的。因此，新闻界为它自身的利益，应该热忱地赞助这一组织。

　　有一件重要事实我愿强调指出：本同盟首先关切的是援助那些拥塞在监狱中的大量无名无告的政治犯。你们新闻界当然知道有无数同胞被非法逮捕与监禁，知道那中世纪的残余——秘密军事法庭的存在。你们对这些暴行将熟视无睹，不加抗议呢，还是将全心全意与民权保障同盟共同努力，为这些无数无人保护的不幸者主持正义呢？

　　我认为一个坚强而勇敢的新闻界可以做很多的工作，来在舆论方面兴起一个有利于自由和正义的潮流。

告中国人民

——号召大家一致起来保护被捕的革命者

（一九三三年四月一日于上海）

三月三十一日上海第二特区法院"审判"了五个犯人，并判决由上海工部局巡捕房把他们引渡给中国行政当局。这个事件正是中国政府与帝国主义分子狼狈为奸、压迫中国人民的反帝抗日战士的鲜明例证。

这些爱国罪犯的被捕事件，只是蒋介石政府所奉行的政策的另一个例证而已；这种政策已使今日中国濒于全部分裂、沦为帝国主义属国的境地。国家的情势是如此地危急，我感觉到我有责任再一次号召中国广大人民起来斗争。

上海法院昨天所处理的案件牵涉到罗登贤、廖承志和陈赓等。法院处理这些案件时所采取的步骤，甚至公开无耻地违反了所谓租界的法律。第一，这些人只是因为巡捕房眼线的报告而被捕。他们中间谁也没有犯罪的证据。整个审讯清楚地证明了，完全没有证据可以构成他们的罪状。假如租界当局遵守自己的法律，就不得不立刻释放所有的被捕者。

租界的法律规定，在引渡被告前须有表面证据，使控告他的案子能够成立。如果遵守这个法律，还须对被告在租界之外所犯的罪提出证据。在处理杀人犯、绑票匪、鸦片贩与一般流氓的案件时，租界当局是热心地维护它的司法权利的。然而昨天，并无真凭实据，只凭巡捕房眼线的一句话"我认识他们，他们是共产党"，五个革命志士就过了堂而且被引渡了。就凭了这么一个"证据"，他们五个人就被移交过去受酷刑，甚至可能遭杀戮。过去六年中，反动势力在中国到处横行，外国和本国的统治者要陷害人民而找不到证据时，总是施用暴君所用的最后手段:酷刑和杀戮。

在昨天的"审判"中,赤裸裸地显示出中国和外国当局事先就已安排好了,只是为了用审判的形式欺骗群众,才把被捕者带出来受审;而被告方面即使提出证据和理由,引证法律条文,也决不能改变法庭的决定。其实,关于被捕者的判决,早已在这审判丑剧前预先确定,这是十分明白的。当审问时,并没有人对他们起诉。法官只是容忍着律师们的辩护,而工部局的律师却静悄悄地坐在他的位子上一语不发。被告们完全驳斥了巡捕房眼线的诬告。而法庭上的国民党代表却全副武装,宣布他也代表公安局,并且据说在开庭之前他还对人说,"全部事情已经安排好了"。当这幕丑恶的滑稽剧告终时,法官为了做做样子,离开法庭数分钟,然后回来诵读了引渡命令。

在这个公开的滑稽剧里,被捕者理直气壮的论点和英勇不屈的态度,充分表现了他们是中国的反帝战士。他们全都是中国人民应该为之骄傲的典型。罗登贤是他们中间的一个典型,他辩护时说:

"你们给我的罪名是'反动分子'。我要告诉你们我的经历。我在一九二五年帮助组织与领导了香港罢工。我现在刚从东北回来,在那边我同义勇军一道作战,打击日本强盗。我曾在上海日本纱厂帮助组织罢工。那些全是反对帝国主义的斗争。难道这就是我被控告为从事'反革命活动'的理由吗?"

像这样的反帝战士们,竟被当局戴上"反动分子"的帽子,而那批出卖祖国、同我们国家的敌人相勾结的人,却自称为"中国的救星",这还不够无耻么?

这些案件的处理显然暴露这样一个事实:上海公共租界,这帝国主义者称之为"安全与公正的岛屿"的,实际上是帝国主义敌人、汉奸、中国人民的叛徒、鸦片贩与流氓们的天堂。租界本来是卖国活动的大本营,是反对中国人民和危害中华民族生存的主要根据地之一。现在能在上海来去绝对自由并得到当局的承认和尊敬的,是那些侵略、强占并且割去了我们四省土地的日本帝国主义的代表们。在此地,蒋介石政府的代表们正与日本侵略者的代表们忙于公私酬酢,准备签订秘密条约,把我们的国土和千百万人民奉送给外国帝国主义侵略者。正当这阴谋进行着的时候,中国工农革命运动的工作者和领袖们却因为反对祖国被瓜分和奴役而受到了逮捕、酷刑、处死、在中世纪的牢狱中活受罪。

中国的人民大众必须团结起来进行坚决斗争，才能消灭这种种罪恶行为。只有我们掌握了自己的命运，把我们的国家从帝国主义者及其中国走狗的魔掌中解放出来，建立我们自己的法庭和其他自由人民的机构，才能永远消灭这些罪恶行为。为了要解放我们自己，我们必须认识这一个基本事实的必要性，并且坚决地起来斗争。我们首先要做的工作之一，就是反对当局继续迫害这些已经在领导斗争的革命战士。我认为中国民权保障同盟就是达到我们的目的的一个手段。我并且宣布，昨天被捕和引渡给国民党的五个人，正如所有与他们遭受同样命运的同志们一样，不是罪犯，而是中国人民最高尚的代表人物。因此，我号召全中国人民起来要求释放他们，要求不使他们遭受酷刑与死亡。如果我们容许这些革命战士们被逮捕、被监禁，甚至被害，那就是容许了可恶的反动势力摧残中国民族生命的根苗。释放他们，释放几千个与他们一样的人，就是释放中国民族革命精神的不可征服的力量。没有这个力量，中国就不能像一个国家和一个民族一样地生存下去。

谴责对德国进步人士与犹太人民的迫害

（一九三三年五月十三日于上海）

中国民权保障同盟是反抗中国的恐怖、争取中国人民的民权和人权、并与世界进步力量联合在一起的，它对于现在统治着全德国的恐怖和反动，感到非提出强有力的抗议不可。

我们从来源各不相同、但又十分可靠、并且代表着各种政见的材料里，知道自从德国法西斯政权建立以后，三四万工人与数千工人阶级的领袖和知识分子已被逮捕了。被捕者在牢中、在纳粹冲锋队的营房中以及在集中营中受到酷刑。在医院里，可以看到数千肢体折断的人们，他们的情况证明了目前遍布德国的野蛮行为。成百的人被杀害后，尸首常常被抛到河里、湖里或丢弃在森林里。其他的人被枪杀后，当局还要散播消息，说他们是逃跑时被射击而死的，或者说他们是在家里或监狱里自杀的。不用说，所有这些都是残酷的谋杀。

工人阶级的组织被镇压下去了。他们的印刷所、财产和基金都被法西斯分子没收或盗用了。德国工人阶级数十年斗争得来的权利被粉碎了。出版、言论和集会的自由没有了，结社的权利和群众为改善他们的生活而采取行动的权利也没有了。

所有德国进步的学术与文化生活全被摧残。伟大的科学家如爱因斯坦博士和玛格纳斯·希尔什哈菲德，以及成千其他的人们，全受到迫害和被放逐。像里昂·佛希特万格和获得诺贝尔文学奖的托马斯·曼等人全被迫离开了祖国，他们的地位已由一批庸俗之辈取而代之。其他成千的无产阶级与进步作家们的命运,甚至更糟。

大艺术家如马克斯·里伯曼和凯绥·柯勒惠支,大作曲家或名指挥如波卢诺·瓦尔特,被剥夺了任何工作机会,受到迫害,作品都被糟蹋或焚毁。藏有丰富文学书籍的图书馆被搬空,成千册的书在大街上被付之一炬。

报纸在法西斯铁蹄下喘息着。整个工人阶级的报纸,甚至那种自由主义知识分子的喉舌如《世界论坛报》和其他一些更温和的报纸全受到钳制,它们的编辑也被捕了。国外通讯稿在发出之前都受到严格的检查。至于德国政府和法西斯党有计划地组织并鼓动起来的对犹太人的迫害以及反犹暴行,更是人类与文化倒退到中世纪和帝俄的最黑暗日子的另一个征象。

最近这种野蛮行为是表现在焚毁进步作家、无产阶级和犹太作家的书籍上,这种事只有在人类历史上野蛮和无知的黑暗时代才发生过。在遥远的过去时代,许多伟大科学家和思想家的命运也是如此的。因为思想前进,他们被绑在火刑柱上烧死。这些事实与许多类似的事实,在欧洲和美国的许多报纸上都报道过。甚至像《纽约时报》那种保守报纸都每天登载这种报道。《纽约时报》在三月十五日、二十日和二十一日更报道了下列的事实:"维也纳的报纸每天登载了拷打共产党人、社会民主党人、激进党人、犹太议员、新闻界人士、律师和作家的消息。像苏尔曼议员的遭遇是常有的事,他被打得不省人事,肋骨折断,然后又用火烧他的脚底,使他醒过来跟着又昏迷过去。

《世界论坛报》编辑奥西茨基博士,被枪托敲掉了牙;小说家汉斯·鲍尔被迫吞下他自己的原稿。其他一些囚犯被挖掉了眼睛,拔掉头发,烧毁了手,敲碎了头颅与骨头。……旷野与森林中发现大批被斩割的残尸。……在纳粹营房中,人们在手枪的威迫下,在死亡的威胁下,被迫互相鞭挞以至双方失去知觉。牺牲者中有的是父与子。……每天早晨柏林四郊树林中,总会找到被枪杀或打死的人。上星期,只一个早晨,就发现三件这种事情。警察们却报告说是'无法认领的自杀死尸。……'柏林的工人家庭被袭击,房主被虐待。……"

大作家里昂·佛希特万格在三月二十一日的《纽约时报》上写了一篇专论,报道"妇女们的可悲痛的故事,她们的丈夫和儿子从床上被拖出去受到非人的拷打,其后关于他们的消息什么也听不到和看不到了。……天天都发现尸体,都是被残害得不可辨认的。……"

瑞士的《人民权利报》在报道无数其他事实中有这样一件事:"德国资产阶级报纸说,许多被挖掉眼睛、敲掉牙齿的尸体,已经从柏林的兰德维尔运河里捞上来了。"

为了人类、社会和文化的进步,为了努力协助保持人类和各种运动所得到的社会与文化的成果,中国民权保障同盟坚决地抗议上述的事实,这些事实一再登载在欧美报纸上。我们抗议这些对付德国无产阶级与进步思想家的可怕的恐怖手段,因为这摧残了德国的社会、学术和文化生活。

第三部

为争取国内团结和反对帝国主义战争的斗争

中国的工人们，团结起来！

（载一九三三年五月二十四日纽约《民族》杂志）

在讨论中国的情形以前，我愿意先谈谈现在的国际形势。资本主义世界的恐慌已经一天比一天严重。工人和农民没有饭吃，中产阶级破产，银行和商店纷纷倒闭，连美国都放弃了金本位。只有苏联的发展与众不同。他们已经消灭了失业，工业和农业都依照社会主义制度组织起来，剥削制度完全消灭，民众的文化和经济水平在上升着。五年计划是一个伟大的成功。事实上，有些资本主义国家也在打算采用五年计划的某些部分。但是他们绝不会成功，因为资本主义生产的规律和资产阶级的统治阻碍他们成功。只有工人阶级和农民联合起来，才能建立起一个社会主义社会。

资本主义的生存越是岌岌不可终日，统治阶级对付工人农民的手段也越是狠毒。法西斯主义的势力正在欧洲扩展，这是资产阶级用来延续它已经破产的暴力恐怖制度的最后的、绝望的企图。帝国主义国家间的冲突愈甚，他们对于苏联的仇视愈深，他们发动帝国主义世界战争、进攻苏联的战争的准备也愈加紧。

在这样的国际背景中，我们中国的情形又是怎样呢？从经济方面来说，我们的工人，不是失业，便是在极低的工资、极长的工时、没有安全保障的条件下挨饿和工作。农民受苦受饥，还要受苛捐杂税、高利贷和高地租的掠夺。他们没有足够的土地，被地主豪绅的封建剥削制度压迫得喘不过气来，同时还要受军阀混战的蹂躏。从政治方面来说，人民没有言论、出版、集会和结社的自由。革命分子遭到了监禁、酷刑和杀戮。从文化方面来说，因为国家的预算百分之九十都用在养活军阀私人军队的军费上面,所以没有钱来举办人民的教育。

这些情形由于日本帝国主义者进攻中国而更加严重。日本何以能向中国进攻呢? 这有两个原因:第一个原因是日本帝国主义得到了英、法帝国主义的帮助(它们的目的也在瓜分中国)。国际联盟给日本充分的行动自由,仅仅作某些保留以保障其他帝国主义强盗国家的利益,并为欺骗他们本国的人民和中国人民。第二个原因在中国本身。中国人民要抵抗日本及其他一切帝国主义。蒋介石政府为了阻挠人民抵抗,不惜禁止抵制日货,暗害义勇军,并废止人民的民主权利。国家主要的军队不是用来打日本而是打自己的人民——中国的工人和农民。中国军队的领导权都握在反动叛逆的军人手里。

谁"防守"热河的? 热河的省主席:鸦片烟将军汤玉麟。开门把日本军队放进中国来的就是他。不给义勇军军火饷械,使他们在战壕里受冷受饿的也是他。他从背后戕杀了他自己的兵士。对于这种卖国行为谁负责任? 是蒋介石政府。为什么? 这个政府用它的主要军队打中国的人民;它任用叛逆的将领,还坚决不肯撤换他们;并且它不肯武装人民,不肯组织义勇军来进行反对日本帝国主义的民族革命战争。

现在连蒋介石政府自己的委员们也喊"枪毙汤玉麟"了。我们很同意,但是不相信蒋介石政府会枪毙他。他早就应该枪毙了。但是几个星期前,财政部部长宋子文不是还说,关于汤玉麟勾结日本的传说,完全是对于中国的侮辱吗? 因此,除非中国人民能制裁他们首领的叛逆,中国才能不亡。

现在再说蒋介石政府——所谓"中枢"也者。蒋介石政府所宣传的对日本的"长期抵抗",已经不能再遮掩他们的背叛、怯懦与不抵抗了。蒋介石和国民党的其他领袖从来就不曾作过认真抵抗的准备。他们只是怀着最愚蠢的希望,希望日本人打到长城就按兵不动,希望日本的侵略战争会因日本国内革命与财政破产而自然停止。但是日本是不会停止的。热河是进攻蒙古与华北的门户。日本不但要占领黄河以北的区域,并且将再度轰击上海和长江沿岸的港埠,来扩张它在长江流域的势力,压迫中国人民接受投降条件。日本在未来进攻苏联的战争中,还打算用中国民众来做炮灰,像它现在用东北兵士来打他们在热河与河北的同胞一样。当一个民族被驱使参加一个帝国主义国家的强盗战争时，那真是最大的国耻了。

我们中国人民的任务是什么呢？这是很清楚的。我们只有向民族解放和社会解放的大路上前进。蒋介石政府不能统一中国，不能领导武装人民进行抵抗日本帝国主义的民族革命战争，不能给农民土地。为什么不能呢？因为它总是想对帝国主义妥协。因为它怕武装的人民甚于帝国主义侵略者，因为它是欺压群众、祸国殃民的地主和资产阶级集团的代表。

我号召中国全体男女们、青年们，尤其是工人、农民、学生和义勇军，联合起来，组织起来，为中国的解放、统一与完整而斗争，这个斗争与中国劳苦大众反对剥削、要求解放的斗争密切相连，与中国民众要求言论、出版、集会和结社自由，以及释放政治犯的斗争也是分不开的。只有这种努力才能让不可征服的民族和社会力量发展起来，而这种力量将粉碎帝国主义及其在中国的背叛人民的盟友们。我们应该记住，苏联的革命已经证明了革命的人民与革命的军队比整个资本主义世界的力量更为优越。中国人民本着过去伟大的革命传统，一定也能遵循同一的道路取得胜利。帝国主义决不能征服和瓜分中国！我们将建立一个属于工人和农民的自由、统一、革命的新中国！

在全国每一城市和乡村，我们必须一致为实现下列各项要求而斗争：

（一）派遣全国至少百分之八十以上的军队，给以充分的装备，和全国所有的飞机，去抵抗日本帝国主义，收复东北、热河，保卫中国。

（二）武装人民，并组织义勇军。

（三）立即恢复人民的民主权利，包括言论、出版、集会和结社等自由；立即停止对革命分子的监禁、酷刑和杀戮。

（四）停止向中国苏维埃区域进攻。应该着重指出，中国的苏维埃政府不但已经对日本帝国主义宣战，并且曾于今年一月提议，在停止进攻苏区、恢复人民的民主权利、武装人民的条件下，苏维埃政府愿意与任何军队或武装部队合作，抵抗日本帝国主义。

如果我们要实现这些要求，就必须准备斗争。我们必须把各个工厂、学校、大学、城市和村镇组织起来。每一个家庭、商店和工厂都应当讨论我们的要求。我们的要求必须在大街小巷中成为洪流。只有唤起民众,使他们觉悟到时局的严重和未来任务的重大,我们才能产生行动。这种行动将是一个广泛的反帝斗争,最后将汇合起来成为武装人民反对日本及其他帝国主义的民族革命战争。一切民族革命分子,都有责任为这个斗争而准备起来。

反对帝国主义战争！

——世界反对帝国主义战争委员会中国代表的声明

（载一九三三年八月六日《中国论坛》杂志）

在西方，资本主义国家之间正不断地开会商议，寻求消除世界危机的办法，但结果反而加深了危机，使矛盾和冲突较前更加明显，这些矛盾冲突正把世界迅速导向新的战争火焰中去。世界经济会议无可挽救的失败正足以证明，这些矛盾冲突随着局势而发展，不仅不能缓和，而且日益尖锐。今天，整个资本主义世界正陷于剧烈的经济战争中。货币关税的战争不久即将一变而为毒瓦斯、炸弹和重炮的战争了。

在远东，帝国主义战争带来了城市和广大农村的破坏、人民惨重的死亡、灾难和贫困的加深，这种战争已经进行将近两年了。日本帝国主义割去了中国广大的土地，还在长驱直入，企图在瓜分中国、奴役中国人民的竞争中，抢在各帝国主义者的前面。

世界列强深知世界反对帝国主义战争会议①的重大意义，也深知危机与冲突必然是帝国主义战争的先声，因此不断地扩充军备，其数量的庞大与摧残人类生命的能力，真是有史以来闻所未闻。法西斯在德国夺取了政权，反苏的四强公约已经签了字，国家主义政策公开"恢复"，美国进行着建造庞大海军

---

① 世界反对帝国主义战争会议，系指世界反对帝国主义战争委员会的成立大会。本文是用该会远东会议上海筹备委员会主席名义发表的。远东会议准备讨论远东反对帝国主义斗争和国际争取解放与和平斗争的关系；但是会议遭禁止，被迫秘密举行；外国代表一概不许登陆。我蔑视这项禁令，亲自上船去欢迎他们。

的计划,各国狂热奔走于缔结同盟——这一切把人类投向战争、死亡和毁灭的活动,正是当前时局的特点。

美国在为国内的通货膨胀危机寻求暂时的安神剂,同时又在加紧进行造舰计划以便夺取全世界的海上霸权。英国则一方面因过去所独占的全部海外市场在美日竞争的夹攻下打破了,另一方面英帝国本身也因经济矛盾而面临崩溃了,因此倡导组织列强之间的陆海军联盟,希望在潜伏于外交礼貌的表层下的帝国主义之间的冲突遭遇到灾难性的爆发之前,进攻苏联。

法国正小心翼翼地在种种矛盾中间寻觅出路。它一方面设法维持凡尔赛和约、小协约国及法波盟约,另一方面则制造反苏集团(四强公约),使法西斯德国正式登上帝国主义舞台,但对德国的加入又心怀疑惧。德国法西斯深知自己不能为工人带来面包而只能带来子弹,现在就努力驱使工人走上战场,走向死亡,而这战场总有一天必将成为整个资本主义制度的墓地。

在远东的日本正一心一意地在它夺自中国的领土上扩张军备,并且有计划地准备一系列的挑衅行动,以便达到它最后进攻苏联的目的。在这一件事情上,它显然获得国际帝国主义的赞助,尽管帝国主义之间的内部矛盾使英美对于日本的行动发生疑惧。

因此,在这些内部矛盾与冲突的纷乱中,一方面成千成万的人民陷于饥饿,另一方面仓库里却堆满了粮食;一方面成千成万的人民无衣御寒,另一方面工厂纷纷停闭,而资本主义还在把世界日益推向新的、比历史上任何一次冲突造成杀人盈野的景象还要可怕的屠场。在急剧地把人类推向死亡与毁灭的进程中,疯狂的战争宣传伴随而来,在世界各资本主义国家内传播。

统治阶级所掌握的各种工具:广大的新闻网、无线电、电影、学校等等,都全力从事一项工作:企图麻痹和欺骗人民,驱使他们和别国同阶级的工人弟兄以及同命运的受难者互相厮杀。

必须面对这种浪潮并对它进行战斗。要制止它,就必须把世界工人阶级和全体劳苦大众的战斗力量组织起来,惟有他们才能使帝国主义列强的战争计划归于无效。惟有全世界的人民的联合行动,才能制止未来的屠杀。现在,全世界正在展开一个运动来唤醒群众,使他们了解迫在眼前的厄运;教育受剥削的人们,使他们了解到自己的力量,只要联合行动起来,他们就可以决定自己的以及将来的人类命运。

世界反对帝国主义战争委员会就是反战运动的一支队伍。这个国际性的组织是一九三二年八月在荷兰阿姆斯特丹所举行的反战大会上成立的。出席大会的代表有二千多人,代表三十个国家的三千万工人。他们共聚一堂,讨论如何组织起来为反对迫在眉睫的帝国主义战争而斗争。由于日本帝国主义已经伸出它血腥的魔爪,企图攫取整个中国,由于中国统治阶级和国民党无耻地背叛人民,一贯破坏中国民众抵抗侵略的努力,世界反对帝国主义战争委员会现在已派遣代表团前来远东,统一远东的反战运动。

在这个委员会的国际倡导之下,决定于九月在上海举行反战大会,以联合一切愿意积极参加反战斗争的人们。上海反战大会并不是按照什么政党的路线组织的。它欢迎一切愿意协助阻止新的世界大屠杀、新的帝国主义战争的人们出席。

我们呼吁一切愿意参加这个运动的人们,都派遣代表出席这次大会。我们特别欢迎工厂工人、失业工人、工会、工人俱乐部、农民团体、国民党支部、各大中学、青年学生团体、知识分子、作家、艺术家、文化团体、反帝和反日团体、抵制日货的团体、义勇军、各行会以及一切愿意参加这斗争的团体,都派遣代表出席。

中国的自由与反战斗争

——在上海反战大会上的演词

（一九三三年九月三十日）

同志们和朋友们：

如果没有帝国主义者和国民党当局的恐怖和干涉，而我们能够公开举行一个会议的话，那就会有成千成万的代表，为中国亿万被剥削人民发出他们的呼声。虽然出席这个会议的代表人数为了明显的理由不得不受限制，可是这个较小的集会仍然充分地代表劳苦大众的利益，代表着他们抗议日本以及其他帝国主义者对中国人民的屠杀战争。

我不想笼统地、全面地讲那日益增长的战争危险。可以说，中国早就在战争中，而且侵略中国的战争发展成为世界大战的烈火，只不过是短暂的时间问题了。

目前是资本主义制度垂死的时代。资本主义正在不顾一切地寻求出路，解决自身的矛盾，资本主义者面前的唯一出路，就是加重对人民的剥削和压迫，并准备进行重新瓜分世界市场的新战争。资本主义制度陷入混乱中，越陷越深。日趋衰亡的资本主义的全部特征是：经济制度崩溃，帝国主义对立尖锐化，法西斯主义抬头，民族沙文主义的最野蛮的表现登峰造极，对劳苦大众及其领导者施用了最残酷的压迫、酷刑和残杀，文化与生产的进步停滞。

但是资本主义制度带来了毁灭它自己的阶级——无产阶级。无产阶级凭着它在生产上所占的支配地位和明确的阶级利益，已经发展了自己的思想意识；而且今天已经取得了领导地位，领导着全世界被剥削和被压迫的人民——

一切资本主义国家、殖民地和半殖民地国家里的工人和农民从事斗争。

因此,目前的时代标志了一个新的社会制度——社会主义——的诞生。因为资产阶级和地主的阶级利益与阶级势力妨碍了社会向更高的形式和平地发展,因为如果生产与分配的工具仍然掌握在少数剥削者手里,群众便不能生活下去,所以无产阶级革命便成为我们这一时代最迫切的社会需要了。

资本主义者在战争中寻求自己的生路,劳苦大众必须在革命中寻求自己的生路。

历史很明显地指示我们:战争的破坏性必然一次比一次厉害,战争所带来的灾难必然一次比一次惨重,战争中间相隔的时间必然一次比一次缩短。但同时战争并不能解决而只能加深资本主义制度的矛盾。随着一次次的战争,革命势力积聚了力量,壮大了自己,更加走近它们最后的胜利。

一八七〇——七一年的普法战争产生了巴黎公社;一九〇四——〇五年的日俄战争加速了俄国资产阶级民主革命的发展。一九一四——一八年的世界大战大大地推进了全世界的革命运动,而且使俄国工农革命获得胜利,奠定了大规模的社会主义建设的基础。

很明显的,以日本帝国主义为首的瓜分中国的运动,将加速整个亚洲、中国和整个资本主义世界的革命势力的发展。

我很想在这里说明我自己对于各种不同形式的战争的态度。战争是一种政治工具,是用以实施一种特定政策的工具。多数的战争是为了要征服土地和民族、占领新的市场以及夺取新的原料来源而发生的。所有这些战争都是反人民的。这些战争给终生勤劳的人们带来无穷的忧患和无比的苦痛。战争如不导向革命,便使工人农民遭受更深的奴役。这些战争以及战后的"和平条约"往往增加规模更大的新战争危机。因此,以自己全部的力量来反对这样的帝国主义战争,"把战争变成内战以推翻资产阶级",以摧毁统治阶级的政权,便成为广大群众的任务了。

现在,帝国主义者为了克服那分裂他们日益尖锐化的矛盾,正竭力企图以重新分割中国和发动反苏的干涉战争来取得暂时的妥协。侵略并不从日本对中国的强盗战争开始。远在日本夺取朝鲜和台湾以前,其他帝国主义国家早已控制了中国的一切战略要地,强迫中国人民吸食鸦片,支配中国的财政经济政策,阻碍中国的经济发展并利用中国的军阀和其他反动分子作他们的爪牙,来达到各帝国主义不同的目标。

孙中山谋求中国独立的努力已经被地主和大资产阶级的国民党所破坏。国民党背叛了一九二五——二七年的群众运动,并且自那时起,一贯地采取屠杀工农、敌视苏联、向帝国主义摇尾乞怜的政策。正因为国民党采取了这个政策,才使日本帝国主义能够顺利无阻地侵略中国,夺取东北,深入控制华北,而且现在正野心勃勃地向南窥伺,图谋攫取全中国。

也正是这种政策,鼓励并帮助了英帝国主义者窥伺川西边界。也正是这种政策,帮助了法帝国主义蓄意侵略云南。也正是这种政策,帮助了美国在中国建立财政和政治霸权;帮助了国际联盟(英国和法国)更进一步实施帝国主义共管中国的恶毒计谋。目前还看不到侵略的终结。这还不过是帝国主义在国民党继续不断的卖国行为的帮助下,从事中国历史上最大规模的掠夺的开始而已。如果人民大众不起来阻止帝国主义列强和他们的国民党傀儡的罪恶行为,中国一定会全部被瓜分,中国人民也将遭受更惨重的奴役。

不仅如此。帝国主义列强将来一定还要以中国人民为牺牲来从事彼此间的相互厮杀。战争将继续不断地发生,而在这些战争中,帝国主义列强将利用中国的人力和物力来实现他们自己的目的。今天,中国东北的人民已经在替日本帝国主义当炮灰了;将来,全中国的人民,在中国军阀、地主和资本家的帮助之下,将被迫给各帝国主义者充当炮灰。

日本帝国主义正在把东北建造成将来反苏战争的根据地。它并且在企图扩大它的根据地,想先控制黄河以北的土地,然后加以占领,再进一步侵略内蒙和蒙古人民共和国,最后征服全中国。至于英帝国主义,它和美国有尖锐的矛盾,和日本帝国主义在亚洲的冲突也在增加,对印度革命怀着畏惧,并对苏联怀抱仇恨;它正在拼命设法组织欧洲帝国主义者的反苏集团,以图延缓帝国主义强盗间不可避免的战争。

这是目前局势的真相。希望从任何帝国主义者或国际联盟那里取得帮助是犯了叛国之罪。希望从国民党的政策中获得生路,简直是愚蠢。国民党今天正在更有意识地、缜密地计划着向日本帝国主义及其他帝国主义作全部的、无条件的投降。国民党的领袖只有一个要求和希望,那就是,希望帝国主义者允许他们继续执掌政权,以便分得一份由蹂躏和榨取中国人民而得来的利益。

只有从人民大众本身才能获得帮助和生路。中国的亿万民众——在工人阶级领导下的广大农民群众——如果联合起来为粮食和土地而与帝国主义及国民党作斗争,那是不可抗拒的。

亿万工人和农民已经在进行这个斗争了。广大的苏维埃区域已经在中国存在了许多年,这个事实便是广大的中国人民将走上这同一条道路的希望、诺言和保证。

只有从这些斗争中才能发展出权力和力量,来解放中国,统一中国,驱逐帝国主义,收回东北和其他失地,给中国人民以土地、粮食和自由,并给各个民族以生存、发展的自由。

只有这些斗争,才能把中国从连年战争的无穷苦难与长期资本主义剥削的残暴行为之中解救出来。只有实现无产阶级革命、土地革命与反帝革命,才可以建立使中国将来发展到社会主义的基础。

帝国主义的支持者问我们:"你们既然反对帝国主义战争和白色恐怖,那末为什么不反对革命中使用武力呢?"

对于这一个问题,我们可以明白地回答:"一个革命阶级为反抗压迫而使用武力,是完全有理由的。一个被压迫人民为争取民族解放而使用武力,是完全正确的。在这两种情形之下,武装斗争是必需的,因为反动势力永远不会自动放弃它们的权力。"

帝国主义战争、军阀战争、干涉苏维埃中国或是干涉苏联的战争、对民众的压迫和恐怖行动,这一切都是为了反动的目的。反动的武力只能以革命的武力来对抗。只有在这样的立场上,我们才可以明了目前中国民族革命危机中我们的任务。我们并不是反对一切战争。如果是这样,那我们就会直接受帝国主义者的利用,帮助他们来解除中国人民在目前和将来的斗争中的武装。我们是拥护中国的武装人民反对帝国主义的民族革命战争的。

只有在人民千百万地奋起的时候,中国才能获得解放。法国人民在大革命中反对优势的外国侵略者的斗争,俄罗斯的工农击退一切帝国主义者的联合武力的斗争,这种历史的先例指示了中国人民的出路。

现在有句很流行的问话是:"中国被压迫的人民如何能够与这样强大的敌人作斗争而获得胜利呢?"可是,我们祖国的历史不是已经给我们一个回答了吗?北伐战争教导我们:革命的武力远胜于反动的武力,而且能够以寡胜众。中国的工农红军屡次与十倍于自己力量的军队作战,而且取得了胜利。武装不是唯一的决定因素;思想意识也有其作用的。

当然,有力的革命意识和精良的武装配合在一起,是战胜帝国主义和反动势力的最好保证。很明显的,东北英勇的义勇军长期间的抗日斗争现在还在继续,假如不是惨遭反动政权罪恶地加以破坏,早就达到更高的程度了。

除却蒋介石政府方面的破坏,还有另一个因素阻挠这运动的进展。抗日义勇军的领袖们畏惧群众,解除了群众的武装,只武装了以地主、豪绅和资本家的阶级观点看来认为"稳健"的分子。东北的工人农民不得不拿起武器来反对这些义勇军的领袖如马占山、李杜之流,同时与日本帝国主义者作战。在这样的情况之下,他们就不可能迅速成功了。

中国人民在击败日本以及其他帝国主义的强大的军事机构之前,首先便要从中国的军阀、地主和资本家的枷锁下解放出来。

国民党还在削弱我们广大劳动群众的抵抗力。国民党对于群众进行抗日斗争的任何形式的运动,都予以镇压。国民党以最残酷的方法镇压工人、农民、学生以及在他的统治区域里的义勇军。国民党动员了一切可用的武力,来大规模地进攻苏区。国民党和日本帝国主义者商谈秘密条件,将东北和华北奉送给日本,而把其余的中国领土贬为帝国主义的殖民地。国民党向外国乞求援助:金钱、武器和子弹,来和中国的人民作战,因此就更加完全依赖帝国主义者。这不是生路,这是中国民族的死路。

我们在进行着反日反帝的民族革命战争的同时,必须为建立真正的中国人民政府而斗争。这样的政府只能由工人农民自己来组织。中华苏维埃共和国临时中央政府给中国劳动人民指示了出路。苏维埃政府和工农红军愿与任何军队订立军事协定,抵抗日本帝国主义(附加的条件是武装人民和给人民以民主权利），这提议指明苏维埃政府准备与帝国主义作战的认真态度。这些呼吁虽然获得了群众和兵士的同情，但至今还没有得到任何有效的响应。这表明各军事单位的长官要不是亲帝的、国民党的工具，便是没有进行真正斗争的勇气。

总而言之，我们反对帝国主义战争，但是我们拥护武装人民的民族革命战争。只有这样的战争才能把中国从帝国主义的统治下解放出来；也只有在民众从国民党统治下解放出来，建立了自己的工农政府之后（像中国有些地方已经做到的），民族革命战争才能胜利完成。

我们坚决反对中国的军阀战争。各派军阀不断地为争夺地盘进行战争。国民党内的各系派不顾民众的利益，不断地为争权夺利而动武。帝国主义各集团则利用军阀来扩张自身的利益，并削弱中国。这些战争给中国广大人民和兵士带来了无比深重的灾害。很明显的，这些依附国民党和帝国主义者的中国军阀，必须消灭净尽。

最后，我们对全体中国人民，对劳苦大众还有一个呼吁，呼吁大家在反对日本和其他帝国主义的斗争中，即在争取中国统一、独立和领土完整的斗争中，团结一致！让我们团结起来，向那些背叛国家，把我们的国土一省一省地出卖给帝国主义者的人们作斗争！让我们团结起来，用我们最大的力量来保卫那已经由帝国主义统治和封建剥削的羁绊中解放出来的中国工人和农民，他们现在正受着国民党军队第五次而且是最大规模的进攻。这次的进攻直接受到美国贷与蒋介石政府的五千万美元中一千六百万美元的帮助，受到美国的飞机、炸弹和飞行教练的帮助，受到日、英、美、法的军舰对国民党的全力帮助（如最近的闽变），受到帝国主义各色各样物质的与精神的帮助。

让我们联合起来保卫苏联，反对干涉苏联的战争！让我们在整个远东，尤其在中国，发动一个强有力的运动，反对帝国主义战争！

为杨铨被害而发表的声明

（一九三四年于上海）

上星期五杨铨来看我，给我看了他最近几个星期接到的许多恐吓信，并且把他听到关于阴谋杀害他的一些口头警告告诉了我。他说，有几次有朋友直接从南京来警告他，说某些人正在计划杀害他。

他星期五是特地来警告我的，说在他接到的信中，有几封把我的名字也列在就要受到恐怖狙击的名单中。我告诉他，我也接到许多类似的恐吓信——常常是用最下流的话写的，我并且叮嘱他自己也务须小心。这是我和杨先生最后一次的会面。

这批人和他们所雇用的凶手以为单靠暴力、绑架、酷刑和暗杀就可以把争取自由的最微弱的斗争扼杀。这就是他们统治人民的武器，也正说明了他们整个政权的面目。中国民权保障同盟就代表这样一个争取自由的运动，杨铨也就是因为他在这个组织中的活动而被残酷地杀害了。

但是，我们非但没有被压倒，杨铨为同情自由所付出的代价反而使我们更坚决地斗争下去，再接再厉，直到我们达到我们应达到的目的。杀害杨铨的刽子手们要明白，政治罪行必然会给他们带来应得的惩罚。

为"七君子"被捕而发表的声明

（一九三六年十一月二十六日于上海）

关于全国各界救国联合会七位领袖的被捕，我以这个组织的执行委员的名义，特提出抗议，反对这种违法的逮捕，反对以毫无根据的罪名横加在他们身上。

任何头脑清醒的人都明白，这种违法逮捕和捏造的罪名，都是日本帝国主义者主使的。日本帝国主义者在幕后指使这次逮捕有很明显的证据，就是十一月二十五日（昨天）的日本报纸上海《每日新闻》上刊载消息，说我在今天清早被法租界当局逮捕，罪名是从事与第三国际有关的共产党活动。也许《每日新闻》和刊载同样的谣言的《上海日报》①事前已经得到要逮捕我的风声。

大家知道，全国各界救国联合会的目的，在于促进政府与人民间的团结一致，成立统一战线以抵抗日本侵略。恰恰与日本帝国主义挑拨性的说法相反，救国会既不亲共，也不反对政府。这些罪名完全是日本帝国主义者故意捏造出来，煽动中国政府反对救国会，从而分裂政府与人民，以遂其阴谋的。

虽然七位领袖横遭逮捕、被加以恶毒的罪名，救国会仍然要重申自己的立场：救国会不反对政府，也不亲共；它主张全国人民，不分政治信仰或党派，成立统一战线，从事民族解放战争。

我要在这里指出：日本帝国主义者的这种手段，与他们的意图相反，只能更引起中国人民的抗日的怒火和爱国的义愤。

———————————

① 这两家都是日本政府御用的报纸。

至于对我个人所捏造的罪状，那是不值一笑的，用不着我来驳斥这些日本报纸的污蔑。它们惯于诽谤造谣，早已臭名远扬。

救国会的七位领袖已被逮捕，可是我们中国还有四万万七千五百万人民，他们的爱国义愤是压制不了的。让日本军阀们当心吧！他们虽然可以在幕后指使逮捕七位领袖，但是全中国的人民是不会饶他们的。

实行孙中山的遗嘱

——在国民党三中全会上的演词

（一九三七年二月十八日）

在这民族生死存亡的关头，国民党三中全会在南京召开，全国人民的眼睛都焦灼地注视着它。中国已经被日本的侵略逼到了忍无可忍的境地。最后牺牲已经不可避免。日本的挑衅已使抗日运动达到了高潮，并且在继续发展中。日本企图占领华北的种种努力显然是失败了。日寇进攻绥远的企图也已经失败，它强迫中国政府接受它的条件也没有成功。中国人民已经立下志愿，下定决心，不再向日本帝国主义让步，而准备收复失地，这在我们的民族生活上有着极重大的政治意义。

丧权辱国的对日谈判必须停止！

最不幸的，还有一些政客依然不了解实际形势而害着"恐日"病。他们过高估计日本帝国主义的力量，过低估计中国人民的力量。这种错误的观念是没有根据的。

日本不能战胜中国。因为第一，它在经济和财政两方面都太脆弱，不能作持久的战争。第二，日本人民本身反对战争。日本人民政治活动的高涨，表示他们对于使日本劳动人民增加重担、沦为赤贫的黩武冒险政策是怎样地忧虑和愤懑。第三，日本兵力在数量上处于劣势。最后的，也是具有决定性的因素，就是中国人民本身已决心抗战到底。

如果认为在远东的一般情势如此不利于日本的时候，日本仍能派遣十五至二十师兵力到中国来作战，那就未免荒谬了。日本以这样区区的兵力，永远没有希望达到它的目的的,而事实上日本的工业与后备兵力都不容许它派遣更多的兵力。这小量的兵力分散在中国广大的国土上,不难被数量上占优势、并为自己的生命与国家而作战的中国士兵所粉碎。中国的士兵已经从侵略者手中拯救了绥远,他们一定也会拯救全中国。

胜利将属于谁是毫无疑问的! 只要政府能够执行先总理孙中山的遗嘱! 他在逝世前曾昭示我们,只有忠实执行他的三大政策,才可以救中国。

改善人民的生活是任何中国政府的主要任务。几年来,铁道和公路建设虽然有一些进展,但人民的生活状况依然没有改进。

乡村中是一片贫困、疾苦和灾难的景象。我们的农民仍受尚未废除的封建残余势力的搜括,以及苛捐杂税的痛苦。我们千万不能忘记,农民是中国经济的骨干。城市中的失业问题正影响着劳苦大众。不仅工人的处境十分凄惨,青年知识分子也找不到工作。我们中国的青年虽然受了中等或大学教育,仍不免踯躅街头,得不到运用他们的知识的出路。

解决这个问题的唯一办法,在于促进我国的农村建设和工业化。为要进行这项工作,必须遵循先总理遗教。政府必须解除对群众运动的钳制,发扬群众对建设的主动性和热情。只有这样,民生主义才能实现。我们决不能忘记,先总理常常教训我们,发动群众运动是一切工作获得成功的基本条件。只有依照孙中山的遗嘱与遗训,国家建设和农村改进工作才能以高速度向前迈进。

实际上,要群众行动起来,政府必须结束训政时期,尽速召开国民会议,吸收有才能的人,不论他是什么党派,到政府中来。国民会议能否完成它的任务,全靠一种群众真能参加的选举制度。

为了便利选举,政府应立即废除新闻出版检查,实行集会、结社、言论的自由,释放一切政治犯,并且把先总理遗嘱中的民主政府真正变为事实。

令人万分遗憾的是,直到今天,政府中仍有些个别人十仍然不了解救国必先结束内战的道理。在今天居然还可以听到"抗日必先剿共"的老调,这是多么荒谬! 我们要先打断一只手臂之后再去抗日吗? 我们已经有了十年的内战经验。在这期间,国力都耗费在内争上面,日本军阀将我们的土地一块块地割去,使我们的国家受到蹂躏。

每一个中国爱国志士现在都庆幸政府在这些痛苦经验之后已开始了解，救国必须停止内争，而且必须运用包括共产党在内的全部力量，以保卫中国国家的完整。中国人不应当打中国人，这是不言而喻的。中国的人民都不愿打自己的兄弟，他们知道这是违背民族利益的。一切内争是可以，并且应当和平友好地解决。内战必须不再发生。和平统一必须实现。我们必须赶快建立反抗外来侵略的中国国防。

虽然救中国必须依靠中国人民自己，但是先总理曾指示我们，不要使我们自己在世界上处于孤立的地位，而要与以平等待我的民族合作。全世界都同情中国的抗日斗争。政府的任务是以最有效的方法去利用这种同情。

我在这里所说的，并没有什么新东西，不过是已经去世的总理给我们的指示。我坚决相信如果政府能忠实地遵奉孙中山的遗嘱，并采取有效的步骤来执行他的三大基本政策，中国就能很快地从内部的骚乱与苦难中解脱出来，并且能获得全世界极大的尊敬。

儒教与现代中国

（载一九三七年四月纽约《亚细亚》杂志）

目前，中国国内关于孔子学说是否能应用到现代生活的讨论很多。在过去二十年中，许多学者、政论家和政治家，企图复活孔子的学说，因为他们相信在这些兵荒马乱、内忧外患的年代里，儒教能够像它在中国早期历史中好多次那样地巩固、加强并统一中华民族。但是另外有许多学者和教育家却认为：假若现代中国要生存下去的话，我们就必须把每本教科书中的儒教思想肃清。

三年以前，国内开始了一个名叫"新生活"的运动，这个运动是带了儒教气味的。这使得我们在实际上有很大的必要寻觅对儒教正确的认识。因此，让我们回顾一下孔子活着的时代，中国古代圣贤的时代吧。在公元前五至七世纪，正是老子和孔子这两位中国最有名的圣贤讲学的时候，两个人都拥有很多的门徒和学生。首先我们必须研究一下他们的学说是否为当时社会所需要。

当这些圣贤活着的时代，在古代中国到处发生了极大的混乱。封建的诸侯列国互相猜忌，经常互相斗争，为争夺霸权而战，以致一切人与人之间的基本关系都发生动摇。许多封建集团在战争中灭亡了，其他的诸侯列国则势均力敌，长期对峙。今天，一部分封建诸侯得势了；明天，他们又被放逐或被处死了。广大人民群众所受到的压迫与剥削有增无已。他们不仅要做强迫劳动，而且在他们所遭遇的种种苦难之上，还要加上兵役的重担。当时政府最重要的职责就是维持灌溉、开凿运河、防止洪水和修堤筑坝。可是由于战争、贪官污吏和社会紊乱，国家却搁起这些最重要的工作不管，以致人民日益穷困，痛苦不堪，到处是哀怨和悲愁。这是一个流血、洪水、瘟疫和饥荒的时期，不仅封建诸侯之间发生战乱，农民也起来暴动，封建诸侯则对这些暴动加以镇压。因此，我们看到在公元前五至七世纪这个时代，就存在着阶级斗争。在那时候，中国产生了两个哲学家，老子和孔子；他们对中国人民的生活和思想直到今天还有影响。

老子对国家以及封建地主充满了仇恨。他的学说有很多地方与后世的无政府主义相似。他喊出了农民反抗压迫的呼声。在他的著作中，我们看到他痛恨统治阶级和帝王——痛恨他们的战争和军队蹂躏庄稼，毁坏堤坝，抢夺农民的粮食和牲畜，强迫儿子与丈夫离乡背井去当兵为地主的利益打仗。老子教导人们说，兵器纵然能使人获胜，也是不吉利的工具。可是，今天我们中国人却应当说："凡有助于保卫我们民族独立的武器，都是吉利的。"群众恨国家、恨政府、恨帝王，老子说出了他们的仇恨。如果根本没有政府，老百姓倒会觉得满足。这种对国家漠不关心的观念很清楚地在我们古代的诗歌与民谣中表现出来。下面引的一首歌就是一个例子，它大约是三千多年前的作品：

"日出而作，日入而息，凿井而饮，耕田而食，帝力何有于我哉？"

然而，老子并不是革命的。他并不号召人民与当时的罪恶斗争，并克服它们，却提倡消极抵抗、与世无争和清净无为之道。这些起源于老子学说的思想，以后便成为被压迫的中国民众的一种宗教——道教。

老子原来的学说并不是为统治阶级、地主或是显贵所豢养的士大夫服务的。他们需要另一种哲学来表达他们对国家的观念。虽然当时所急需的是安定秩序，孔子却出来用他的学说模糊这种需要。

作为一个改良家，孔子扮演了一个伟大的历史角色。他为封建社会创造了礼教。为了加强这种封建秩序，他根据历史的传统创立了他的学说。关于尧舜这两个半神话化的模范帝王的故事，恐怕就是孔子自己或他的门徒杜撰的，至今还没有一个人能证明尧舜是否真正存在。但是以这些神话为根据，孔子和他的门徒们发挥了封建秩序的观念。他们宣称人民不能自己管理自己。人民必须由贤明的官吏统治。他们教导说，服从是一切人类社会的一般原则。

妻子必须服从丈夫，子女必须服从父母，每个人都必须服从统治者和帝王。为了使人民服从，孔子创造了一整套礼仪来加强封建秩序。他替父权辩护。在实行儒道的国家中，主权就建筑在家庭中的父权之上；家长制的家庭是封建统治的细胞和下层结构。

在孔子所讲的五常中，有四项是与家族有关的：父子、夫妇、兄弟和朋友。我想在孔子学说中如此强调家族关系，是与古代中国的经济条件相适应的。封建中国的大家族是国家经济结构的基础。家族所需要的物品，全能自给自足，每一个家族成员都有义务工作，维持家族。家族是一个经济单位。虽然这种家族制度存在于数千年前，但它的强大影响今天还继续存在着。中国人所以家族观念深而国家观念浅，与孔子的学说大有关系。孔子强调对家族的义务，而很少提到对国家和整个民族的义务。

孔子学说是彻头彻尾地封建的、专制的。社会被划分成两个阶级：统治阶级——地主，与被统治阶级——农民，在两者之间的是士大夫。我们可以从《礼记》中找到这种典型的说法："礼不下庶人，刑不上大夫"。

两千多年来，对孔子的学说有种种不同的解释，也有许多揣测。在中国历史上有几个时代，儒教被禁止，孔子的书籍被焚毁。然而尽管如此，儒教仍然延续下来，并且统治着中国人的思想。既然儒教是封建主义的哲学，无疑地，只要一天封建制度存在，就一天需要孔子之道。但是，孔子的伦理体系已经堕落成为纯粹的繁文缛节，同时，他的学说束缚了学者们的智能，限制了学问的范围，并且使大众陷于愚昧。

孔子是保守的。就像我们所看到的，他把他的学说完全建立在传统的基础上。孔子的保守主义自然就阻碍了中国的科学与社会秩序的发展。孔子所讲的是一些老道理。他与革命毫不相干。他反对社会秩序的任何改变。在现代仍然有中国知识分子热心提倡儒教的复活，真是奇怪！要历史倒退回去的各种努力不但没有效果，而且阻碍人类的进步和发展。我们不应该恢复不合时代的儒教，对于我们极为重要的是把农村经济与城市生活中的各种封建主义的残余加以肃清。我们必须清洗中国人的头脑，把它从那个阻碍我们文化发展的儒家思想的蛛网中解放出来。恢复儒教是完全反动的一件事，所谓安定社会只是一个幌子。

历史告诉我们，这位老圣人是很有理性的，是鄙视迷信的。他的著作不曾提到过神。但是在科学昌明的今天，我们却看到竟有人把他当成了神。如果他知道了他的后世子孙把他奉之为神，这位老圣人在坟墓中也一定会恐惧不安的。

我们现在的社会组织正在急剧地变化、改造以及重建。新的社会秩序自然需要新的意识、新的道德标准和新的关系。许多人的思想发生了混乱。中国正在发生的许多大变化，带来了种种问题，要解决这些问题不是很容易的事。儒教不能帮助解决这些问题，它已经完全失去了实际价值。只有那些头脑反动的人，才要想法恢复它。孔子只会活在我们的史书当中，并且因为他在中国文化上所起的一定作用而占了很多重要的篇幅。

但是儒教的思想意识所统治的时期，比其他哲学体系都更长久，在这样悠久的年代中，它深深地渗透了中国知识分子的头脑。我们必须认清，在我们的艺术、文学、社会科学和道德领域里面，儒教的影响是怎样地根深蒂固。我们必须尽最大的力量，把这些思想意识从我们的生活与思想的每一个角落里根除出去。

中国今天需要另一种思想意识。人民生活中经济及技术的新发展和新情况，都需要新的思想意识。先总理孙中山已经指出了中国的需要。虽然他没有详细发挥他的理论，但是他已经给了我们一些总的方针和原则。实行孙中山遗教，是今天最重要的工作。如果孙中山遗教已经在各地实行，那末我们十年来所面对的许多困难和问题，都已经被克服了。孙中山已经把他的理论综合为三民主义：民族主义、民权主义和民生主义。这些主义适合于目前中国的情况。正如孔子的儒教代表着专制、压迫和人民的痛苦，孙中山主义就代表着民主和人民的幸福。

我们欣幸在过去一年中看到了中国民族精神的显著成长。中国的民族主义正以抗日运动的形式成长着。但是，如果认为中国的民族主义是反对日本人民或其他外国人民的，那就错了。在我们的全部历史中，中国人民一直是爱好和平的，现在他们更没有征服别的国家的思想或欲望。中国的民族主义是要抵抗侵略我们国家的日本军阀。无疑地，中国不仅能保卫现有的国土，而且一定能收复所有的失地。

保卫绥远的胜利就是中国民族主义发展的最有意义的证明。为了使爱国主义的火焰继续增长，绥远抗战的事迹必须予以宣扬，使中国的每个工人和农民都知道。我们的诗人、小说家、作家、画家和演员们必须宣扬中国人民争取民族解放的英勇斗争，歌颂那些抵御外侮、保卫祖国的民族英雄。社会和政府必须优抚受伤战士和烈士家属，对于那些为人民为国家而残废归来的人，国家应尽责加以照顾。

我们要有军事的头脑，要竭力改正我国人民对于为拯救祖国而战的战士们的看法。在那些混乱的时期里，中国人民深受自己的军队的祸害；特别是在过去十年中，军队被雇来从事内战——打自己的人民，自然我们对兵士的态度不会好。人民痛恨这些军队，因为这些军队从事劫掠，屠杀工农，毁坏他们的家园，给他们留下了不幸与灾祸。但当内战已经停止，军队受命保卫国家独立时，人民对兵士的态度自然会改变的。

"好铁不打钉，好男不当兵。"这种有毒的口号曾经灌输到我们的头脑里。现在我们必须粉碎这个口号。当日本军阀正威胁我们国家独立的时候，在群众中必须实行军事教育。只有群众起来保卫国家的独立，中国才能得救。保卫国家是我们今天必须学习的最重要的艺术。让我们来学习使用机关枪，组织空防与其他军事艺术。像自我牺牲这种军事美德，应该予以歌颂，爱国主义必须予以歌颂。

以为没有群众运动的支持，就能把国家从日本的侵略中解救出来，这是愚蠢的想法。孙中山说过，革命若要成功，必须有工人农民参加政府。国民党必须帮助促进工农运动，邀请工人农民入党，然后才能建立一个真正的反对日本帝国主义的统一战线。国民党上届的全会决定于今年十一月召开国民会议。但是选举制度是怎样的呢？帮助人民参加国民会议的事一件还没有做。显然，这次会议只会有国民党官吏和官僚参加了。这是违反孙中山的民权主义的。我们必须立刻改变选举制度，实行普选，这样才能使群众参加。这是非常必要的事。

虽然内战已经停止，但是关于与共产党和解的事却尚未得到任何官方消息。我们回忆一下孙中山所说的关于共产党的话，是有好处的。他说："我们对于共产主义，不但不能说是和民生主义相冲突，并且是一个好朋友。主张民生主义的人，应该要细心去研究的。共产主义既是民生主义的好朋友，为什么国民党党员要去反对共产党呢？"在一九二四年，当国共合作问题正进行讨论时，我问孙中山为什么需要共产党加入国民党。他回答说："国民党正在堕落中死亡，因此要救活它就需要新血液。"他所说的"堕落"是什么意思？他指的是：国民党党员缺乏革命精神、士气与勇气，大家忘记了建立国民党的目的是为了革命，因此产生了个人利益开始支配党员行动这种不幸的后果。对于他周围所见的一切感到厌恶和失望，他不止一次向我说："国民党里有中国最优秀的人，也有最卑鄙的人。最优秀的人为了党的理想与目的而参加党，最卑鄙的人为了党是升官的踏脚石而加入我们这一边。假如我们不能清除这些寄生虫，国民党又有什么用处呢？"纵然在今天，孙中山的话还是多么真实！

十年反共战争使我们浪费了大批生命以及大量物资、精力与金钱，并使我们忘记了抵抗日本侵略，保卫祖国。现在虽然晚了，但改正这个大错误，晚一些总比永远不改要好。过去五千年来，中国受专制之害太长久了。让我们终于民主起来，创立一个民有民治民享的政府吧！从这一观点出发，我们必须把那些儒教思想意识的残余毒素从我们的头脑、教科书和我们的内心清除出去。

但是为了提高民族意识并真正实行民主政治，我们就必须大踏步地实行民生主义。孙中山说："民生就是社会一切活动中的原动力。因为民生不遂，所以社会的文明不能发达，经济的组织不能改良，道德退步，种种不平的事情像阶级战争和对工人的残酷行为以及其他形式的压迫，都要发生，都是由于民生不遂的问题没有解决。所以社会中的各种变态都是果，民生问题才是因。"

国民党当政的这些年中，我们还没有做过任何事来改善群众的生活。农民生活贫困；许多省份在内战中受到重大灾害。我们必须牢记，农业是中国的主要作业，全国出口总值的百分之九十属于农业，然而今天我们的农业却同孔子时代一样地落后。结果，我们失掉了茶叶、丝和棉的宝贵市场。为了改进农民生活，我们必须组织全国性的运动，来改善和提高农业生产中的近代技术。

但在"新生活运动"中找不到任何新东西，它也没有给人民任何东西。因此，我建议用另一种运动来代替这个学究式的运动，那就是，一种通过生产技术的改进以改善人民生活的伟大运动。这是一种革命的人生观，而不是儒教，因为革命的目的就是提高人类和群众的物质享受；假若这一个目的没有达到，那就等于没有革命。

主要是，我们中国拥有使人民获得美满生活的一切必需因素。在世界上，我们有全世界最悠久的历史。欧洲尚未开化时，我们已达到了文化的高级阶段。我们俭朴而勤劳的人民，在长久的历史中受到许多外来侵略的蹂躏，但是我们生存下来了。中华民族伟大的生命力克服了最坏的环境与条件。我们人民吃苦耐劳，从寒带到热带，在各种气候的地带劳动着。我们不但能生存下来，并且更生息繁衍。毫无疑问，我们会克服目前的危机，成功地击退所有外来的侵略，并且像孙中山在他的遗嘱中所指示我们的一样推进革命。为了要达到这一目的，我们不需要儒教。我们需要团结。我们需要停止一切内争，准备收复失地。我们需要向欧洲、美洲，特别是苏联的工业与农业的成就学习。这样，我们就能满怀信心，向光辉的未来迈步前进。

中国是不可征服的

（载一九三七年八月纽约《论坛与世纪》）

一

成百本书成千篇文章曾经谈过中日战争的问题。照我看来,大多数作者似乎都过高估计了日本的力量而过低估计了中国抗战的力量。只要看一看中国政府在过去十年间的政策,那就更会觉得如此。中国政府对日寇让步又让步,日本只要恐吓一下,就可以达到目的。它只要派一些军队、几架飞机来威胁一下,中国政府就会立刻让步。

蒋介石政府实行了"攘外必先安内"的方针,它这不幸的政策恰好被日本军阀所利用。但是过去一年中形势有了变化。人民的抗日运动高涨起来,日寇已不能再以虚声恫吓的手段来达到它的目的。中国人民已经认识到自己是有办法抵抗的。他们再也不怕这个"友邦"了。

群众的意见已在中国抬头。由于人民日益要求抗日,一切政治上的分歧都成了次要的问题。高度的爱国主义起来代替了军事割据,使国家有了精诚团结的希望。

照我看来,中国当前最重要的工作是实现孙中山的民权主义。孙中山为了指导我们中国革命,曾给了我们三民主义—民权、民族、民生主义——和三大政策。三大政策是实现三民主义的工具。各民主国家已经看到,由于过去十年间中国忽视了民权主义,我们国家蒙受了巨大的损害。内战绵延不已,国家深受摧残,千百万人民丧失了生命,亿万人民处于水深火热的境地。中国有见识的人士向来主张停止内战,国共合作。很久以前,舆论就已经谴责了关于抗日必先灭共的那种阴险毒辣的意见。自然,这种主张是日本所策动的。

经过十年内战,国内许多地方遭到摧残,而共产党非但没有被打败,反而成了抗日的先锋。从最近访问红区的《伦敦每日先锋报》记者斯诺的文章中,我们知道了红区的真实情况,并且认清了那些从来不敢走到所谓"匪徒"近旁去看看的人所作的宣传是多么荒谬与虚伪。事实上,这种宣传的大部分很可能是来自日本。

蒋介石已经停止了内战,而国民党也终于在最近的三中全会中讨论了与共产党讲和的问题,这是值得庆幸的一件事。但非常遗憾的是,这次国民党三中全会宣言中所规定的与共产党和解的条件,将使妥协不易迅速实现。条件里面包括共产党停止宣传和放弃阶级斗争的政治纲领之类的无理要求。可是,宣传和阶级斗争正是共产党所以存在的根本原因,它怎么能放弃这些呢?在法国和其他各地方,共产党都不曾放弃它的宣传与阶级斗争的,而资产阶级的政党却和他们合作得很好。中国共产党曾经屡次表示,只要政府真心抗日,他们就不会攻击政府。他们所提出的唯一条件就是携手共赴国难。

所以要与共产党讲和,只须实行孙中山的民权主义,召开国民代表大会,改变选举制度,使人民真正能够参加政府,在政府中有发言权,释放政治犯,实行出版、结社与集会自由,动员群众参加抗日建国工作。

共产党希望与政府合作的诚意,在西安事变中得到了很清楚的证明。他们曾尽一切努力来维持中央政府与东北军之间的和平。释放蒋介石与和平解决西安事变,是共产党主张的。他们已尽了最大力量来保持中国的团结。所以,国民党如果愿意遵循孙中山联合工农的政策,它决不应拒绝共产党在救国工作中所给予的帮助。国共合作是绝对必要的。所有的力量必须团结在一起。

二

　　关于中国,现在流传着许多不真实的看法:说中国太弱,抵抗不了日本。我却坚决相信,中国不但能够抵抗日本的任何侵略,并且能够而且必须准备收复失地。中国最大的力量在于中国人民大众已经觉醒起来了。如果不久以前日本帝国主义者还抱着利用蒋介石政府来征服中国的希望的话,那末,这种幻想现在也一定破灭了。所有日本新的侵略行动,只能更加强中国的抵抗。日本分割中国的政策失败了。相反地,中国不会再有一个政府敢于将土地让给日本了。当去年救国会的领袖被蒋介石政府逮捕的时候,当政府表示要考虑继续向日本让步的时候,群众的愤怒上升到非常之高的地步。抗日运动的增长促成了财政改革,促成了闽变与西安事变的和平解决和内战的停止。这一切都是中国新生力量的明证。

　　中国现在必须准备收复失地。必须使群众在政治上和军事上准备起来。实行言论、出版和集会的自由就可以唤醒群众。年轻力壮的人民必须经过军事训练。单靠装备窳陋的常备军,中国是不能建立足以抵抗侵略的国防的。但是在这常备军的背后却屹立着广大的人民,他们准备为卫国保家淌尽最后的一滴血。他们打起游击战来,将成为一种不可征服的力量,在这种力量面前,日本军阀只能发抖。

　　为了实现孙中山的经济政策,必须允许人民群众性运动的自由发展。这也是建设国家、稳步发展工业和交通以及改善农村经济的一个先决条件。我们国家的基本建设只有在实行真正民主的时候才能进行。

　　孙中山对于中国外交政策曾经指示过,中国应该联合世界上以平等待我之民族。无疑地,日本的侵略已引起全世界对于中国的同情,并引起其他各国对日本帝国主义政策的极端不满。日本已处于孤立的地位。日本从《德日协定》中找出路的企图也完全失败了。日本国内对于这一着也很不满意。中国人民从来不想侵略别人,但是中国人民也不会再任人赶出自己的家园,作无家可归的奴隶和忍受"东亚病夫"的嘲骂了。

三

我们要了解一个国家的力量,最好是分析它的经济潜力和它的社会结构的力量。在经济上,日本是一个弱国。它主要的弱点在于缺乏原料的储藏,如铁矿、棉花、石油、有色金属、黄金与白金等,这些日本每年都得从国外大量输入。缺乏原料在战争时期是日本的一个致命弱点,因为那时候日本必须依赖其他国家,而这些国家随时都可能断绝对日本的供给。

由于缺乏资本,日本不可能在和平时期大量储藏这些原料。它不能在这方面投入巨额的资金。这里略举几个统计数字来看:日本现在每年支出二亿到二亿五千万日元,输入冶金工业所需要的原料。战时日本在这方面须支出多少金钱是可想而知的,那时候对于这些原料的需求将增加很多倍。而日本全部的黄金准备只有六亿日元。在日本的输入总额中,一九三四年的原料输入占百分之七十,一九三五年占百分之八十,一九三六年则占百分之八十二。仅仅以战争工业基本因素的钢铁工业为例,一九三六年百分之四十的原料(铁和废铁)须由国外输入。一九三六年日本自国外输入的铁矿苗占消费总量百分之八十七,而且这些输入大部分是从中国取得的。这就把日本的弱点暴露得更明显了。再以另一种重要原料——石油为例,我们知道日本自己只能生产本身所需量的百分之八,而百分之九十二要靠输入。其他原料如锡、棉、羊毛、水银和锑,日本所需量的百分之九十都要靠输入。

日本必须以输出来偿付它巨大的输入。即使在和平时期,日本要做到这一点也极为困难。这种困难一年年增加,去年日本贸易的逆差约达一亿三千万日元。因此,日本工业基础的不健全是很明显的,特别是假如它要进行战争的话。

让我们看一看日本的农业吧。根据最近的统计,我们发现日本的农业产量是在逐年下降。一九二九年日本的农业产量价值四百五十亿日元,一九三五年则只合三百二十亿日元。农产品与工业品市价的差异,日见增加,使农业生产的条件更加不利。一九三六年,贫困农民负债达五十亿日元,日本需要输入五分之一的粮食来维持自己已经很低的生活水平。日本农民受到三种不同的剥削。地主拿去的地租占农民收获量的百分之五十到六十,而政府为了维持军费一年年在增加赋税,最后,工业资本则抬高工业品价格,使农民更加穷困。

日本的报纸正在讨论农民贫困的问题,日本人自己对于他们的农村情况也抱悲观。由于百分之七十的兵士来自农村,日本军阀自己也意识到了这种危险情况而感到忧虑。农村社会的不安定已经表面化,这是日本帝国主义最大的弱点之一。上届日本议会中提出了一个新的六年军备计划,需要三十亿日元。今年,一九三七年,日本的军事预算较一九三六年又增加了三亿日元以上。

这些钱大部分又须取自农村。这就是说,对于已经很贫困的日本农民,又增加了财政负担。这将使日本已很脆弱的社会经济结构面临新的困难,更加捉襟见肘。

日本的社会经济结构不够坚实,经不起长期的战争。同时,日本军阀又决不能希望在短期内征服中国。如果在和平时期,日本的经济就已经疲惫不堪,日本的社会结构已经受到不稳定的威胁;那末这种脆弱的结构又怎能经得起亚洲大陆上的大战呢?

中国能否会被日本帝国主义打败这个问题,现在已不值得讨论了。日寇企图扩大它在华北地区的控制业已遭到失败。中国军队已在绥远打退了日寇的进犯。日寇对我国政府所提出的要求已被拒绝。日本已经在中国丢了脸。日本军阀倘若再提出新的恫吓,以进行军事侵略相要挟,那只会促进中国的团结和加强中国为独立而斗争的决心。

中国人民都自发地希望动员起来。中国土地广大,资源富有,人口四万万七千五百万。在这情形下,日本的武力已不过成为一只纸老虎。日本的经济和社会结构是不能支持一场对中国人民的长期战争的。

不!即使中国不得不单独与日本作战,也不会打败的。但是中国是不会孤立的,因为中国拥有全世界的同情。

第四部

为坚持团结与战胜法西斯主义而斗争

致英国工党来华调查日本
侵略的代表团的信

（一九三七年十月三日于上海）

朋友们：

我非常感谢贵党代表给我机会，使我能够写信给你们，同时吁请你们对我国的抗战予以了解和积极的支持。抗战是为了使我们被侵略的国土获得民族解放和自由。中国正在进行一个对于全世界有重大历史意义的斗争。中国正在为国家的生存而战，正在为民族的生存而战。

过去三十年中，日本帝国主义者和军国主义者把中国的土地一块一块地割去。我相信你们还记得一九三一年到一九三二年间，中国的东北四省是怎样被日本强占的。日本的这种行动，撕碎了《九国公约》和《凯洛格公约》。你们记得，英国政府虽然是上述各公约的签字国之一，却并不曾提出任何抗议，以阻止日本分割中国。在一九三三年到一九三五年间，日本帝国主义者开始扩展它们的统治势力到察哈尔北部和河北，而国际联盟和各签约国对这些暴行却依然坐视不顾。自然，这种态度大大地鼓励了、而且在客观上帮助了日本强盗对中国的侵略。

由于日本侵略的加紧，中国的抗日运动也随着兴起并且加强了。工人、农民和知识分子群众组织了救国会，准备参加国家的抗战工作。日本军国主义者的暴行不但没有吓倒中国人民，反而大大地激起了中国人民的抗日情绪。日本强盗在东北和热河的恶毒暴行和压迫，激起了当地反抗侵略的游击队活动。

　　日本帝国主义者奴役东北和华北的中国人民,施行残酷的经济剥削,但是他们并不以此为满足。他们处心积虑地要破坏中国的文化,使中国人民降为愚昧无知的奴隶。我们到处可以看到中国的大学、中学和图书馆遭受无情的破坏。所有学校教科书都被修改,课程也被更动,使得文化教育减到最低限度,而尽量代之以所谓"劳动教育"——实质上这就是替日本人作苦工。同时,中国革命领袖孙中山的遗著,却被严格禁绝。一切有关中华民族的著作几乎都遭禁止。中国的历史课本都被改写和捏造。课程上所列的社会科学科目都被取消。不仅如此,在东北,中国人入学的人数受到了限制,因此东北学生的人数逐年减少。日本军国主义者蓄意破坏有着四千年历史的中国文化,不是很明显吗?

　　日本帝国主义者这种政策自然只有引起我们的仇恨和抵抗的决心。日本政府看到了这一点,因此又要求中国政府压制反日情绪。这是多么愚蠢的要求呵!世界上有谁能够压制一个民族对它的压迫者的仇恨呢?当然,中国人民对于日本的工人、农民和知识分子并无恶感,因为日本的工人、农民和知识分子只是受了日本军国主义者和法西斯主义者的欺骗。

　　过去两个月来,你们已经看到日本侵略者在中国的蹂躏和屠杀。以轰炸天津南开大学为开始,他们武力占领了我们在华北的所有文化机关,对他们没有用的就放火烧光。他们炮击并轰炸上海和南京的大小学校;他们袭击美国教会的医院,炸死了护士、医生和伤兵。为了恫吓我国人民,为了要使我们屈膝,他们滥炸从战区仓皇逃出的避难妇孺。他们的飞机扫射和平城市与村庄中的无辜居民。疏散难民的火车和轮船,最贫苦的难民所集中的车站和码头,都成了他们发泄兽性的目标。他们践踏国际的法律和道德,十足表现了他们是人类的恶魔。这些都是明明白白的事实,并不是宣传。在侵入华北各省以后,日本"皇军"又挟着杀人的大炮、战车、机关枪、毒气和轰炸机在上海登陆。他们的目标只有一个:就是屠杀中国的兵士、工人和农民,以便使日本的军事统治扩展到全中国。在日本帝国主义者的眼中,条约和协定是根本不存在的。

　　中华民族现在已经像一个巨人似地站起来抵抗日本侵略了。全国在精神、行动和意志上这样的团结一致,在我国历史上是空前未有的。四万万七千五百万的中国人民必然不会灭亡。世界上没有任何力量可以消灭他们。全国各党各派都捐弃了过去的成见,团结在抵抗并击败日本侵略者这一个共同目标的周围。中国红军在朱德将军的指挥下,今天已经跟中国其他军队并肩在蒋介石将军的领导之下作战了。一切内部的冲突已经自动停止;一切内部意见的分歧,也在外国侵略的威胁面前消失了。全国一切力量的团结,是我们无敌力量的泉源。

中国正在全心全意地抵抗着日本。你们无疑已经看到,我们由工人、农民和知识分子所组成的军队,是怎样使得日本侵略军队在大陆上遭到困难,虽然我们是在非常不利的情况下作战。尽管日本陆海空军的技术和装备远胜于中国军队,但我们知道单凭军事技术是不能赢得这次战争的。目前的抗战已经证明了中国的兵士和人民在道义上和士气上占着优势地位。中国为了民族生存而抗战,日本军国主义决不能奴役像中国这样伟大的民族。毫无疑义,最后胜利一定属于我们。虽然我们必须遭受多年的痛苦和牺牲,但是我们都已准备忍受这一切了。

朋友们:我吁请你们对中国人民的英勇抗战不要坐视不顾。只有通过仔细地审察,你们才能认识到中国不仅是为了它自己而战斗,并且也为了全人类而战斗。日本法西斯主义者和军国主义者以及他们血腥的和非人道的破坏行为不仅威胁着中国的独立,而且也威胁着所有民主国家,威胁着人类的和平与自由。朋友们!你们自己看看,仅在短短的两个月中,日本帝国主义者就已经使英国在中国的利益受到极大的损害和破坏。日本轰炸机追击英国的大使,险些儿送了他的命;日本军舰拦阻英国的商船,坚持有权上船检查旅客和文件;他们故意扣留并破坏在香港领海中的海关巡逻艇。单就上海而言,英国已有数百万英镑的财产被日本的军舰和轰炸机所破坏。虽然现在还没有正式宣战,日本已经妨碍了英国的对华贸易,使英国工商界蒙受巨大损失。这些都不过是短短两个月来,日本损害英国利益的少数例子而已。如果战争持续下去,损失是必然还要增大的。

因此,不仅是为了正义和公道,就是为了自己的重大利益,英国人民也应该尽力制止日本侵略中国。他们必须清楚地认识:要是中国的抗战一旦失败,英国在华的经济利益也就完结了。

日本侵略中国的战争已经进行快两个月了，但是我们还没有看到你们明确地表示你们愿意积极支持我们制止法西斯侵略者，这是令人遗憾的。香港商船塞文莱号的英国水手曾经罢工抗议载运货物到日本去，因为这会增加日本的侵略力量。当我们听到英国水手们这种合作行动的消息时，我们是何等地感激和欢欣呵！我们欢迎这种行动，因为这是支援我们抗战的明确表示，同时，我们恳挚地希望贵党也能用具体行动来表示你们的同情。

中华民族的斗争的确是有国际意义的。虽然中国已经获得其他国家在道义上的支持和同情，但这还不足以阻止日本军国主义者征服全中国的疯狂冒险。增强中国的抗战力量以制止日本侵略对于各国，特别是英国，是有利的。贵党是自由与民主的追求者，正在为谋求贵国人民群众的幸福而奋斗。我们的抗战是为了抵抗压迫者、法西斯主义和军国主义，而这一切也是你们的敌人。由于这个共同的基础，我们在这里向你们呼吁，请你们给我们支持和援助。

因此，我怀着坚强的信心和希望，愿英国工党尽一切力量并采取一切步骤，支持我国的英勇的抗战，以反抗残暴的、破坏文化的野蛮主义。

两个"十月"

（载一九三七年十一月六日《抗战》杂志）

十月十日，我们庆祝中华民国成立的二十六周年纪念。这是推翻了腐朽的满清，诞生了崭新的民主政体划时代的一天。这是中国四万万七千五百万人民摆脱了他们的枷锁，从封建的黑暗向着一个民有、民治、民享政府的大道迈进的一天。这些曾经是我们的希望和信念，也是我们曾经为之而奋斗的目标。

在一九○五年，俄国人民还处在黑暗的地狱中，他们的革命高潮受到沙皇政权的恐怖镇压，而社会主义当时还是千百万人心底的梦想。那时候，孙中山也正在想望着、策划着中国的自由。他草拟了许多计划要提高人民生活水平，使国家工业化的计划。他主张彻底改革中国社会。孙中山自始就认定只有根本改变我们的经济制度，中国才能够得到解放。一九一一年，满清被推翻了。就在那一年，孙中山在日内瓦出版的《社会主义者》杂志上发表一文，指出中国社会和经济的改革，必须以土地改革为基础。他所计划的一切事情，都是为了改善人民大众的生活的。他认为工人农民是建设自由的新中国最可靠的力量。他了解到在推翻帝国主义的统治和统一全中国这个伟大斗争中，这两大劳动阶级必然是我们力量的基础。

为了使广大的人民群众能够参加政府的工作，孙中山提倡言论、出版和结社自由。惊人的进步从而产生。学生、农民和工人都热烈地参加了当时各种社会和政治运动。我们国家踏上了民主和自由的道路。

但是，孙中山逝世之后，我们国内却随着发生了令人痛心的变化。这些变化促成了目前的国难和民族的灾害。军阀割据在各省跋扈着。腐败和阴谋成了我国的污点。数千孙中山的忠实信徒，为了企图彻底实施他的主义和政策，都惨遭杀害，而那些主张促进民主的人也遭到不测之祸。十年残酷内战糜烂了我们国家，破坏了我们人民的力量和元气。

这是过去的情形。可是充满了希望的白昼正在代替令人失望的漫长黑夜。今年的双十节对于我们有了一种新的意义。我们重新高举孙中山的理想。我们翘望自由，我们的心随着鼓舞起来。今天在我们领土上的每个角落里我们听到了炮火的怒吼，这是庆祝我们全国统一的礼炮。

日本法西斯进犯我国，威胁我国的生存，我们的有力的回答就是全国统一。内战停止了，兄弟阋墙的痛苦回忆也在我们国家的新曙光中忘记了。我们现在已经是一个团结的民族，坚决地站在政府的后面。我们相信政府一定能够忠实地、勇敢地、拯救国家的危机。我们的团结一定能够解决一切的问题，克服一切的阻碍。经过这样的洗礼之后，我们必将获得胜利。

我们十月的天空，黑压压的战云弥漫。但是我们内心却闪烁着希望的光明。我们的伟大邻邦苏联，不也是在形势比我们更恶劣的一个十月中诞生的吗？现在，我们的邻邦已经度过了它最艰苦的时期；中国的人们，谁不对苏联争取自由的斗争表示最深切的同情和敬爱呢？

苏联曾经是所有帝国主义者泄愤的战场。干涉军威胁着苏维埃的城市，俄奸和"白卫军"串通了帝国主义者来出卖祖国。战事一度离列宁格勒只有十里路。全世界的反动势力都勾结起来，要杀戮这个新生的自由婴孩。他们用一条"防疫隔离线"包围苏联，封锁它所有的港口。日本占领海参崴，协约国军队开入阿钦格尔区。德国抢去乌克兰，捷克斯洛伐克盘踞伏尔加流域，而"白俄"则占领顿河—哥萨克地带。形势确乎万分危急。然而，尽管这样，苏联人民却始终憧憬着未来的自由和希望。

他们在这面自由和希望的旗帜之下勇往直前，终于得到了胜利。腐败的封建统治者也曾糟蹋过他们的国家。在第一次世界大战中他们受够了痛苦，又忍受了帝国主义所挑拨和资助的三年多的内战。反革命分子在全国每一个角落蠕动。饥荒、灾患和贫穷席卷了全国。但是，他们不是一个甘于屈膝的民族，也不是一个肯于跟敌人妥协的民族。他们拿得到什么武器就拿起来进行战斗，不管它如何不行，他们用一切办法战斗。他们向德国军队散发传单，号召他们推翻德国皇室。他们把对波兰的战争转变为解放波兰人民的战争，并且从守势转入攻势。他们向各国的工人发出呼吁，要求他们起来保卫这第一个工农的国家。

苏联的人民是胜利了。今年苏联庆祝了开国二十周年纪念。苏联的进步和繁荣，现在已是人类历史上的事实。它不再是一个落后的、被剥削的国家，它已变成世界强国之一了。在人类努力的任何园地中，它对于世界都有贡献。我们在历史上第一次看到一个国家能够按照计划向预定目标不断地前进。苏联的人民——质朴的农民和平凡的工人——现在是他们自己的命运的主人。苏联本是帝国主义汹涌的大海中一杆飘荡的稻草，现在变成了十分安全地向一定目标航行的大船了。它给世界千百万的人民，给各地悲观失望的人，高擎希望的火炬。

和平是这个伟大而富强的国家的外交政策的基石。苏联向各国人民伸出友谊的手，而且已经跟许多国家缔结友好、中立和不侵犯的条约了。当我们政府跟苏联签订互不侵犯条约的时候，我们不仅是联合了今天世界上最强大的和平力量，同时也联合了一个受我们共同的敌人威胁的国家。日本法西斯侵略者曾经一度悍然侵入这个和平之国的边境，可是他们在半途就被打回去了，并且受到教训，知道苏联人民有保卫祖国的充分准备，侵略者的任何冒险行为都将付出惨重的代价。日本又派了间谍到苏联去，并且买通一些俄奸做它们的内应。但是，日本的这一切阴谋、武力和间谍活动，在苏联的面前证明是白费事（在我国也不会有多少效果！）。它们已经遭到了坚强的抵抗。

经过了多年的黑暗，苏联终于找到自己的路——到和平、进步和自由的路。十月革命把这个支离破碎的国家锻合为一个整体，把它变得强大有力。苏联人民一直在稳步建设国家，新世界已经显示了它的形态，在那儿没有人类的苦难和自然的灾害，在那儿人们学会了怎样使个人的欲望服从社会的共同幸福，在那儿大自然顺从了人的意志。

　　回过头来再谈一谈中国的情形。日本法西斯的侵略及其野蛮和残酷,在我们领土上造成了混乱和恐怖。但是,我们一定能够打败这些破坏我们的文化和进步的人。他们的现代化武器将被我们的无穷勇气所粉碎。在反抗腐朽的"武士道"的战争中,我们将高擎我们的新生的火炬。我们将不再是自己国内的封建奴隶,也不再是国外法西斯侵略者的奴隶。奴役的枷锁将不再束缚我们的民族。我们的国家,多少年来乌烟瘴气如同马厩,现在已在肃清一切危害国家生存的根深蒂固的恶势力了。让我们学习我们的伟大邻邦苏联的榜样吧!铲除一切卖国贼,一切腐朽和自私自利的人们!让我们的怒火摧毁他们!我们将不仅在战场取得解放战争的胜利,而且在这个战争的过程中,将建立起一个新的民主国家。到那时,孙中山的主义便完全实现了!

　　我们在抗战中已经表现了我们的勇气。但是,在政治上我们是不是也像前线战士那样不屈不挠呢?我们可曾把我们的信念告诉给同胞们,说明在我们抵抗疯狂法西斯这个艰苦的斗争中,正闪烁着生活改善的希望?假使我们没有这种信念,我们就不能领导人民,就不能责备人民大众不肯跟从我们。因此,全国各地的人民都必须怀抱着希望,希望这一光明的前途,这一从封建主义的压迫下解放出来,并在自由、民主与和平的基础上改善生活的前途!

　　只要我们有信念,有决心,苏联在短短二十年中所做到的,我们也能做到。

关于国共合作的声明

一九三七年七月七日日寇进攻芦沟桥之后，国民党和共产党为了团结抗日，奠定了正式合作的基础，以代替西安事变后所获得的停战。

孙中山一生主张共同奋斗救中国。这就是他主张国共合作的原因。共产党是一个代表工农劳动阶级利益的政党。孙中山知道没有这些劳动阶级的热烈支持与合作，就不可能顺利地实现完成国民革命的使命。倘使他所主张的国共合作一直不间断地继续到现在，中国目前已经是一个自由、独立的强国了。前事不忘，后事之师。国难当头，应该尽弃前嫌。必须举国上下团结一致，抵抗日本，争取最后胜利。

关于援助游击队战士的呼吁

——在香港国际妇女节集会上所作的演说*

（一九三九年三月八日）

我谨代表英勇保卫正义和民主的中国战士向你们致意，这些在中国前线的男女们曾以不屈不挠的勇气和忘我的精神赢得了世界上一切正义人士的敬仰和支持。他们和我都感到欢欣，因为在这个纪念反暴力反压迫的国际妇女运动的伟大节日，香港各种族的妇女们首次聚集在一起，表示了你们和我们中国人民之间的团结一致，并且把我们的事业认作你们的事业—这事业无疑是属于每一位爱好民主的人士——不论他是何种国籍。

我们正生活在人类历史中最危急的一个时代里。我们当前的世界正面临到和平与民主势力对战争与法西斯势力两种不可调和的力量的生死斗争。在中国，这斗争和在西班牙一样，已经采取了公开战争的形式。日本法西斯主义者已向我们开始了野蛮的进攻，来破坏我们的民族独立，从而破坏我们整个物质和文化生活的结构与我们人民数千年来的劳动成果。我们的城市和村镇遭到蹂躏。我们的优秀男女死在战争的车轮底下，我们的妇女被奸污，我们的孩子遭到残害，弄得终生残废。法西斯野兽的轰炸和其他暴行已使我们成千成万的人民发癫。千百万人变得饥寒交迫、流离失所。

我们中国人民已和这种恐怖的法西斯侵略作了一年半以上的斗争。在这个时期里，我们中国人民同时是和笼罩世界的战争威胁作了斗争，同时也为着

---

* 这次集会有三百左右外国妇女参加，但是香港报纸却一点也没有发表这篇演说。

你们的和平作了斗争。这决不是夸张的说法。我们都已看到，自从人们纵容了欧洲的法西斯国家，使它们在捷克斯洛伐克取得胜利，又鼓励了它们，使它们放手屠杀英勇的西班牙人民以来，它们变得如何猖獗。近在我们眼前，我们看到每次日本在中国获得军事上的胜利，它就加紧进攻太平洋的英国和美国的据点。如果中国投降，如果中国不战而沦为日本法西斯军事机构的一个物资供应基地和人力补充站，那末，请想一想，我们还能够在香港安静地坐在这里吗？

中国是地球上最爱好和平最不好战的国家，但要它在奴役与斗争之间有所选择时，它还是选择了斗争。因为这个斗争最真实地代表了各阶层人民的利益，在任何一个日寇占领的城市或乡村中，中国人民都没有被征服。成百万人情愿离开家乡，忍受贫困，不肯留下来受敌人的奴役。成千万个留了下来的，正在进行斗争。就在此时此刻，在中国的最大部分的日军不是在前线上跟我们的国军作战，而是在徒费气力，镇压成千成万的、在所谓占领区内长成的游击队伍所组成的人民军队。

我们各阶级人民的意旨一致表现在我们的抗日民族统一战线上。四万万七千五百万人民团结成一个统一的力量，这力量是我们抗日持久战能够取得最后胜利的最好保证。这种意旨的一致是我们敌人所面对的主要障碍。东京的军阀也明白这道理。他们和他们的爪牙曾经不断地企图削弱我们的抗战力量。他们所用的方法不仅是对手无寸铁的平民施行赤裸裸的、残酷的恐怖手段，并且狡猾地提出"妥协"的建议，以图征服我们的可爱的国家。他们曾企图制造我们之间的新的分歧，企图挑起国民党与共产党之间的旧恨，以便分裂我们。但是，结果他们只能够收买少数人人知道的两面派、失败主义者以及那些只要阴谋一暴露就会被开除出党和政府的汉奸们。他们非但不能像他们所希望那般分裂我们，反而因为自己的原形暴露而巩固了我们的队伍和澄清了污浊的空气。这种污浊的空气一度迷惑过我们的朋友和祝福我们胜利的人，使得他们对我们的政府所具有的战斗到最后胜利的决心，发生怀疑。

我极郑重地向你们保证，我们将继续战斗下去，直到我们将法西斯侵略者驱逐出大陆，解放了我们的土地和人民为止，我们将守住世界和平民主斗争的战线上的我们这一环。

在这个斗争中,我们——你们和我——世界各国妇女是处于什么地位呢?反对战争与法西斯主义的斗争和争取妇女权利的斗争是一个不可分的斗争。自古以来,战争带给妇女们无限的灾难和痛苦。法西斯主义,这打手们所提倡的强者征服弱者的战争理论,已将所有的妇女都归入"劣等人种"之列。受到法西斯侵略的西班牙和中国,妇女们受到轰炸、酷刑和遭到奸污。每一个被本国法西斯主义所统治的国家里,妇女们被推回到中世纪的奴隶制度中间去,而她们的丈夫和儿子则受到训练,好去屠杀别国的姊妹们的丈夫和儿子。在德国和意大利,妇女正被有计划地从大学、从各种职业中排挤出去,经济独立的机会也被剥夺。每天,官方不断地侮辱她们,说她们只配做养育炮灰的机器——"我们种族的战士的母亲"。在日本,在凶恶的封建法西斯统治下,妇女的肉体是一种可以大批买卖的商品,是泄欲与工业剥削的对象;妻子是丈夫的奴隶,每一个妇女在少女时期就受到这种教育:她最高尚的命运就是永远做男人的柔驯的奴仆。数十年斗争换来的妇女公民权利,在法西斯国家中已被完全摧残。当她们继续为争取她们的民主人权而斗争的时候,她们就像她们的男性战友们一样,遭受到野蛮的恐怖。在德国,多少年轻的妇女已经死在断头台上。

所有的妇女,不论种族或阶级,都应该站到前列来反对这种耻辱。我们要不要让这些法西斯野兽控制世界的命运,剥夺我们的权利,并抢走我们的丈夫和孩子去进行远征呢?你们千万不要认为这危险仅存在于某些地区。阿比西尼亚和奥地利已经沦亡了。捷克斯洛伐克的独立只剩了空名。依法选举出来的西班牙政府正在极其艰苦的条件下为自己的生存而战斗。中国人民正以血肉筑成的长城抵抗日本的军事机构。这是不到两年来的记录。你能肯定地说,你自己明天不会被卷进去吗?

我们中国妇女在我国的生存斗争中是全面参加了的。在每一条战线上,都有成千穿上军装的少女。有的从事于实际战斗,有的在火线上从事勤务工作。在后方,我们妇女们负起了重大的任务,照顾伤员,替军队征募寒衣,收容和教育战时孤儿,进行文娱活动,用斗争的意义教育我们的人民。国民参政会是我们实行民主议会制的第一个步骤,出席的妇女代表有许多。在全国斗争的杰出领袖人物中,各阶级的妇女都有。丁玲,一位知识分子作家,领导着数百名女学生和产业工人出身的妇女在华北前线进行文化工作。还有其他许多人物,国外朋友到目前为止还不知道,但在中国已远近皆知。在这些人物的领导下,千百万的妇女在工作着。目前的斗争不仅带给她们以新的负担,而且增加了她们的自尊以及对未来的信心。

这就是我们的人民和我们的妇女在抗日战争中所做的事。抗日战争同时也是在全世界制止国际暴行、反对法西斯主义的黑暗反动、保存民主、争取妇女权利的战争。在中国和西班牙,无论你们承认也好,不承认也好,两国英勇的人民正在为世界各国人民而战斗着。你们现在帮助中国和西班牙就是帮助了你们自己。

以中国人民和中国妇女的名义,我觉得我不仅有权利向你们呼吁,而且有权利向你们要求援助。你们都已经体念到我们六千万名难民和孤儿的悲惨与困苦的情况。现在我要你们想一想我们英勇的游击队战士们,他们不仅面对同样的情况,而且能够不顾一切,继续不断地打击配备优良的侵略者。这些英雄们不仅是用老式的步枪、有限的弹药、土制的手榴弹、镰刀、刀剑、棍子和拳头,在跟具有各种现代战争的技术配备的敌人作战;他们不仅是连最起码的医药供应都没有;而且,由于不甘心做奴隶,他们离开了自己的田地和工厂;因此,他们迫切需要衣服和粮食。我们的政府正在尽一切能力去援助他们。但是,每一天都有新的人民战斗队伍出现,为他们的家乡和他们的自由作战;而现有的对于他们的援助还是很不够的。中国斗争的群众基础已经扩大,我们人民中志愿投入战斗的人数不断地增加。因此,我们自己的责任也随着加重,我们需要扩大外来援助的数量与范围,以帮助这些无名英雄;他们不仅为着中国的解放而斗争,而且也为着全世界的自由和民主而斗争。

当中国赢得胜利的时候

（载一九三九年七月十一日纽约《新群众》杂志）

在抗战两周年的今天，我无须再向《新群众》的读者和美国的朋友们说：我们将继续战斗下去，我们的斗争不到最后胜利决不停止。大家现在都已经了解了这一点，大家都知道侵略者没有能够摧毁我们的战斗力量和战斗意志。事实证明他既不能按照他所计划的，在军事上给我们以粉碎性的打击，来消灭我们的军队，也不能在政治上暗害我们，使我们的抗日统一战线破裂。我们的军队已开始在战场上取得主动。我们的人民和政府，国民党和共产党，甚至连敌人所一直企图勾引的地方军人，都一致起来反对汪精卫和他的汉奸集团，一致赞成撤销他们的一切职务，并赞成通缉他们的命令。

我们的抗战意志和我们的最后胜利已经是无容置疑的了。但是，直到现在，对于我们的斗争还存有许多严重的错误看法。这些错误看法主要是环绕在这个问题上："战争结束后，会怎么样？"中国在抗战中起了怎样的变化？中国在经过这番巨大努力之后，会不会又回到芦沟桥事变以前的老路上去呢？或者，中国会不会像我们的敌人所宣传的以及受他们欺骗的一些傻瓜所相信的那样，突然剧烈和神秘地"赤化"了呢？

当然，这些揣测都不正确。正如我们的民族领袖们的声明中所指出的，中国在目前斗争中的团结，胜利之后还要继续下去，以便共同努力建设国家和实现国共两党都认为是国家共同纲领的三民主义，孙中山的三民主义。只有三民主义才能给所有的抗日党派目前与未来的合作提供坚实的基础。今天合作的目的就是为了打败敌人和建立一个三民主义的共和国。

这共和国是属于哪一种类型呢？

按照孙中山的遗教，中华民国必须建立在人民（通过自己选出的代表）的直接统治的基础上。县必须成为实行自治的基本单位和产生国民大会代表的选区单位。这个制度却只有在实行了最充分的和最广泛的民主权利的基础上才能生长。

国民代表大会将成为国家的最高权力机关。中央政府由它产生，并对它负责。中央政府与地方政府的关系将有所改变。目前省的制度必须彻底改革，必须把地方军队历来的那种各自为政的现象消灭。孙中山主张在中国创立一种新型的省，这种省像法国的省一样，是一个统一的国家的行政上的区分，而不是像过去那样大多成为政治与军事上分立的地区。

军队的组织也将有所改变。军队的数量将按照国防与安全的需要，并根据中国在维护集体安全上所负的国际义务的需要而予以限制。多余的部队将被解散，其人员将有计划地转入国家的工业和农业建设。将来的中国将不允许雇佣军队的存在，而将贯彻普遍征兵制。

抗日民族统一战线、国共合作、委员长统一指挥所有的军队并同时领导政府——这一切都是中央集权过程中的一个重要步骤，这种中央集权过程和与之并进的民主的增长，在我们的国民革命中是极端重要的。认为这一些仅仅是"战时措施"，那是错误的。这是一种趋向，战争加速了它的发展，但是它本身却是必然的历史过程的一部分，在战争胜利后仍将赓续下去。目前的蓬勃发展这一事实，正好证明了：倘使没有全国人民的统一战线、两大政党的合作、军队与人民在抗日运动中的结合以及对日本侵略者的坚决抵抗，我们的国民革命是不会有进展的。到目前为止抗日斗争中所创造的这些条件，已经保障了我们的独立。全国统一与民主改革上的进一步成就，将使已经奠定的未来人民中国的基础更为巩固。

孙中山的三民主义的前两个主义是关于民族独立和实行民主政治的。第三个主义——民生主义——是关于改善中国人民生活条件的。在我们这个农业国家里，土地问题是最重要的问题。孙中山提出了"耕者有其田"的口号。

对于随着政治统一后而来的工业发展时期,他制定了关于天然资源、铁路与公用事业的国有化和节制私人资本的政策。这个政策不但不要压制私人资本,而且相反地,要鼓励私人资本向有利于国家经济建设的方向发展。这方面的成就目前虽然还不够,但我们已从当前的斗争中看到了实现孙中山的经济理想的一个开端。许多地方的租税已经减低,荒地已经开垦。在国家的倡导之下,通过了"中国工业合作社"之类的组织,已按照民主方针进行了战时建设。我们希望在战后有一种全国各阶层人民都能分享其惠的经济发展。

必须让那些出于恶意或者是由于无知而把中国人民的民族统一战线形容为"赤色"的人们知道:正因为这个统一战线是中国各阶级人民为了民族解放的共同目的而作的一种真正的努力,最初作为这个统一行动的纲领而提出的三民主义,便成为这个统一战线的政策的实际基础。三民主义是一个反帝的民主革命的纲领。在这纲领下,私有财产制度不能也不会受到侵犯或者被废除。唯一牵涉私有财产制度的地方,就是没收敌人和汉奸的财产,和制定有关合理分配反侵略斗争的负担的法律。

对于外国资本的态度和对国内资本的态度是一致的。中国愿意与所有希望帮助中国建设的国家进行贸易并接受它们的投资。孙中山在领导国民党和国民革命运动的全部过程中,一贯表示,我们要尽一切努力促进与所有愿意在平等、互不侵犯和对于我们要恢复中国在国际上应有地位这种愿望表示同情的国家之间的经济关系。

今天中国的战斗不仅是为了民主,为了世界各国人民,而且是为了所有受到日本帝国主义侵略威胁的国家的民族的利益与经济利益。

敌人正在用种种谎言企图分化我们的力量,因为这些力量只要联合起来就可以使美国站到符合自己的利益,符合自己的信仰和伟大的民主传统的立场上去。每个愿与中国做朋友的美国人都有责任揭露并驳斥这些谎言,说明我们斗争的目的。每一位痛恨法西斯军国主义和民族压迫、认为它的国家在这些事情上所采取的态度与他个人的前途及美国公民所具有的自尊心有重大关系的美国人,都有这种责任。

中国需要更多的民主

——为纽约《亚细亚》杂志作

（一九四一年十月于香港）

国际局势已转为对中国有利了。德国对苏联的恶毒的进攻，已经把所有与中国友好的国家——英、美和苏联——在世界大战中联合在一起了。现在我们只要利用每一分力量，利用我们从各友好国家得到的每一点援助，我们就能够使我们自己和所有的民主力量更加接近胜利。

虽然国际局势今天有利于我们，但是它是能变化的。如果各友好政府怀疑到妥协派和求和派在我们中间可以为所欲为，怀疑到我们已经筋疲力尽，准备放下武器了，那末就大有可能，他们会与日本订立他们自己的协定，因为他们害怕不这样干，我们阵营中的某些叛徒就会抢在他们的前面。如果不是我们已经表现了自己的抗战能力的话，目前国际上有利于我们的条件是根本不会存在的。假使我们忘记了这一点，我们立刻就会失去这种有利的条件。

中国的战争是远东局势的关键，并且不仅限于远东。我们的继续抗战保障了太平洋西岸人类四分之一的人口的未来。它的国际的重要性可以从下面的事实估计出来：它使日本在南方不能攫取英美的属地，在北方不能进攻苏联。

中国抗战的关键则在于内部团结。人人都知道，我们民族的团结——世界争取正义和进步的斗争的伟大基石——在最近数月中已经处于严重的危机中了。在今年年初，那些煽动内战的人似乎又要把我们的国家弄得四分五裂，给敌人打开大门。因此，我无需辩解我为什么要写这篇文章来讨论我们的抗日民族统一战线、它的性质和前途、它所面临的危机以及危机是否仍然存在和今后是否还会存在的问题。

我们的统一战线在成立以来的四年中,受到了许多误解,有的出于恶意,也有的确实是由于不明真相。一些高贵的作家们不屑去了解它的基本精神,就把它加上引号或称之为"所谓统一战线",这却显示了他们的混乱。有些人认为这是从来不曾有过的一件事;有些人认为它确是一度存在过,但是已因某一件事而夭折了;还有一些人则认为它今天已到了最后破裂的阶段了。因为这种种见解流传很广,我们首先需要给它下一个定义。

"抗日民族统一战线"这名称并非偶然叫出来的,它是一个精确的、科学的和历史的名词。

"民族"的意思就是说,全国每一个阶级、每一个政党和每一个人都可以参加,它的目的是反抗帝国主义侵略者,保卫我们共同的全民族独立。

"抗日"这两个字反映着一个事实,即日本今天是中华民族生存的最大威胁,因此我们的民族统一战线不能包括任何不反抗日本侵略者的团体。

"统一战线"就是所有合作的党派必须一致面对敌人,团结互助,以御外侮。

抗日民族统一战线并不是说各个属于它的党派不能有各自的观点和目标。并不意味着任何一党一派独裁。党派之间起了摩擦,甚至发生了武装冲突,虽然对于抗战无疑不利,而且挑拨起这种摩擦的反动分子确是在帮助敌人,但这并不是说,统一战线已不复存在。

最后,抗日民族统一战线是可以改变它的组织成份的。汉奸汪精卫和其他一些叛徒投奔到日本人那面去,就是这种改变。由于我们的困难日益增加,很多奸商、政客、懦夫和软骨头可能投到敌人方面去,或者破坏国内的团结,叫喊早日议和,来为敌人服务。

但是,对于中国大多数的各阶层人民来说,他们绝对不能忍受奴隶的生活,像他们亲友在沦陷区内所遭遇的那样。他们宁愿战死也不愿作奴隶,任何内政外交的措施,只要为继续抗战所必需,都会得到他们的拥护。只要还有一个日本兵在中国国土上,抗日民族统一战线就一定会存在。而且以后它也要存在下去，因为建设的工作也与抗战一样地需要长期的团结。我们希望在战后实现一个建立在三民主义的基础上的民主的中国，在这个中国里，工人、农民、工商业家、学者以及自由职业者都将享有同样的地位和权利。

我在上面谈统一战线时，故意避免提到国民党和共产党的关系，因为我们的抗战前途所系的抗日民族统一战线之能否保持下去，并非党派的问题，而是战还是降、为民族而战斗到底还是用卖国诡计使抗战瓦解的问题。我们统一战线的原则是建立在我们国家的实际需要上面，并非由任何一党所制定的。对中国一切党派的考验，就是看它在实际行动中对这些需要有多少认识，作了多少努力。虽然如此，但是在今天的具体情况中，国共之间的关系还是具有头等重要意义的。它们的合作就是团结的基础；它们之间的任何冲突都是民族团结的危机。在考虑这个问题的时候，我们会首先注意到：现在虽有两个大党和几个较小的党派，但是并没有一个充分的民主的代表机构，使每一个党派都能够根据它的党员人数和影响大小而在战时政府中担当适当的任务。

战时自由中国之缺乏民主，是中国军队间发生军事冲突的主要原因。这对敌人是有利的。缺乏民主也许就是对共同的抗日战线的一个最大的威胁，并且给那些想破坏它的人以绝好的机会。由于国民党是当权的政党，在重庆实行一党专政，所以扩大民主政府是它的责任。在国民党中，下层党员无疑地都是赞成实行改革以增进民主的。反对的人，主要是领导机构中的少数反动派，他们已经把孙中山的遗训置诸脑后了。值得注意的是在这个政党里，竟有主张投靠罗马—柏林轴心，赶快和日本妥协的。

中国缺乏民主，只对第五纵队、潜在的妥协派和求和派有利。而给人民以民主权利，无论如何也不会妨害抗战事业。相反地，我们人民热烈支持抗日战争，因此，压制他们的积极性，毫无疑问是有害的。为了抗战，为了抗战所不可少的统一战线，海外的我国同胞们和外国朋友们应该支持我们的要求——加强民主。

对于姑息法西斯主义，滥用民主旗帜的人，向他们进行斗争是全世界一致的。只有在政治民主的万丈光芒照耀下，我们才能发现投降派和卖国贼，才能进而解决我们的问题，加强我们争取独立和统一的战争。没有统一，我们对侵略者的抗战根本不会开始,更不能达到胜利。缺乏民主使妥协派和求和派能够在暗中活动,准备投降;他们当中有很多人不仅与敌人勾结,并且还与罗马—柏林—东京轴心反人类进步的整个阴谋有联系。

有思想的中国爱国者都很知道,如果我们使得外国的朋友们有理由相信求和派可能控制我们的政治生活,我们就不能期望他们的援助。我愿意告诉我们的外国朋友们,我们是明白这个的;而且,为了他们也为了我们自己,我们将要与任何这种倾向作斗争。

另一方面,我们也对每一个同情中国的外国友人有所期望。国际局势的变化使英美的一些集团的阴谋和希望复活起来了,它们企图使"日本脱离轴心","稳定太平洋局势",缔结一个远东慕尼黑协定。

正是这些集团,不顾英美人民的同情完全在中国一边,它们同侵略者勾搭,卖汽油给他们作飞机燃料,卖钢铁给他们做炸弹。他们帮助日本加强军事机构之后,现在又可能在设法帮助它达到政治的目的——使中国媾和投降。

中国人民将继续与侵略者作战,保卫抗战的基础——统一战线。我希望美英朋友们,为了帮助我们和他们自己,支持中国的民主的要求,坚持要他们的政府尽可能援助中国,并终止在物质上或政治上对日本侵略的一切支持。

中国妇女争取自由的斗争

（一九四二年七月写于重庆，载《亚细亚》杂志）

中国的妇女，和中国的男子一样，正在为她们的祖国而战。在目前有关整个国家前途的斗争中，她们已经证明自己是我国历史上女英雄们的好女儿了。

从古以来，就有个别的妇女积极参加保卫国家和创造国家命运的工作。花木兰——中国的"贞德"——就曾因带领军队抵抗外来的侵略者而闻名。直到今天，民间的歌谣和戏曲还在歌颂她的丰功伟业。梁红玉，宋朝一位名将的妻子，也曾和侵略者作过战。在我国文化方面，班昭协助编纂汉史；蔡文姬是古代最著名的作曲家之一；李清照、朱淑真和虞畹之所写的诗直到今天还传诵人间。虽然在中国旧社会中妇女都是家庭中男子的奴仆，但也有些卓绝的妇女，她们的修养、见识、行政才干甚至作战的勇敢，都在她们国家的历史上留下了记录。

中国与西方的接触和民族革命运动的兴起使中国妇女有了新的、更广阔的远景。许多妇女进了工厂依靠工资独立生活。有一天妇女将不再以伟人的妻子与昵友的身份，而凭自己作为公民的权利参加国家的活动，虽然这种潜力还没有成为现实，但是现在已经奠定了基础。

这个过程首先是由中上阶层开始的。妇女们逐渐以医师、公共卫生工作者和教师的面目出现了。在政治领域内，许多妇女成为革命政党中杀身成仁的志士。

女革命志士在推翻满清的斗争中起了很大的作用。最崇高的革命烈士之一——秋瑾——是浙江一个秘密革命组织和它所属的武装力量的第二名领

袖。她与刺满清巡抚恩铭有关而壮烈牺牲了。六十四岁的何香凝（廖仲恺夫
人）现在仍旧是我们最进步的人物之一。她曾经是孙中山所创立的第一个统
一的革命政党——同盟会的一个基本会员。在这一时期中，很多妇女曾经帮
助指导这个运动并担任这运动中最艰难危险的工作。

中华民国的宣布成立，只不过是争取建立一个新中国的斗争的开始，而不
是它的结束。政府的形式是改变了，但是政权实际仍旧掌握在旧人手中，而生
活依然如故。这一点，尤其在妇女权利一方面，是很明显的。当两位国民党女
领袖，唐群英和张昭汉，在民国首次成立的国会中提出男女平等的议案时，反
动派所操纵的多数轻而易举地把这提案否决了。

在第一次世界大战时期，我们的民族工业家开办了很多新的工厂。劳工
运动很自然地跟着就兴起了。争取中国民主这个自觉的政治斗争，不仅包括
了中产阶级并且扩大到工人和农民阶级里面去了。中国不仅看到了个别妇女
的卓越表现，而且开始看到妇女们在创造一个更好的共和国的群众斗争中英
勇活动。

成千成万的女工、农村妇女和女学生参加了一九二五年到一九二七年的
打倒北洋军阀的伟大战争。她们担任战时勤务工作，广泛地传布国民革命运
动的口号并且多次和军队并肩作战。在这斗争过程中，许多从农村和工厂里
来的妇女，脱离了半奴隶的地位和日夜劳作的苦海而成长为十足的人和领导
者了。封建反动头子所以痛恨那时候的"短发女子"并且大批屠杀她们，使城
市的沟渠被她们的血染红，不是没有原因的。

这个伟大运动的指挥机构也有妇女的代表参加。一九二四年广州中国国
民党第一次全国代表大会所选出的国民党中央执行委员会中，有何香凝、邓颖
超（周恩来夫人）和其他的妇女。邓颖超、蔡畅是共产党的主要干部（共产党
对当时的运动是有莫大的贡献的）；何香凝组织了国民党的妇女部。

我们的国民革命运动一开始就将妇女的解放列为它的基本要求之一。争
取我国妇女在法律地位上、教育机会上和社会地位上的平等，过去曾经是而且
现在仍旧是中国走向真正独立民主的大进军的一个不可或缺的部分。当一个
国家有一半公民受到另一半公民的支配时，这个国家就不能算是自由的国家。

从一开始的时候起,我国妇女就不是在内容贫乏的"女权主义"的旗帜下,而是作为整个民主运动的一部分进行斗争的。

当国内外反动派的势力太强大,人民的第一次英勇进攻不能将它们打倒,而内战再度爆发,中国争取民主统一的初步努力碰了壁的时候,妇女解放运动也极自然地受到了阻碍。医务、教育和福利工作这些方面的事业,对妇女还是开着门的,但是参加政治和行政工作的门又给关上了,好像每两个中国人之中,就要有一个人,没有任何权利参加管理大家共同生活的社会似的。

被右派所夺取和死也不放的国民党,裁去了曾对它的胜利大有贡献的妇女部。有些妇女仍然能在名义上继续做国民党中央执行委员会的委员,但这不是由于她们自己的工作而是由于她们死去了的丈夫曾居于党的领导地位的缘故。她们并没有向这种新的趋势低头,她们流亡到国外去,宣布她们反对这种倒退。但是,不幸也有其他一些妇女却和现状妥协,并且劝那些处境较劣的姊妹们放弃争取广阔生活的斗争。这是一个黑暗的时期,内战进行了十年之久,而媚外的政策却使日本人控制了我国很大部分的领土和我国很大部分的政治生活。

抗战前两年左右,在日寇不断蚕食我国这种严重的情况下,新的民主运动兴起了,打破了这种令人沮丧的局面。自从一九三一年东北被占领的时候起,各大学的学生就积极向政府施行压力,要求它抗日。成千成万的青年参加了抗议示威游行,步行到首都请愿,实行绝食,冒着警察的殴打、监禁和枪毙的危险而大声疾呼。一九三五年底,北平的学生赶到街头,准备用他们的肉体来阻止日本人在中国文化首都建立傀儡政府的阴谋。这一次时机成熟了。他们的行动不仅达到了目的,而且掀起了新的有组织的人民运动。那就是我们所知道的救亡运动。参加这些英勇行动的女学生的人数和男学生一样多,她们死伤的人数也一样多。中国妇女会永远记住,当游行队伍被阻于上了锁的城门之前的时候,有一位参加游行的女学生将她瘦小的身子从门底的缝隙钻了过去,不顾守兵们挥舞着的大刀,向他们解释示威游行的意义并要求这些守兵打开城门,放学生通过。

在几个星期之内,全国各地和各阶层人民中就成立了数百个救国会的组织。其中包括一九三五年十二月二十二日（离北平示威游行不过两个星期）在上海成立的上海妇女救国联合会。在成立的那一天，一千名会员高呼口号在市内游行，她们所呼的口号与整个民主高潮的口号是完全相同的：

"停止内战！"

"中国人不打中国人！"

"成立抗日救国统一战线！"

"妇女们只有参加抗日才能解放自己！"

这个新的团体不久在各种职业部门里为职业妇女、教师、学生、工人、家庭妇女等成立了许多分会。它和其他妇女团体像女青年会等，建立了密切的关系。妇女作家成立了小组讨论会，并且订下了文学创作的计划。三个妇女杂志——《妇女生活》月刊、《大众妇女》旬刊和《小姊妹》半月刊——开始出版。

在学生游行之后，上海和青岛的纱厂工人进行了人民抗日的第二次伟大行动。日本人经营的纱厂中有成万的工人实行罢工。在罢工工人中间，女工的人数比男工人数多出很多。她们的勇气甚至于比学生们还要大，因为她们所遭遇到的不仅是暴力而且是立即挨饿。这些工资少得可怜的女工们，身上穿着缝补过的衣服，头发上沾满棉絮，从小起就每天工作十六到十八小时，许多人已经得了致命的肺病——她们将永远成为我们民族觉悟的历史上的英勇人物。

纱厂工人的罢工爆发之后，上海的各界救国会成立了一个知识界领导人物的委员会来支持罢工工人。政府在日本的压力下，逮捕了这个委员会的七个委员，罪名是"危害民国"。这罪名的最高刑罚是死刑。这七位委员是自动投案的，其中有一位就是史良女士①——中国的少数女律师之一，他们都被关进监狱，一直到抗战爆发后才释放出来。

全国反对监禁爱国志士的抗议运动，进一步加强了人民抗日的动员。在西安事变中，释放这七名爱国志士就是向蒋委员长提出的一些重要要求之一；西安事变是我国走向团结御侮这条道路上的第二个伟大里程碑。这些事件和

---

① 现任中央人民政府司法部部长。

日本人压力的加紧,使得每个进步、爱国、反法西斯的中国人当前所努力争取的一些目标,得以迅速地实现。这些目标就是停止内战和武装抵抗外国侵略。

对于中国的爱国妇女们,像对其他的人民一样,抗日战争是一个伟大的考验。中国妇女经得起这考验。在芦沟桥事变后的最初几天中,妇女就组织了救护队、绷带队和政治宣传队,配合当地驻军二十九军进行工作。但是不到三星期,这支勇敢但领导和配备都很坏的军队的主力就被打垮,整个地区落入敌人手中。北平和天津发生了相当剧烈的战斗,但这两个城市在占领时期所受的痛苦并不像后来其他沦陷的城市那样厉害。这两个城市的青年妇女积极分子大部分都可以回到舒服的家庭去和命运妥协,但是她们的爱国心不容许她们这样做。她们确没有这样做。她们成千成万离开了这两个城市到后方去。许多人走海路到青岛,再走旱路到南京。有的穿过敌人的封锁线,参加了平汉铁路与运河线上的中国正规军队。有的加入了北平附近山上的游击队,或者向西走去参加那正在挺进中的八路军,进入八路军的学校受训。妇女们成群结队地旅行,随时随地,在船上、车上和偏僻的小村里,向人民宣传抗战。

那些留下来的人也并没有闲着。她们出版地下报纸,协助建立沦陷的城市与日益壮大的游击队的秘密联系,向日本军队进行宣传,搜集情报。一般地说来,她们是在敌后活动的一支战斗队伍。

在北方发生这些变化的同时,保卫上海的大战役也爆发了。剧烈的战斗进行了整整三个月。人民成立了志愿队,将伤兵从前线抬回来,替伤兵们缠绷带,缝织伤员的衣服,看护他们,替他们写信和组织娱乐活动。仓促间成立的护士训练班在两个月中就训练出二千名临时护士。许多妇女、工厂女工、交际妇女、女学生和女童子军都并肩在火线上一起工作。千千万万妇女都出钱、出力或者既出钱又出力。

野蛮的南京大屠杀向每一个中国人有力地说明了在侵略者统治底下过生活是不可能的。特别是日本军队在那里证明了他们不仅向中国男子作战,也向中国妇女作战,并且对手无寸铁的妇女特别凶暴。中国的妇女答复了这种暴行,成立了"广西妇女战斗队",并且在许多地方进行了武装自卫的训练。但是她们对敌人的暴行更深刻更重要的答复是她们在各处加紧抗战工作。

　　一九三八年的头九个月（政府在这个时期迁至汉口），标志了中国民主团结抗战的高潮。这时期也标志了妇女运动的高潮。所有的妇女组织——救亡协会、旧的中立性团体如女青年会等、新的战时团体如在全国有着一百以上的分会组织的全国妇女救济会以及全国战时孤儿收容会等，一九三八年七月在庐山举行会议，成立了一个统一的妇女组织。这就是当时的"妇女指导委员会"。它的工作计划不仅包括援助孤儿和受伤的军民，并且包括进行文娱活动来慰劳前线军队、教育农村妇女、出版杂志、恢复和改良手工业方法来发展地方生产，以及训练这一切工作的干练的领袖与组织人员。

　　这个委员会发展得很迅速，因为它在一开始就是一个真正的统一战线组织。国民党、共产党和无党无派的妇女站在平等的地位，参加会议的讨论。在出席庐山会议的代表当中有许多内战时期被迫转入地下、遭到通缉的极能干的妇女，像邓颖超就是一个。我在前面已经讲过，她是一九二五年到一九二七年时期一位活跃的领袖。不仅如此，委员会还可以依靠那些适应战争需要而成立并具有许多实际经验可以大规模应用的团体。这些团体各个都很不相同，但各个都有其特殊贡献。例如，湖南战地服务团曾随着一支沿途战斗的部队从上海跋涉到汉口。云南妇女战地服务队从遥远的那个西南省份出发，步行了差不多六千里才到达华中前线。上面提过的那个"广西妇女战斗队"，走了四千多里路，从桂林走到长江以北的第五战区，在那战区的军队中间工作。丁玲所领导的西北妇女战地服务团是所有战地服务组织中活动范围最广的，它进行了各种方式的教育和鼓动工作。她们画宣传画，编歌曲，演出自己所写的剧本，发动生产运动、参军运动，组织人民参加各项具体工作。这个战地服务团几乎在每一方面都为战地服务组织树立了榜样。

　　在西北以及新的敌后游击根据地的妇女工作，需要特别强调指出，因为"妇女指导委员会"虽然做了极其重要的辅助作战的工作，但是，只有在陕甘宁、晋察冀和其他的边区，才产生了承继一九二五年到一九二七年的伟大传统的真正的妇女运动。在这些地区，被组织起来的妇女人数不是以千计而是以十万计的，同时她们不仅从事救济工作而且全面参加作战，全面参加政治和经济的工作。八路军的工作人员到了中国一些最落后的地区，这些地区由于长期的苛政而死气沉沉，日寇的占领，使他们遭到进一步的蹂躏。在陕西和山西的大部分区域，妇女仍旧缠足，文盲占全人口百分之九十五左右。深受压迫与痛苦的丈夫们对自己的妻子采取了无限专横的态度，来补偿自己在生活上的绝望。出卖或溺杀女婴几乎成为习所当然的事。当地的妇女一见到穿制服的工作人员—这些奇怪而可怕地迈大步走路的"女兵"，就吓得躲进门去。接近她们，必须十分小心。最初只能帮她们洗洗衣服、照顾孩子以及在这些事上提出改进方法的意见。她们必须经过很多的鼓励才肯谈自己的生活，必须告诉她们作为妇女的权利，必须使她们认识到自己的价值和重要性，必须帮助她们向家庭争取几小时的时间来开会和学习，然后才将任务交给她们担负。经过这种耐心的和一点一滴的培养，结果怎样呢？现在，边区的妇女已成为真正的人和真正的战士了，她们不仅比得上男子而且时常超过男子。在民主自治制度之下，妇女们参加了各种行政的工作。她们是男女村民投票选举出来的。妇女担任县长、镇长和村长是很平常的事。单在陕北，就有二千名妇女被选举担任地方行政上的各种职务。妇女团体负责饲养家畜、缝军衣、照顾伤员和小孩、帮助军属、检查行人等工作，而在男人离家作战的时候，就在田里耕作。她们还时常捉拿汉奸、在敌人中间搜集情报、守护水井和十字路口以及执行其他有军事价值的职务。

　　到过这些区域的人，都会谈起那里的妇女在生活的一切方面所起的作用，她们如何在战争中摆脱了过去的封建黑暗而得到一种崭新的地位。对于中国其他地区的妇女来说，这种地位只有在将来才会达到。

　　在比较狭窄的范围内，各地中国工业合作社对于当地妇女的地位也发生了很大的影响。有一个工业合作社在开始的时候开办了两个纺织合作社来收容那些从汉口撤退下来的工厂女工。三年以后的今天，这个工业合作社已经组织了二万五千名军属、难民和农村妇女在家里织羊毛，替七百多名男女老幼办了学校并且主持了残废军人和日本俘虏的生产工作。工业合作社给国家制造了一千二百四十吨织军毯的羊毛，同时使大量妇女免于乞食。靠合作社的利润，成立了识字班和给妇女学习自治和共同生活的俱乐部，以及可以帮助她们独立的技术训练班和妇婴医疗所。在中国工业合作社分布于全国的各中心站，许多妇女成了一县的组织人员并且领导了一些最好和效率最高的单位。这些单位在工合运动中是远近闻名的。当日本大规模进攻山西黄河地带并取得胜利的时候，当地工业合作社被迫撤退，它们的工人就自动地建立了半军事纪律。"临阵脱逃"成为合作社撤职和开除社员的法定理由。在这一点上，合作社中没有一位妇女受过这种处分。不但如此，有一位纺织合作社的女主席，当敌人已经从三方面包围合作社，距离合作社不到三里路的时候，命令她的同事先走，自己却留下，把搬不走的机器埋藏起来，把一些较轻便的设备亲自带了出来。在这些合作社工人中间，有一些妇女是不久以前曾经在中国工人所遭遇到的极苦的条件下出卖劳力的纺织奴隶。有的是没有技术、被迫离开土地，像是被判为长期挨饿的难民，还有的是因战事而流离失所的当地的少女和家庭妇女。现在，她们都已经成为本身有价值而对于国家的目前与未来也有价值的人了，再也不是"女人而已"，而是受人尊敬的十足的公民了。

一九三八年邓颖超向"妇女指导委员会"作了一个报告，详细报道了正在游击区轰轰烈烈地进行着的初期试验阶段的妇女工作。这一年曾花了很大的力量来把所有的妇女活动统一在指导委员会的领导下。这样就奠定了中国各阶层各党派的妇女友好合作的基础。

但是，在过去两年中，尤其是在最近数月中，我们统一战线的情况已经大大地恶化了。失败主义者和内奸竭力挑拨两大政党之间以及游击区与大后方之间的关系。他们是太成功了！那些在抗战开始以后销声敛迹的反动分子，现在又能够抬起头来，大肆活动来取消人民在四年战争中所赢得的民主果实。这种过程再一次地证明了妇女的地位是与进步和落后势力的消长有极密切的关系的。有些妇女自从抗战爆发后就在重庆和其他地方在政府部门中忠实地工作，经过了多次的撤退、轰炸和战时的经济大变动都仍旧坚持着。可是，在一九四〇年夏天，她们又开始遭到战前的那种歧视了。例如，邮政局突然宣布不再雇用已婚妇女。女青年会的农村教育计划也停止了。在指导委员会的主持下，首都所有妇女团体曾举行会议，讨论自卫的步骤。但指导委员会本身就立刻引起了特务和行施压力的政客们的注意。当反动浪潮达到顶点，进攻新四军的时候，全国各地都发生了逮捕事件，各妇女团体的许多工作人员，包括

"妇女指导委员会"这个最高联络机构的一位委员，都被逮捕了。在这种环境下，有一些最活跃的组织者被迫离开了中国。

最后，国民党中央组织部在一九四一年春天为召开妇女工作领袖会议而发出的正式文告，证明了尽管曾经有过种种民主的收获，尽管在表面上政府所指派的参政会里有一些妇女参政员，但是，反动绝没有被打败。这个文告劝妇女们加强她们的组织，提高她们个人的技术，加入国民党并生育更多的孩子。关于妇女参加政治问题，文告竟这样说："如果每一个妇女，都力图参加政治，那是很有害的……妇女运动应该在普及教育、职业训练、妇女服务以及社会福利和家庭问题等方面进行工作。只有当妇女在德育、智育、体育和技能上达到了男人的水平的时候，妇女运动才会成功。"换句话说，一方面要求妇女有同样的成就，但另一方面却不给她们以平等的权利。不消说，这种观点既违背了孙中山的主张（他坚决主张人人都有责任积极参加并改进政府的工作），也违背了中国所艰苦赢得的整个进步趋向。

然而，勇往直前的中国妇女们一点不因此而感到灰心。她们知道，只要反侵略战争继续一天，那末，不论那些顽固分子怎样阻挠，民主发展的客观条件以及现实本身对于这种发展的要求，都只会增加而不会减少。同时，她们知道，我国妇女们的觉醒仅仅是在开始。每一位到过中国的人都可以指出，中国绝大多数的妇女，甚至包括那些还没有接触到解放浪潮而仍旧很落后的妇女们，都在从事共同的努力。战斗的中国在日本实行海上封锁后通往外界的两条路——滇缅路和通苏联的西北公路，大部分是英勇的妇女们修筑的。广东的贸易线，一年多以来，一直绕过敌人的封锁线，进行秘密运输，它每星期所运进的货物比滇缅路一个月所运的数量还要多得多，这些都是蜿蜒不绝的一队强壮的"客家"女挑夫运输的，她们扛着七十多斤重的担子，一天走八九十里路。

妇女们不但劳动而且作战。我自己就知道一个例子。海南岛一个村里的妇女，当男人不在的时候，曾打退日本人的一次小规模登陆。她们只有农具可以用来作战。许多人被杀死，但是敌人的部队却不得不退上船去。全国许多地方一定也发生过同样的事，但没有流传开，因此大家都不知道。谈到个别的英勇表现,差不多每一个地区都流传着这样一种故事:某某女郎,学古时木兰的榜样,换上男装,加入军队作战。

我国妇女的斗争史不允许我们相信,她们将来会有一天听任民族敌人或者国内的社会反动势力奴役她们。只有扩大民主,包括妇女权利在内,才能取得抗战的真正胜利。这种靠人民一致努力所赢得的胜利,将不允许任何不民主的制度存在下去。

妇女在遍及全世界的法西斯恐怖和战争中,受到的痛苦甚至比男人还深。当打退了侵略而取得胜利的时候,中国妇女将与各国妇女站在一起,愿意也准备使将来的一切都向前发展,使目前世界上的可怕的考验时代永远不再来临。

给中国在海外的朋友们的公开信

（一九四三年九月十八日于重庆）

亲爱的朋友们：

这是我第三次向你们讲话了。在"保卫中国同盟"的总报告的篇首，我先对你们的援助致谢，并且请求你们继续支援中国人民的斗争。

第一次讲话是五年前。从那时候起，不知经过了多少事变！当时我请求你们帮助中国，因为中国是"世界各国人民反法西斯侵略和反对黑暗的伟大斗争发展为公开战争的战场之一"。我说过那是"由于中国人民像西班牙人民一样，拒绝投降，因此连慕尼黑协定也没有能够使法西斯的浪潮淹没世界"。

那时你我都不能预料到，由于许多国家目光短小到令人难信的地步，光荣地战斗着的、坚守着那些国家的门户的西班牙人民竟会遭到失败。我们也没能预见，法西斯的胜利——这场噩梦几乎变成了现实；没能预见由于当时世界还不能团结起来阻止战争，以致不得不在敌人掌握着主动的情况下作战；没能预见，反轴心国家直到极迟的时候（但还不太迟）才联合起来，付出了数百万生命的代价，最后才扭转了大局。

今天法西斯国家的军事失败已经在望，那末，我们就更需要保持并且加强用这样大代价换来的团结；我们就更需要保持并发扬民主；全世界人民就更需要孜孜不倦地为全世界一般人的共同利益而共同努力。

在抗日前线的中国军队和人民的武装部队仍然担当着远东反法西斯战争的前卫，中国人民的武装部队进行斗争、实行民主，把许多孤立的游击据点扩大为敌后强大的抗日根据地。现在,他们已经不是孤军作战了。他们正同所有国家的数百万兵士并肩作战,逐渐勒紧敌人脖子上的绞索。那是好的。那也是他们一直盼望而且相信一定会实现的事情。

我们的优秀战士并没有因为已有的成就而居功自满。现在既然有别人加入了战斗,那末他们的唯一的要求就是全世界的战线上都要尽最大的力量来作战。至于他们自己,虽然作战的时间较久,但他们并不借此就要求丝毫减少作为一个同盟国家应负的责任。对于国内有些人们,认为现在可以让别人去争取胜利的意见,他们也给了极其严厉的驳斥。他们认识到,对战友们负责任也就是对自己负责任;只有把援助和我们自己一切的力量用在比以前更艰苦的战斗上,我们才有资格要求援助。只有这样,中国的土地才能得到解放;只有靠自己的力量,我们才能把中国建设成新世界的一部分。

这个总报告的大部分是讲到在游击区①中救护伤员护送他们归队,与疾病、饥饿作战,以防敌人的这些同盟者影响斗争的力量等等工作。为什么要特别提到边区呢? 我们是否把边区的要求放在其他中国地区和其他中国军队的要求的前面呢? 不,我们并不如此。我们所以把重点放在游击区,是因为它们虽然牵制了并且仍在牵制着日本在中国几乎一半的兵力,但是它们已经有三年没有得到过任何武器和金钱的援助,以及与我们的工作特别有关的医药援助。西班牙单独在欧洲武装反抗法西斯的时候,不幸的"不干涉"政策使它得不到武器。而今天最沉重地打击日本法西斯在中国的阵地的军队,却遇到一个更严厉、更残忍的"不干涉"政策。国内政治的封锁使他们没有医生、外科器械和药品;甚至由国外友人送来的,他们也得不到。我们并不要求给他们优先待遇,而是要求平等待遇,要求取消封锁,并吁请大家不要对封锁默许。这种封锁在中国划出了一条无形的界线,一边是每一个抗日受伤的战士都可以有资格受到治疗,一边却不然。

"保卫中国同盟"完全致力于救济工作,但是,救济工作要有一定的目的。它希望在自己的范围之内,并仅就自己的范围之内,帮助打赢这个反法西斯的

---

① "游击区"指中国共产党领导的有名的八路军所坚守的边区。

战争。当世界还没有完全加入这伟大斗争的时候,本同盟反对"中立"的救济观念,主张首先把援助送给反侵略的战士们,因为如果不是他们用斗争来挡住了侵略者的路,那末,侵略者获得胜利之后就会造成那样深重的苦难,即使全世界的救济力量也无济于事了。今天本同盟主张救济工作应该帮助争取最后的胜利,保证维持一切反法西斯的力量的团结,不许发生新的分裂,以免既得的斗争果实受到危害,并使世界不再遭遇新的毁灭性的内战和国际战争。"保卫中国同盟"既不支持,也不曾支持过"不干涉"政策。它主张世界各国人民都有权利和义务来帮助争取人民自由的斗争,制止侵略和倒退,制止那些有意地及无意地为侵略和倒退开门的人。它主张发扬白求恩大夫帮助中国的精神,他为了保卫全世界的人民而斗争,而牺牲在中国反对日本帝国主义的战场上。我们最初提出来的口号是"帮助中国人民使他们能帮助他们自己"。今天仍是一样。帮助中国人民,使他们能帮助他们自己——并帮助你们。中国没有团结,整个反法西斯阵营没有团结,就不能获得胜利。没有民主,就不能有团结。没有人民的积极性,就不能有民主,而这种积极性是建筑在对于大家所面临的问题的了解这一基础之上的。中国救济事业,作为积极的、民主的活动,就是要按照平等按照比例的原则对所有抗日的人予以援助。每一块募集到的钱,每一个为这个目的而发出的呼声,都不仅是减除痛苦,而且是打击那些制造这种痛苦的东西。这些东西如果我们不予摧毁,它们就必然要带来新的灾难。这是最真实的人道主义。

所以我们今天说的还是五年前说过的话。救济只是反法西斯的救济。救济只是争取民主的救济。只有这样办,才能帮助中国人民并帮助你们自己。

致美国工人们

（一九四四年二月八日由"联合劳工新闻社"发表）

　　每个美国工人和世界上每个有思想的工人现在都了解到加强民主的斗争和反轴心的战争对他有多大的关系。工人正在作战，正在为战争而生产，因为争取他们的美好的将来与打倒法西斯所代表的最黑暗的反动势力是分不开的。法西斯主义先把自己国家的工人变成了奴隶，然后再去奴役所有其他国家的人民。工人为了扩展民主，到处在工作、在战斗，因为只有在民主制度下面，工人才能组织起来向前迈进，更多地享受自己劳动的果实。在轴心国家所盘踞的地方，法西斯的黑暗恐怖和它们的"新秩序"的奴隶农场，都告诉了联合国工人们，本国的民主是如何可贵。

　　中国人口占人类的四分之一，几年以来，它一直是全亚洲的伟大屏障，阻止了日本法西斯统治这个占世界人口半数的地方。今天，盟国的力量与中国自己的力量正在中国的土地上打击日本。中国战斗得越有力量，对日战争就越会缩短，美国人民生命的损失就越会减少。所以中国抗战与美国工人利益休戚攸关。凡是民主制度最强大的地方，凡是发挥了人民的积极性的地方，凡是人民战争（人民战争是一个经济落后与缺乏武装的国家能够击退一个优势装备的侵略者的唯一的武器）最不受掣肘的地方，中国的抗战在那里也就最伟大和最有力量。相反地，当反动势力公开投敌，或者压制人民和人民的积极性，惧怕并且破坏民主运动而给敌人大开方便之门的时候，中国的抗战就摇摇欲坠，节节失利。所以中国民主也与美国工人利益休戚攸关。

七年抗战证明了中国人民有强大的力量保卫他们自己的国土。但是，中国的反动派和法西斯也很嚣张。汪精卫和许多将领已经投敌；日本在我们国内许多地方越来越横行无阻；我们的国家军队有一部分被调去封锁和"防范"游击区；有些人仍然把个人利益放在民族利益之上；农民被压迫以及在国内大多数地方还没有真正的工人的运动等等——这些都证明了中国的反动派和法西斯的嚣张。

美国工人要表示他们对中国抗战关心，最好的办法就是要求把他们自己制造出来的生产品和礼物平等分配给一切积极抗日的中国军队，不论它在什么地区；凡是不这样做的军队，就不予分配。他们要表示对中国民主的关心，只要公开声明反对中国发生内战。中国反动派正在准备这种战争，企图消灭我们斗争中的民主部分。这些部分就是在陕北和敌后的根据地。在那些地方，工人运动得到了扶持和鼓励，许多矿工和铁路工人武装起来与游击战士通力合作，以割断日本与它在华北、华中的主要大陆基地的联系。

我们的政府曾不止一次答应我们要实行宪政，并说在战争开始后一年各党派将一律平等，彼此都通过选举来作政治上的竞争。在抗战期间，我们需要民主，因为我们必须同等看待所有抗日力量。现在第一步就是取消不人道的封锁，这种封锁使得给敌人重大杀伤的游击队的受伤战士得不到必需的医药。如果这种起码的人道主义的第一个步骤还没有做到，空谈民主是不会有多大意义的。

美国工人目前为各地反法西斯战士所做的工作，毋需我来赞扬了。对此大家都有热烈的、兄弟般的、感激的心情。美国工人们也知道，他们自己的手造出来的船正把他们自己造的武器运到我们的共同斗争的许多战线上。我请求美国工人公开表示他们希望在日寇战线后方与法西斯作战的人们也能得到一份与他们战斗任务相称的供应。

孙中山与中国的民主

——为在美国举行的孙中山纪念日所作的广播演说

（一九四四年三月十二日于重庆）

十九年前，孙中山在他那以后成为中国进步史上基本政治文献之一的遗嘱中写道："余致力国民革命凡四十年，其目的在求中国之自由平等。积四十年之经验，深知欲达到此目的，必须唤起民众及联合世界上以平等待我之民族，共同奋斗。现在革命尚未成功。……最近主张开国民会议及废除不平等条约，尤须于最短期间，促其实现。"

这个文献的原则在今天具有什么意义呢？我们要了解它的意义，首先必须了解民族或国家间的"自由"和"平等"的联系；"唤起民众"和"联合世界上以平等待我之民族，共同奋斗"的联系。不平等条约的废除（这是我们的抗日斗争的结果）与国内民主会议的召开（这到目前为止尚未举行）联系在一起，说明了同一个重要的思想：只有当国际民主实现之后，世界上才会有巩固的和平。今天我们虽然在行动上不是大家都做到，但在言论上大家都承认这一点。"国际民主"的意义就是一方面国家之间是平等的，同时每一个国家内部也有一个建立在人民的利益与自由表达意志的基础上的政府。当孙中山必须用几句话来总结他一生为中国人民的最大需要而奋斗的思想与经验时，他首先提出了这两件事。

大家都知道，中国人民这次战争的目标正是孙中山一生的目标——争取充分的民族平等。中国被满清统治了约三百年。在过去的一世纪中，中国变成了列强的半殖民地，并几乎成为朝鲜第二。今天，我们的沦陷区是十足的殖民地,而我国其他地区则在不同的程度上正在从半殖民地转变成为完全的民族自由的地区。作为一个民族,我们必须而且一定要摆脱一切对外的屈从和依赖。但这决不是说,中国人民现在或者将来是排外的,或者他们会有一天忘却孙中山的遗训——联合目标相同的朋友,联合真正的朋友,无论是国家、群众运动还是个人,因为这个遗训指出了中国人民的真正需要。所有的民族革命都会得到世界各地进步思想和行动的支持。美国的革命在英国人民中间有它的朋友,同时它本身又影响了法国的革命。我们推翻满清的运动深深受到美国的革命传统的影响,而我们反对军阀、争取人民政权、争取真正民族平等的运动,则又受到苏联的革命的鼓舞与支援。孙中山在反对满清和帝国主义侵略的斗争中,决不会认为国外朋友对于我们人民的运动的支持是有损国家主权的一种干涉行为。今天我们人民也不会那样想。对于像美国的孤立主义和压制印度独立之类的现象,我们认为有权加以批评,同时我们也承认别人有权分析我们国家中的情势并提出批评。

有人批评我们有依赖外国的倾向。我要指出,固然所有中国爱国人士都认为我们的抗日军队应该得到一切可能的援助,但是,只有那些采取观望态度,不积极参加我们民族斗争的中国人才会对人民缺乏信心以致哭哭啼啼表示说,倘使明天外援不来,后天我们就会垮台了。为我们的国家和为我们的前途而战斗的人是要求援助的,可是,他们为之而作了这样多牺牲的目标是不受任何条件的影响的。

关于促成组织联合政府并呼吁美国人民制止他们的政府在军事上援助国民党的声明

（一九四六年七月二十三日于上海）

最近几年来，我一直从事于战时救济工作，给中国的抗战增加一份力量。我避免参加政治方面的争论，以免影响工作。我的沉默是为了集中全部精力来争取战争的胜利。

今天我们的国土已经没有外来敌人的威胁。但威胁却起自国内，起自内战。反动分子企图将美国卷进我国的内战，从而将全世界都卷入这个战争。这种内战已经是不宣而战地开始了。

这个灾难必须趁它一开始的时候就加以阻止。凡是具有人性的人都必须发言。我虽然仍愿专心做我的救济工作，也决不愿妨碍我的工作，但是，现在我觉得有讲话的必要了。

目前的危机并不是那一边——国民党还是共产党——胜利的问题，而是中国人民的问题，他们的团结、自由和生活的问题。这问题不是双方增减兵力或者斤斤计较一城一地的得失所能解决的。悬于天秤之上的不是党权的问题，而是人权的问题。

人民都时刻渴望这次无止无休的和谈会有一些结果。但是，在每次勉强撮合的休战谈判之后，新的破裂又跟踪而来。国共谈判是不能得到最后答案的。最后的答案必须由中国人民来决定。

解决的办法虽然困难，却是明显的，那就是正确地理解孙中山的三民主义——民族主义、民权主义、民生主义，并且在今天正确地应用它。

民族主义在今天的意义是：中国是一个国家，一个民族。在这个国家里，有许多不同的政治见解。我们必须有一个人人都能向它提供意见的政府。

民权主义在今天的意义是：国民党的训政时期已经过去，宪政时期必须开始了。这是我们的人民历尽艰辛赢得的。他们已经证明他们具备了自治的条件。

所以联合政府应当立即组织起来。它决不能单独由国民党派定的代表来组织。每一个党派都必须选出他们的代表。国民党的代表也应当由党员中推选出来，而不应由一个统治集团指派。国民党内有许多干练、进步的党员，可是一直没有机会发言。现在是用实际行动来建立民主的时候了。

代表经过民主方式选出以后，应当让他们起草一个为中国人民所承认和批准的宪法。让这些代表在宪法中写明，中国人民将有不可剥夺的自由，这些自由绝不能听凭少数野心家的一时好恶来决定，而是完全掌握在人民自己手里的。

民生主义在今天的意义是：不能再让人民忍受饥饿，而贪官污吏却在积累巨额的财富，忠实的公务人员则沮丧失望。民生主义就是说，土地问题必须作合理的解决。这并不是共产党或外国煽动出来的，而是从我们自己历史上得来的结论。一百年以前，农民的动荡曾经引起了太平天国革命。人民起来反抗饥饿、封建主义和殖民制度，这是不能抹杀的权利。现在，人民的这些权利是更不能抹杀了。

"耕者有其田"是孙中山的政纲。它也是在国民党第一次全国代表大会上通过的。它是治疗中国饥饿的方法。中国善后救济总署署长最近不是也说过，在共产党的区域中没有饥荒吗？为什么呢？因为他们实行了孙中山的政纲，将耕地分配给农民。同样的民生主义的筹策应推行到全国。

国民党必须通过联合政府、人民民主和土地改革来执行它的历史任务，领导中国人民走向全面解放。如果国民党做到这一点，它无疑地将成为任何联合政府的领导者，并且会得到许多党派的人士的拥护，包括那些没有军队因而得不到谈判资格的党派在内。自由批评必须代替腐化、恐怖和政治暗杀。国民党应该立即执行这些任务，否则就要担负掀起内战的责任。

内战不能促成团结和解放，不能解决民生问题。内战带给中国人民的只是混乱、饥饿和破坏。内战将使我们看到城市与农村相脱节。农民将拥护共产党，因为它分土地给他们，并且减了税。那时，国民党所占据的城市究竟向哪里获得原料出口货物、甚至于粮食呢？刺刀是不能收割的。已经吞没了都市的通货膨胀还要成千倍地膨胀。国民党是不能在这种战争中获得胜利的。

这些都已经是清楚的了，那末为什么反动派还要挑起一个无法取胜的战争呢？这是因为他们企图以中国内部的冲突来挑起美苏战争，这样最后消灭中共。

美国人民是中国人民的盟友和老友，我们必须明白地告诉他们，这是一条灾难的道路。必须告诉他们，美国的反动分子正在与中国的反动分子互相勾结，狼狈为奸。必须告诉他们，目前在中国境内的美国军队并不在加强中国人民的安宁。必须忠告他们，所有的借款只能借给人民所承认的真正代表人民的政府。必须告诉他们，如果美国能明白表示不再供给军火和军事援助，那末，中国的内战就决不会扩大。

世界规模的战火已经在我们国土内燃起了第一个火焰。我们必须扑灭它，否则，它会将全世界毁灭的。我特向中国两大党的领袖们和其他党派的领袖们呼吁，立刻将联合政府组织起来！

我向美国朋友们呼吁，你们应当阻止所有的军事援助，并帮助一个属于中国人民的政府，来推动这样一个运动。

给世界民主青年联盟的信

（一九四八年一月）

让我祝你们的联欢节成功。选择这个时候，召开青年大会来确定一个加强国际友谊和世界复兴的纲领，有它不可低估的重要意义。我希望你们能从这次联欢节中产生一个具体计划，以促进这些世界和平的重要因素。

世界的青年们正面临着严重的问题和艰难的境遇。但是不应该因此而悲观，而且也没有时间去悲观，今天的青年是生活在一个普通人都已觉醒起来的世界里。在我们生活的环境里，充满了一种力量，这种力量已经渗入了各国一般人民的身心。那些自私的人们和集团所树立的一切阻止人民前进的障碍，最后都将被这种力量粉碎。世界上的普通男女将要自己决定自己的命运了；他们将冲破一切阻挠，取得自己的政治自由和经济解放。

在这重要的解放斗争中，青年不是没有责任的。第一个责任就是要认识自己的根本。根本必须深深地埋在人民的心里。第二，必须熟悉自己的根本，你们必须走到人民中间去学习。第三，你们必须和人民一同前进，捷径是没有的。这是很艰苦的工作，但是如果你们跑得太快，他们会纠正你们的步伐的。如果你们和他们背道而驰，他们就会毁灭你们。他们是原动力，你们必须估计他们的速度。你们必须和人民完全配合起来，你们应该和成千成万的人民永远踏着同一个步趋。

世界民主青年所必须警戒的是什么呢？世界上有许多领袖人物，在年轻时也曾有过像你们今天在联欢节大会上所表示的理想。但这些人中了机会主义的毒素，受了世故的熏染，忘了本，现在成了破坏一般人幸福的反动政府和反动势力的领导人物了。

在他们所统治的国家,到处可以听到千万饥饿人民的呻吟、警察刀枪下的受难者的嘶叫和满口"民主"的空话。你们必须防止走入歧途。那会使你自己和你的理想都走上了腐化之路。

因此,世界青年们如果要继续在联盟的名字中包含"民主"这个名词,就必须担负起自己的责任。这个责任就是行动起来。青年必须用行动来反对那些把世界分成两边的人们,反对那些不顾上次战争中的牺牲而压制以流血争取得来的自由的人们;反对那些借制止侵略之名而实际上却违反人民的意志支持反动势力的人们;反对那些倒行逆施、不惜挑起第三次世界大战来保持自己的权力的人们。

这些全是人民要反抗的势力,你们必须加入到反对他们的斗争中去争取胜利!

第五部

解放和人民政府

向中国共产党致敬

——庆祝中国共产党二十八周年

（一九四九年七月一日于上海）

这是中国人民生活中的一个最伟大的时期。我们的完全胜利已在眼前。向人民的胜利致敬！

这是我们祖国建设和前进的动力，我们的旗帜是"生产"，更多的生产。向人民的力量致敬！

这是我们祖国的新光明。自由诞生了。它的光辉照耀到反动势力所笼罩的每一个黑暗角落。向人民的自由致敬！

这是胜利的高潮，荡漾到每一个口岸。各国的人民运动风起云涌，把我们的力量和他们的合在一起，加强这勇敢的战斗。向全世界民主斗争中的同志致敬！

这一次胜利的战士们的力量增强了。他们的英勇，无匹；他们的心，同老百姓的心连在一起。向中国人民解放军致敬！

欢迎我们的领导者——这诞生在上海、生长在江西的丛山里、在二万五千里长征的艰难困苦中百炼成钢、在农村的泥土里成熟的领导者。向中国共产党致敬！

是的，这是一个最伟大的时期——是中国人民革命斗争的里程碑。我们解脱了帝国主义和殖民统治的束缚。我们铲除了封建制度。人民正走向新的、更光辉的高峰。敬礼！中国人民革命斗争胜利万岁！

在中国人民政治协商会议
第一届全体会议上的讲话

（一九四九年九月于北京）

今天，中国是一个巨大的动力，中国的人民在前进，在革命的动力中前进。这是一个历史的跃进，一个建设的巨力，一个新中国的诞生！我们达到今天的历史地位，是由于中国共产党的领导。这是唯一拥有人民大众力量的政党。孙中山的民族、民权、民生三大主义的胜利实现，因此得到了最可靠的保证。

中共在农村所实行的"耕者有其田"的政策，已经证明了这一点。我们今天的成就，证明了这一政策的正确性。现在中共正在进一步证明他们在城市中的领导力量。中国革命第一阶段的担子是由农民肩负起来的。现在中共已经把革命的主力从农民移向工人。发展生产是当前政策的基点。他们正在把孙中山所草拟的中国工业化的计划骨干，给予具体的内容。

但是我们中间还有人在怀疑，他们认为人民不可能有进一步的成就了，他们认为在农村中所能做到的，未必能在城市中做到。他们在怀疑地观望，看看对于这个沉睡着的巨人，这个全中国工业心脏的上海，中共在采取什么步骤使它苏醒起来，恢复它的活力。可是让我们看看这新解放的上海吧。这个贪污腐化的中心，已经转变成生产的支柱。上海市军管会对于十二年来使人民受尽痛苦的可怕的通货膨胀问题，已经加以有效的解决。军管会时时刻刻照顾着人民的需要。为了保障人民的积蓄与生活而实行的折实储蓄的办法，以及其他财政经济上的措施，已经使新发行的货币，获得了人民的信任。

这信任的取得，一半也是由于军管会对于人民的态度。军管会明白地宣布他们的政策,对于每一个执行的步骤,都加以耐心地说明,用了最简单明了的词句,使每个人都能了解。更重要的,他们表现愿意真诚地学习。他们决不怕丢面子,有了错误,就坦白承认,希望别人给予忠告,以求帮助人民自助。他们说:"请教你们工业家,怎样才能使机器的轮子转动,为人民生产?"他们对工人和学生说:"你们对于我们的建议,有什么意见?"他们对文化教育工作者说:"解放你们被窒息压抑着的思想吧。请告诉我们,怎样才能使人民获得最大利益?"结果当然获得了广大人民的拥护,而最后的收获是成功。

在政治方面,中共也采用同样方法,处理他们和人民的关系。今天参加这个人民政治协商会议的,就包括各民主党派、人民团体、少数民族、国外华侨以及民主进步人士的代表。在中国历史上,这是第一次有这样一个广大代表性的人民的集会,形成一个真正的统一战线,以执行共同纲领和组织一个真正的人民民主政府。

在这里我想提一下我们的文化教育工作者。他们在社会中的地位已经整个改变了。我们的教师、艺术家、作家、音乐家与戏剧家,不会再受迫害和剥削了。他们一生中从没有得到像现在这样广大的读者和听众。知识不再是可怕的东西了。相反的,大家正努力使文化教育工作者和人民更紧密地结合在一起,使他们能够向人民学习,因而能够更好地为人民服务。

这是国内的情况。那末在国际阵线上,这人民胜利的进军又是什么意义呢? 中国人民的成就,已经把整个世界的形势改变了。反动势力如果挑起第三次世界大战,唯一结果,就是他们本身的灭亡。这种力量是不能毁灭的,它比之帝国主义的庞大军事力量,要大过无数倍。这种力量是未来世界安全的核心,它是世界和平力量的团结所产生的。

中国人民大众在革命斗争中已经和世界各人民政府及人民力量完全结合在一起了。这种人民力量的结合,已经改变了历史的均衡。这是以工人、农民和知识分子为主体的世界亿万人民的伟大力量。他们将献身努力以阻止文明的毁灭,用每一分力量,保证全世界每一个人都能得到生活上应有的享受。这是说,直到每一间茅舍改建成适当的住屋,大地上的产品能自由流通,工厂的利润获得合理的分配,家庭中的医药保育都由社会供给以前,我们的工作决不停止。当每个人不分种族、肤色、信仰与居住区域,都能同样获得这些必需品,我们才算达到了目的。这是新中国与新世界的一个号召。同志们,让我们现在就着手工作,建立一个独立、民主、和平与富强的新中国,和全世界的人民联合起来,实现世界的持久和平。

加强和巩固中苏友谊，粉碎战争贩子的阴谋！

——在中苏友好协会总会筹备委员会会议上的讲话

（一九四九年九月六日）

二十四年前，孙中山把他衷心的愿望遗下给我们，要我们和中国唯一的友人苏联亲密合作。我们一定都记得，他曾怎样欢愉地迎接十月革命，热烈地主张和中国共产党合作。二十四年后的今天，他的愿望终于实现了。我们现在可以展望未来，从事建设与复兴的工作，建立一个人民文化与社会进步的新世界，和我们伟大的盟友苏联人民作为同志，携手并进。

辛亥革命所追求的目标，终于在今天实现了。这一次不会再倒退了，因为今天的革命领袖是敢于正视现实的。今天的革命领袖在执行革命任务时，是得到中国人民的完全信任和合作的。

中苏友谊和大西洋公约，以及所谓太平洋同盟是建立在完全相反的基础上的。大西洋公约只是冷酷的上层外交界的活动，是一个军力上经济上强大的政府来强逼弱国接受它的命令。它的目的是破坏和经济侵略。马歇尔计划就是把美国不需要的剩余物资在欧洲市场上倾销，破坏欧洲国家的生产和工业，以缓和美国国内的危机。

中苏友谊以广大人民为基础：中苏两国人民亲密地携手合作，深切了解彼此间的共同目标。这种友谊意味着建设与互助，这样来医治第二次世界大战所留下的创伤，建立人民经济。中苏两国在战争的大破坏中都曾受到难以描述的苦痛。因此，他们也就能够共同谋取和平与团结，不会怀疑彼此的动机，相信人民自己能够主宰自己的命运，创造历史的新纪元。中苏合作是和平与民主胜利的有力保证。两国人民团结在一起，就能够克服一切困难。因此，我们必须加强和巩固两国人民的友谊，以粉碎世界新战争制造者的阴谋。

中苏友谊与合作万岁！

在中苏友好协会总会成立大会上的开幕词

（一九四九年十月六日于北京）

我记得三十二年之前，当苏联的十月革命震撼了整个世界，这个人类史上最伟大的事件遭受到一切帝国主义者的造谣诬蔑的时候，孙中山首先指出："自从有了俄国革命，世界人类便生出一个大希望。"是的，从二十年前产生的这个大希望，今天终于在我们的祖国有了光辉灿烂的发展了。人类最伟大的革命导师列宁、斯大林所领导的十月革命，使我们中国人民的革命事业获得了新的生命，使我们确定了依靠工农群众的正确方向。也应该说，从那时起，我们中苏两大人民之间就奠定了永远亲密合作的基础。诚如孙中山临终时给苏联中央执行委员会的遗书中所说："在全世界被压迫者求解放的斗争中，这两个同盟者必须手携手地走向胜利。"现在，我深深地感到幸福，我们终于亲自看到这个日子了。在今天这个大会上，我们很自然地回想起苏联首先废除了对中国一切不平等条约的事实，回想起一九二四年至一九二七年大革命时对我们的援助，回想起抗日战争中对我们的帮助，更会回想起一九四五年出兵东北，帮助我们最后消灭日本关东军的这一伟大援助。在我们三十年来对内外敌人的艰苦斗争中，整个世界上只有苏联是我们中国人民的永远不渝的朋友；而这个中国人民的最可靠的朋友，今天又在我们新中国中央人民政府成立的第二天，首先和我们建立外交关系了。

中国人民将永远铭记住这一些宝贵的友谊和帮助。中国人民已经从三十年的革命经验中，认识了毛泽东主席所指示的和苏联及各新民主国家站在一起的真理。中国人民革命的胜利，对保障世界和平作了重大的贡献，但是这胜利是和苏联给我们的援助永远分不开的。我们要保障这一胜利,我们要使这一胜利扩大到全世界被压迫的人民都获得自由解放,那末我们今天就必须更紧密地和苏联团结起来,加强争取人民民主和持久和平的力量。我们坚信只要两万万苏联人民和四万万七千五百万中国人民携手合作,英勇斗争,任何反动黩武的帝国主义者,一定会在这伟大无比的人民力量面前倒下去的。

"有了俄国革命,世界人类便生出一个大希望。"现在,有了中国人民革命的胜利,和中苏两大国家的人民的团结合作,全人类解放的希望就更加接近实现了。让我们更紧密地携手吧!让我们更坚决地斗争吧!我们的力量是无比的伟大。全世界破晓的时候,已经在眼前了。

庆祝十月革命三十二周年向斯大林致敬电

（一九四九年十一月六日于上海）

　　斯大林大元帅：在这个十月革命纪念日，我和解放了的中国人民，一同向您致以最热烈的祝贺。和孙中山一样，我们认为十月革命是人类希望的诞生。孙中山和毛主席了解，只有苏联是真正渴望中国人民获得解放的。我们现在的胜利，就是基于这样的认识。孙中山所梦寐以求的中苏两大人民的紧密合作，现在成为事实了。苏联文化艺术科学工作者代表团的来到中国，就是这种合作的表现。我们感谢代表团给我们很多的益处，帮助了我们怎样在建设国家、提高人民生活水平和文化水平中，坚决地追随苏联所首创的榜样。中苏人民友好、团结、合作万岁！

在亚洲妇女代表会议上的讲话

(一九四九年十二月十一日于北京)

姊妹们——你们这些在解放了的中国的自由土地上可以听到我致意的姊妹们;你们这些在自己人民民主国家或地区内可以公开地接受这个历史性会议的致贺的姊妹们;你们这些在黑暗压迫下只可听见我悄悄地致敬的姊妹们;全亚洲的妇女们——我为你们的勇敢欢呼;向你们的成就致敬;并热烈地祝你们继续迈进! 走向彻底解放!

当我们分析了当前亚洲的情势和重新检讨了历史在我们国家和人民中所留下的标记的时候,我们可以看见,作为人民一部分的妇女和人民有着共同的敌人。这些敌人就是外国帝国主义和它所造成的殖民主义以及在国内所产生的封建主义及其高级阶段的买办主义。

这些残酷的政治经济发展的形式,使我们备受压迫和蹂躏。它们对我们的国家和人民犯了许多罪行。在仍然处于铁蹄下的区域内,这样的罪行到处可以看到,甚至在像我国这样的新解放的地区,也还可以看到。

帝国主义与封建主义使广大的人民群众堕入贫困。这些社会肿瘤,使人们过着最低级动物一样的生活。吃的不能果腹,住的房子低陋不堪,穿的是褴褛碎片,更谈不到什么卫生。忍饥挨饿,有许多人已面临绝境,衣不蔽体,一息仅存。并且妇女与儿童总是首先遭遇到这些灾难。不论在工作时或失业时,他们都受到最厉害的剥削。他们即使艰苦地工作,也只能得到最低微的工资。

在受压迫的过程中,愚昧和贫困结了不解之缘,所以在殖民地和半殖民地国家中,人民的知识水准总是被压低到极点。有的地方根本没有学校,即使有,也是少得可怜。人民享受不到自己的文化,也接触不到进步国家的鼓励。在这方面,妇女遭受的痛苦也最深。在大多数国家内,妇女都受不到教育。有的地方,只有特殊阶级,才能够受到教育。

妇女在社会上及政治上都沦落到奴隶的地步,充其量也不过是二等公民。竭力把妇女锁在家庭工作的牢笼里,把妇女看做不配学习或工作的下等人——典型的封建与法西斯方式就是这样。

我们很久就了解到,亚洲妇女在争取从这一深渊里解放出来的斗争中,连帝国主义者的同情也都是得不到的。只要看看他们如何对待他们自己国内的妇女就行了。对于有钱的男子,妇女只是装饰品。对于其余男子,妇女不过是女仆,或是劳工;她们被认为是对男子的职业的一种威胁。这样就使妇女在经济上,政治上,文化上受到奴役。这里有着充分的证明。

在第二次世界大战期间,美国的妇女,在解放自己的斗争中,曾经得到进展。为了适应军事需要,工业大量扩张,因此缺少成百万的熟练工人。成百万男子在军队中工作,使妇女能够到各种工厂去工作。美国的工业家们于是发现了其他已有妇女参加技术工作的各国所早已知道的事情。他们发觉妇女更善于照顾机器。她们不但肯负责任,并且成为一支稳定而可靠的劳动力量。此外她们还能对工作表现出更高度的热情。显而易见,妇女是可以做任何工作的,她们能够管理最精细的机器,乃至整个工厂。

美国妇女的前途看起来是不错了。但当胜利在望,男子开始退伍以后,情况便立即变得黯淡。普遍发生了迫使妇女离开工厂回到厨房里去的活动,绝大部分的工会和最反动的力量勾结起来,参加了这种活动。美国惯用的高压式宣传这样说:"太太们,谢谢你们的帮忙。你们工作做得很好,但是从此以后可以由我们来做了,你们还是回去带小孩子吧。"或者说:"你们的男人已经从战场回来,需要你们到家庭去。你们不应该穿了肮脏的工装去迎接他,因为在他想象中你是穿得花枝招展的呢!"

妇女在战争中所作的贡献并没有得到真诚的"谢谢"。妇女用劳力换来的经济自由也没有得到任何重视。这种运动的真意所在,始终没有说明。它的根源是经济方面的恐惧,是由于认清了产生帝国主义的这种整个经济制度的不健全。"充分就业"以及如何去实现它,虽然高唱入云,但每个人的内心都"担心饭碗问题"。此外,不是凭空而来的失业的顾虑,进一步产生了资本主义国家中的恐怖心理。知道了这一点,我们就可以更深地了解妇女为什么被压低到现在的地位。

妇女在其他各处也受到同样的对待。例如英国女教员们的所得,总比男子低百分之十到十五。英国学校教员的平均薪金和非熟练或半熟练工人的薪金不相上下,这些可以使你首先看出:他们对于教育的估价如何,以及他们对于女教员们的看法如何。

在法国,当妇女们进行活动以支援矿工要求增加工资的罢工时,她们甚至被逮捕、控诉、判刑。她们或因保卫世界和平的政治活动而遭受迫害。

这些不过是几个典型的例子,说明了妇女在这些主要的帝国主义国家中的遭遇。因此我们在远东的妇女以及其他各地在殖民统治下的妇女们,如何能希望从这种气氛和情势中得到了解和支持呢?不!这是不可能的。

因此,当我们知道了在所有的殖民地国家中往往没有婴儿保育与产妇福利的时候,我们并不感觉奇怪。可能在法律上会规定这些福利条例,但拥有工厂、农场、工场以及其他经济力量的那批人,同时也就是法院的主人,明显地,当他们违法时,他们可以坦然不受制裁,我们看到,帝国主义者和他们在各国的走狗甚至已经把生育都认为是犯罪的。为了避免支付产妇补助金,他们把怀孕的妇女解雇。他们并可干脆不按规定而阻止孕妇们请假,或拒绝支付法律所规定的补助金。

这些公然违反法律和人道的行为便是帝国主义和封建主义的罪恶。但比起更大的罪行来,这些还仅是比较微小的,因为妇女和儿童的待遇问题并不是孤立的,它牵涉到所有的其他问题。

它和"耕者有其田"的思想,有密切的关系。因此可以这样说:在那些土地所有权集中在少数人手中,地主攫取实际耕种者收获的一半到三分之二的国家内,妇女和儿童遭受到最恶劣的封建压迫。解放前的中国就是这真理的最好例子。同样地,地主为了保持这种制度,就和外国帝国主义者勾结在一起。因为外国帝国主义者的全部活动都依靠封建主义的存在。

因此,关于妇女在社会上的地位的问题,可用外国帝国主义对于国家资源与工业发展的控制程度来估计。因为从人民那儿攫夺了他们国家财富的那一双贪婪的手,同时也就是剥夺妇女的平等和自由的那双手。帝国主义者以同样的自私自利来剥削我们国家的富源,阻止我们妇女的自然发展,这样来取得贱价的劳动力,使妇女对人民的进步不能有所贡献。

帝国主义与封建主义曾用人民的鲜血在亚洲各国的历史上写下了同样的事实。这些历史的每一页上都充满了人民不得不忍受的苦难。他们的孩子憔悴不堪;他们自己在未开始人生的经历以前,也已经将他们的生命力消磨殆尽;他们受着压迫,根本不知民主为何物。这些都是罪恶。我们必须把这些罪恶消除净尽。

这是一定可以成功的,因为这是历史的必然性。因为亚洲人民虽然有敌人,但他们也有朋友,而这些朋友都是坚强的,受过考验的。这些朋友已经证明,而且每天都更进一步地证明他们有力量帮助被压迫者翻身,帮助妇女得到完全解放。

第一位朋友就是国家的真正独立。我们之所以一定要加上"真正"二字,是因为远东有一种假独立的国家。这些国家虽然大声嚷叫,要使全世界听到它们是"自由"的,但实际上这只是仍然控制着它们的帝国主义者的叫喊,傀儡首领爬到帝国主义者的大本营去乞援于豪门。人民不愿支持他们,他们便越来越出卖他们自己和人民的财富,借以维持他们的暂时在手的政权。

真正的独立则截然不同,它建筑在人民幸福之上,它是得到人民全力支持的人民民主主义成长的沃土。

我们中华人民共和国便是这样的实例之一。这样的时代终于到来了:新民主主义的伟大力量把各阶级各党派团结在一起,努力奋斗建设一个真正独立、真正民主的中国,同时,妇女也将得到解放,在一切方面和男子享有平等的权利。

这已写在我们的根本大法——人民政治协商会议共同纲领中了。这个纲领详细说明工人阶级怎样跟农民、其他民主阶级以及少数民族结成联盟,努力奋斗,为自己谋福利。此外,共同纲领第六条还规定:"中华人民共和国废除束缚妇女的封建制度。妇女在政治的、经济的、文化教育的、社会的生活各方面,均有与男子平等的权利。实行男女婚姻自由。"

我们的政府刚一成立,第六条所规定的妇女待遇立刻付诸实施。在通过这根本大法的人民政治协商会议的代表中,有百分之十是妇女。她们有权参与制定政策的工作和经济、教育、文化方面的实际活动,她们在政治上也是积极的,她们努力参加作为新民主主义基础的土地改革,就是其中一个例子。不但如此,在她们为人民服务的时候,她们的儿女也有人照顾,从今年五月上海解放以来,上海一地的托儿所增加到三倍多。各种学校大大增加,解放区各地的学生人数也都激增。

我们这次会议是中华人民共和国对待妇女态度的又一佐证。这的确是一次历史性的集会:为争取和平与民主而斗争的妇女领袖们在这里聚会,讨论如何发展这些促使人类进步的基本因素,以及今天妇女面临的具体问题。

以上是国家的真正独立和为人民服务的政府的标记。

殖民地人民所能寻求的第二位朋友是世界无产阶级运动,这就是他们以伟大的苏联为首的国际友人。在这里任何国家人民都可以受到尊重和平等互敬的待遇。在这里所有少数民族和争取进步的战士以及所有被压迫者都可以得到同情和援助。在这里我们看到妇女发展的范例以及她们在和平建设国家工作中的功绩。

这两个朋友——国家独立与世界无产阶级运动,对于全世界人民和妇女都是无可估价的帮助。上面已经说过,他们将妇女平等写入法律。如果有人虐待妇女,便成为犯罪者。同时由于儿童的权利与妇女的权利有密切的关系,法律对这种权利也特别加以规定。请听一听一九三六年所制定的那部重要文件——《斯大林宪法》——中的一段话。教育问题受到这样的重视:

"苏联公民有享受教育权。

此项权利之保证为:普及初级义务教育,七年免费教育,高级学校优等生由国家发给津贴费,各地学校用本族语言讲授,在工厂、苏维埃农庄、农业机器站及集体农庄中对劳动者施行免费生产教育,工艺教育及农艺教育。"

苏联的教育工作者将这项规定作为指针,获得了这样的成就:今天有三千四百万儿童受到免费教育,学校中用苏联的一百种民族的语言授课。社会主义就是这样把条文变为具体事实的。

从这部宪法关于教育方面以及其他方面的规定看来,显而易见,整个政府制度是为普通公民,尤其是为妇女与儿童服务的。所有人民民主国家和已走上社会主义道路的国家都是这样的。作出这些规定的目的是为未来的时代培养精力充沛而富有创造性的人民。

妇女从我们朋友方面得到的第二项帮助是平等的工作机会。在这些国家内,没有一种工作是受到限制的。妇女可以按照她们的能力去做最重的体力劳动或最精密的研究工作。脑力与天才都可以不受歧视地得到发挥。

同时,妇女无论到何处工作都是同工同酬,这不是很小的进步,这对妇女的经济保障是很重要的。妇女在孕妊假期中还可领得全部工资,一如所有先进国家那样。

其次,在独立的人民民主国家中,妇女确实享有法律所规定的与男子平等的政治权利。她们毫无问题地有选举权,也可担任公职。她们可积极从事改进社会的工作,她们不必像资本主义国家的妇女那样必须突破不成文法的障碍才能挤进政治领域。我们国家的妇女从一开始就有权从事政治上的活动。这种权利是有法律根据并且是为人民所公认的。

这种新的生活方式还按照技术人员和设备扩充的速度尽速供给人们医疗设备之类的必需品。减低婴儿死亡率的工作正在努力进行。因为婴儿的死亡是人类最大的损失,并且总是被压迫和不懂卫生常识的结果。人民政府认为使婴儿白白牺牲是犯罪的行为。人民政府设立了许多托儿所、保育院、幼稚园和儿童医院之类的保育儿童机关。

最后,新社会毫无问题已使人民生活水准普遍提高。农艺学的最新实验结果已加以利用,使田地可以提供超额的收获。这再加上植林计划——调节气候以利农作物——就使粮食数量增加,质量提高。此外工业技术也经常有改进并加以应用。这种情况,再加上知道生产工具为自己所有的工人生产出的巨额的产品,就使每个人都得到更多的东西。住屋情况改进了,使更多的人有居所。消费品的数量增加了。这些都是人民应得报酬的一部分,而无需额外的代价。往往物价还同时下落,全体人民因而都可以省很多钱。

在苏联可以明显地看到上述各种情形。在那里,由于实行五年计划的结果,自从第二次世界大战结束以来,物价曾经几度大大减低。今年三月,物价又减低一次,面包、肉类、鱼类、烟草价格减低百分之十,衣服价格平均减低百分之十二,打字机、无线电、电视机以及塑胶制品价格减低百分之二十,表价减低百分之三十。

关于减低物价对于一般人民的影响,马林科夫先生在伟大的十月革命三十二周年纪念日发表的演说中曾经作过估计。他说:减低物价使苏联职工购买力增加七百十亿卢布之巨。此外还要加上因一九四七年减低物价而增加的八百六十亿卢布。

现在把这个纪录与世界上主要的资本主义国家美国的情况比较一下吧。美国的生产方法不但没有改进,而且适得其反。钢铁工业的情况可用来作说明,因为它是决定美国物价的关键。钢铁是许多生产部门都使用的。因此它对于整个美国人民的生活水平的上升和下降,起着决定性的作用。

不错,钢铁的需求远在该业目前产量之上。照说这种情形是不会出现的。美国在战时曾经改良了生产方法与增加了工厂的数量,他们钢铁产量不仅足够他们本国人民的需要,还能够以较低的价格将更多的产品供给国外的需求。我们都有权利问他们:"为什么没有这样供应呢?"答案就是美国的钢铁工业受一小撮人的控制;他们互相勾结,造成钢铁市场缺货的状态,以便人为地提高价格,从中谋取暴利。这是典型的独占活动。这个恶毒的集团不愿意普遍应用新式的制造方法,因为这对他们目前过了时的生产方法是一种威胁。他们对政府施用过分的压力,以低得荒谬的价格向政府购买那些战时建立的工厂。他们有效地阻止这些工厂落在别人手里,来和他们竞争。以上的一切情形就发生在所谓"企业自由"——至少有人这样告诉美国人民—的国家里。结果少数钢铁大王的暴利不断增加,一般美国人不得不替他们付出代价,饱尝缺乏钢铁的痛苦。

在其他工业方面,也同样地限制新方法,包括原子能的和平使用在内。在这方面,公用事业界的大王们使用高压手段,因为如果把这伟大的力量用于日常生活方面,那终久会扫荡掉他们的王国。如果把原子能用于建设方面,那将可以减轻千百万工人的工作,使他们可以腾身从事于其他生产,或者受教育和娱乐。但由于这些大王们的压力,原子能的建设用途被有意地延搁,而将原子能用在军事冒险上,因为这样可以得到迅速的暴利。直接受到损害的又是美国的人民,世界其他各国也受到间接的损害。

关于美国经济情况的数字也说明这一点。据五月二十七日出版的最保守的企业界杂志《美国新闻与世界报道》说,五月份批发价格比一九三九年水平多涨百分之八十。这使得生活费用比一九三九年指数涨了百分之六十五。此外,《纽约太阳报》(也是保守的报纸)也指出,每一百个家庭之中有二十五个家庭入不敷出。这些材料说明物价正在不断上涨。虽然工会大谈增加工资,但是增加的比率,总远远跟不上物价。因此人民的生活越来越艰苦,而既得利益集团的银行存款因物价上涨而越来越多。

根据《经济展望》杂志的统计,在一九三六年至一九三九年间,公司每年总利润平均为三十九亿美元。一九四二至一九四五年战争时期的平均利润为九十五亿。在一九四六年,即战后之第一年,增加到一一八亿。至一九四七年,企业利润跳到一六一亿美元。这些贪得无厌的人从美国人民和全世界榨取到的利润在一九四八年继续增加,竟达到二百十亿美元以上。

我们可以简单地综述一下这种不合理的情况:美国人民对衣食的购买力降低了;物价高涨使美国企业在销货账面数字上有了增加;但是销货量却日益减少,因而使堆栈中的存货呆滞以至于充斥,这种现象就是资本主义经济中的所谓"生产过剩";这一切使美国主要财阀集团的利润大大增加。这利润的一部分用作纯粹的帝国主义用途,就是购买或打进欧洲、英国、日本、南美洲、非洲等地的工业。

事实胜于雄辩。社会主义制度已证明了它自己。它不会牺牲人家的利益来牟利,只会给予人民更多的照顾,使他们家庭享受更多的廉价食物并使每个人的前途有充分发展和提供贡献的保障。

对远东人民,这一切都只意味着一件事,这就是我们必须向苏联学习。我们妇女在促进文化方面必须向苏联妇女们学习。同时新建立的国家,如中华人民共和国、朝鲜民主主义人民共和国和越南民主共和国也能为尚未能够解放的国家的人民和妇女树立进步的榜样。我们必须把所有的经验贡献给他们，帮助他们取得最后胜利。

她们一定能够斗争！亚洲的妇女们曾经长期与男子并肩进行武装斗争，争取民族的独立，反对殖民统治和帝国主义，反抗他们本国的封建主义和买办主义。她们曾经面对过枪口、集中营的酷刑和种种可以想象的惨死。亚洲妇女曾参加并领导过罢工和示威，曾在武装起义中以无比的英勇献出她们的生命。中国、印度、越南、朝鲜、印尼和其他各国的女英雄是全世界妇女可以引以为荣的。

这就是我们的历史。亚洲妇女已经记录下她们的勇敢行为，已经表现了她们的能力，已经发挥了她们的无比伟大的精神。在地下斗争及武装起义仍然继续发展的地方，这种牺牲与勇气必须受到赞扬鼓励，并加以发扬光大。在人民已经胜利的地方，我们必须将这种勇敢与力量导向建设事业。

我们已经了解到这是一个共同的斗争。因此，必须全亚洲的妇女团结起来进行这个斗争。除了争取实现亚洲的基本要求，争取民族独立和自身的发展以外，我们还要为下列权利而奋斗：

一、妇女婚姻应有平等权利。

二、妇女在家庭中与财产继承上，一切权利与男子完全平等。

三、母亲对儿女的权利。

四、增加托儿所、保育院、幼稚园、卫生设备与个人卫生教育来保养儿童。

五、立法规定同工同酬，分娩假期照付全部工资，禁用童工。

六、所有儿童必须受强迫免费教育，并展开"小先生"运动以扫除文盲。

七、设置妇女及儿童高等教育基金。

在有些国家内如果这些权利已成为法律，我们应督促其实施。在这种权利还既非法律，也非习惯的区域，我们应努力奋斗使这种权利得到明文规定。

其次，我们必须努力使每一个人认识妇女在新社会中的英勇地位。必须承认与鼓励她们对我们未来的公民的教导，因为我们全部的斗争与努力都是为了那些未来的公民。为此，我们必须培养一种完全新的"家庭"观念。

中国及其他在封建统治下的国家必须对数千年的积习进行一场艰苦的战斗。封建的家庭观念深深印在我们脑中，像我们的生活一样地根深蒂固。但是，我们所了解的那种"家庭"绝不是什么最好的生活方式。除了家长以外，其他的人都受到这种"家庭"的压抑。它绝不能使人养成适合于当前世界局势的思想。事实上，这种气氛使家庭成员老是往"里面"看，而从来不"向外"看。因之，它使人眼光窄隘，不能了解为整个社会谋美满生活而积极行动的理想。

我们要解除这些锁链，并不是容易的事。但是根据马克思对我们的教诲，这是能做得到的。他说：

"不论在资本主义制度下，旧家庭组织的瓦解看起来多么可怕，多么令人厌恶，但是近代工业，像事实存在的一样，给予妇女、青年及男女孩童在家庭组织范围以外，在生产过程中一个重要的地位，并且造成一个新的经济基础，一个能产生更高的家庭方式及两性关系的经济基础。"

这一真理鲜明地指出我们的将来，从这里我们就可以同样明白地看到，对于我们这些落后国家的进步，妇女的责任是多么大。

首先我们必须努力提高我们妇女的政治水平。如果不这样，我们就不能懂得基本的胜利以及我们的胜利的必然性。我们也不能懂得，为了要获得这些胜利，我们必须采取怎样的方法。但是，如果我们在政治上能够保持警觉，而且真正了解世界局势及我们自己的情形，那末我们就能为我们的解放事业尽我们最大的力量。"解放"不会是别人装在银盘子里给我们送上来的。我们必须自己争取解放，而没有政治觉悟就不可能得到解放。

第二，根据我刚才所引的马克思的话，根据他的其他著作以及他的革命文献，根据我们自己的经验，我们知道最重要的是把我们落后的国家工业化起来。没有这一个条件，无论我们整个民族或者我们妇女，都不能挣脱外国帝国主义或者本国封建制度的枷锁。所以我们一定要提高我们的科学知识和工作的技术水平。我们必须尽我们的一份努力来建设工厂，并提高所有科学以为人民服务。我们必须为促成我们国家的工业化而参加有关各方面的工作。我们必须和男子共同学习这些建设的基本知识，不然我们就会阻碍自己的发展与解放。

恩格斯说:"假使妇女一直被摒弃在社会生产以外而只限于家庭劳动,那末妇女的解放以及她们与男子的平等是不可能的,并且永远是不可能的。妇女的解放只有当妇女能够广泛参加社会生产时才有可能。"

从这里就要谈到亚洲妇女必须担负的第三个责任。由于我们将要参加生产工作与政治活动,我们就必须积极参加在这些方面起领导作用的团体的工作。我们必须严肃地认识到,我们可以参加许多团体,例如工会,也可以参加妇联或农民组织运动等。这些是构成人民大众的原素,是社会的原动力。

要使工会,妇联和农会完成他们的历史任务,我们必须把我们的全部生活经验带进去。而如果要应用我们艰苦得来的知识,并且使这些团体起作用,我们就必须参加领导。这就需要深入研究组织及行政工作。而这些又需要与群众密切接近。我们必须时时刻刻重视群众的要求,而且要为这些要求找出解决办法。

我们必须将群众组织扩大,直到这些组织的影响及于全体人民。这里我们可以看一看我们中国妇女组织的情形。我们必须在已有的优良成就上更进一步努力。我们的努力必须深入到每一处农家的茅舍。农村、工厂、学校和家庭的妇女必须了解这个工作的重要性。她们必须了解中国妇女是加入了国际民主妇女联合会的。这就是说,我们几乎在全世界每一个国家里都有朋友和同志。当中国妇女认识到这一事实,当她们更多人更积极地参加工作的时候,我们就可以对中国而且对国际妇女及其目标有更大的贡献。这一切中国的情形对亚洲各国来说,也是共通的。

还有一点要注意。不论在妇女工作、工会或者农会方面,只有集体努力,才可能取得进步。这有它自己的重要性。因此集体努力能培养一种对前途的了解和对社会主义生活方式是否可行的了解,而妇女在它的实现及发展中都有固定的一份责任。因此,我们应锻炼我们自己,准备接受建设与维持这一新的生活方式的责任。

亚洲的妇女知识分子将是我们人民进步中的重要力量。但是经验告诉我们,她们的作用的大小决定于她们与群众接近的程度。一切创造和教育的工作,都必须是为了广大的群众,因为只有人民的力量才能解放全亚洲。妇女知识分子必须为此目标而努力,并且为此目标而担负起她们的责任。

我已经讲了好多妇女在解放我们国家与我们自己时所必须承担的任务。这里我要特别强调男子应担负的责任。

当然有许多责任是男女需要同样分担的,其中包括为民主与自由,为国家与人民而进行的战斗。然而男子却有一项独有的对他们自己和女性所应负的义务。

男女平等的法律可以写在有历史意义的文件上给大家看。有这样的法律存在的事实可以广为宣传。妇女也可能在取得平等权上有某些进展。但是除非男子完全理解,而且坚持男女平等,否则这一切都会落空。我们妇女有事实证明许多男子在其他事情上是进步的,甚至愿意为人民的事业冒生命的危险,但却固执他们对妇女的旧思想。这有一种不健全的迫害的作用,因此必须把它完全暴露出来。

要把我们的习惯完全去掉是非常困难的。但是,由列宁对苏联男子所讲的话里面可以明确地看出来,男子摆脱这种思想是多么重要。

"一个妇女的家庭生活就是她每天被牺牲在千百件微小的琐碎事务上。古代男子当家长的权利,至今还暗地存在着。我们在妇女群众中间的政治工作包括用相当大的努力来教育男子,我们必须在党内及群众中间彻底铲除这种陈旧的当家长和主人的观念。"

所以在亚洲我们应当使男子消除这种"陈旧的观念",使妇女在新的自由中负起她们的责任,并且要使男女并肩走向人民的胜利,我们应当把这作为一个基本的原则。

这一胜利对于全世界都是非常重要的。每一个亚洲民族获得它最高的胜利,也就是世界和平前途又增加了另一环节。世界和平与民族独立这两个概念是分不开的。它们只能够一起得到,而且必须不惜付出任何代价去争取。

在走向和平的道路上,全世界的妇女是极伟大的力量,就是她们,以国际民主妇联为代表,发起了今年四月在巴黎和布拉格召开的世界和平大会。我们必须一而再地告诉我们的敌人,那个大会代表地球上六万万以上人民的愿望,参加大会的五百六十一个全国性团体和十二个国际团体就是代表他们的,而他们都要争取同一个目的——世界和平。

这还只是一个开端。每一个参加过世界和平大会的国家从那时起都曾举行过其他的集会,来发扬这个宝贵的思想。单在中国的北京和上海两个城市,就有两百万以上的人民游行示威,向全世界表示他们的和平愿望。示威还在全世界各处进行,并将继续举行。

我们必须使那些被战云弄昏了头脑的人认识清楚:当全世界的老百姓说他们要求世界和平的时候,这不是说他们将不管代价多少去买得和平,也不是说他们只是消极地要求,他们不会乞求和平,他们将为争取和平而斗争。

我们要争取世界和平,但不是说我们因此就降低我们争取国家独立的要求;降低我们应有充分自由选择和建立我们认为最适合我们国情和人民的任何政权形式的要求。

在不明真情的人看来,这种冲突好像是一种不可抗拒的力量(人民爱好和平的愿望)遇到一种不能移动的障碍(垄断资本煽动战争)。但这种看法是没有根据的。它既不合事实,也没有历史根据。因为摆在我们眼前的铁的事实是人民终究得到胜利。在过去三十二年中,至少有八万万人民解放了自己,并且建立了人民的政府。这样大量的和平拥护者,加上远东、中东及非洲殖民地中广大的不屈服的人民,再加上他们本国的反抗力量,说明了美英的军阀和财阀这些战争贩子们是如何孤立。我们可以打败他们企图毁灭世界的绝望而疯狂的阴谋,我们可以完全制止他们。我们亚洲妇女和其他国家的姊妹们通力合作,就可以成为世界和平的先锋。

为着推进这种斗争,为了使全世界都明了这次在北京集会的自由妇女的立场,我建议我们的会议发出两封战斗性的通电,第一封是给亚洲妇女的,让我们说:

"亚洲的妇女们!

一九一七年伟大的十月社会主义革命展开了一连串的追求自由的运动,结果建立了强大的苏联。这种求解放的力量解放了千百万的被压迫者。这解放运动在各国人民还没有统统获得解放以前是决不会停止的。

鼓舞起来！加倍地警惕,加倍努力斗争！你们的姊妹们现在正在中华人民共和国首都北京开会,我们又一次地看到了你们的力量。我们都在为全世界的和平与自决权而斗争。不论你们在何处,我们的手和心都向着你们。

如果你们是在已获解放的国家和地区,我们说:改善你们国家和你们所处的地位。如果你们是被压迫者,我们说:为组织自己而斗争！然后站起来！"

第二封通电是给美英和其他西方国家的妇女的。

"西方的妇女们！

自由人民的阵容一天天壮大,这吓坏了那些企图统治世界的人们。这些人要依仗金钱和武力来统治世界,像奴隶主统治奴隶一样。他们就是你们国家里少数有着既得利益和特权的人物。他们处在一种眼看要灭亡的情况中,曾多方设法阻碍人类的进步;但过去的事实已经证明,这一戳即破的阻碍毫无用处。全人类解放的日子已经破晓,任何力量都不能阻止它的来临。

垄断资本家在你们国内穿着法西斯衣服,在国外他们穿着帝国主义的外套。为了保持他们的既得利益,他们不择手段,不惜祸害人民。第三次大战已列入他们议程中了。

亚洲妇女知道你们已经认识这种情形。我们还要告诉你们,在你们为了保卫人权与世界和平而反抗种种压迫的斗争中,我们是支持你们的。我们相信你们的力量和英勇。亚洲妇女向你们致敬！"

我建议亚洲妇女代表会议一定将这些通电传递到有关的每一个人手里。同时,在这个提高妇女和儿童的地位,挽救文明的伟大的会议上,让我们高呼:

全世界的妇女们,保卫和平！

全世界的妇女们,团结起来进行斗争,争取全人类的解放！

全世界的妇女们,确保妇女与儿童享有应有的权利和应得的酬报！

庆贺斯大林大元帅七十寿辰

（一九四九年十二月二十一日）

在一九四九年十二月二十一日这一天，全世界亿万人民都将祝贺一个人——约瑟夫·维萨里昂诺维奇·斯大林——的七十寿辰。他们的欢腾将与这个节日的重要性相称。因为在这七十年的岁月中，绝大部分都是为了增进广大人民的幸福而劳苦地度过的。每一次举杯敬祝斯大林万寿无疆，都意味着他的奋斗有了成果。我们知道，历史已经给了他以"人民伟人"的荣誉了。

在这一天，我们应当仔细地研究一下斯大林所以伟大的原因。是不是因为各个时代的智慧都集中在一个凡人的一身呢？不，不是的。别人也尽可以有智慧，但只表现了浅薄的成就。斯大林的伟大，在智慧之外还有另外一个重要成份。那便是他的广博的睿智和虚心。他不依靠他个人的能力，而依靠他的国家以及全世界劳动人民的力量。他看到了他们的苦难和他们的潜在力量。这两方面都教育了他，指导了他的每一个决定。前者是他一向视同身受的，后者是他一贯为之奋斗，使它化为实际的力量。

斯大林是列宁事业的继承者，是人民的导师，也是人民的学生。他的生平，是我们必须认真研究的。他的生平，是克服困难的指针。他的生平，是宝贵的课程，使我们可以学到如何把"劳动是创造性的"和"劳动者在世界上有他们的权利"这些言词和观念，变为伟大的实际。他的生平说明了为什么需要一个人民政党的基本真理，这个党是建立在马克思和恩格斯的主义——由另一个"人民伟人"列宁加以发展的学说——之上的。

让我们向斯大林学习吧。当我们中华人民共和国建设着自己的将来，并给一切仍受压迫的人们指引解放道路的时候,让我们向他的人民和他的党学习吧。

人民的儿子斯大林万岁!

斯大林对全人类解放的领导万岁!

苏美外交政策的区别

（一九五〇年一月十六日，载《人民中国》第二期）

一九四九年七月一日，毛泽东主席在他的现已具有历史性的演说中，宣布新中国——中华人民共和国——在一切外交和内政事务上，都要"一面倒"。那就是要倒向英明的斯大林领导着的伟大苏联的一面。也就是要倒向和平建设的一面。这是浩浩荡荡的中国人民大众正在愉快地遵循着的并且勤奋地学习着的道路。

世界上许多事件已经证明，而且还在每天证明，这是进步国家所能倒向的唯一的一面。因为当前只有两者可选择：一面是苏联；另一面则是主要地以美国、英国和法国为代表。由于我们和两面都有过来往，通过他们的外交政策，我们很快地看到了，他们之间是白昼与黑夜那样地不同。一面有白昼的全部的光辉，太阳的全部的热量：那一面是社会主义的苏联。而可咒诅的，如同冬夜，透顶寒冷的，是另一面：这是美国领头的一帮帝国主义者。

把这两个选择比较一下，我们将显而易见，为什么被压迫国家要生存，要复兴，事实上必须倒向苏联的一面。

帝国主义在卖弄什么呢？

第一，他们卖弄马歇尔计划的"援助"。他们的办法是：用它对你如何如何有好处来"教育"你。这里采用了典型的、高压的美国广告的方式来向那些沉溺在无计划经济的海洋中的人们和害怕用人民力量来变革的人们，进行推销。美国华尔街的贩子们举起了他们的膏药，说它是最新发明的救生圈。他们说："这是流线型的。""这可以帮助你们渡过任何难关。"有几个政府就向这"一面"倒了，而"救生圈"也就给他们套上啦。从他们的经验中，现在已得出这个历史事实，被宣传得出神的法宝，不料是一件紧身衣。它里面装满了铅，谁要套上了它，准得淹死。

美国企图以马歇尔计划的"援助"来奴役东南亚，但是，东南亚人民对于这种附有政治条件，并以侵略为目的的所谓"援助"是反对的。美国的"援助"并且意味着受援国家的原料将受到进一步的剧烈的剥削，从而使当前的人民福利以及未来的建设工作受到损害。请看今日之西德，那里已完全成了华尔街的殖民地。从这个国家中，煤、木材、废铁及其他原料和半制成品流到了英、美工厂中。换回来的呢，德国这高度工业化的一部分地区倒成了制成品的输入者了。结果是西德的制造业迅速地崩溃，他们已经欠了美国三十亿元以上的一笔债。

马歇尔计划的"援助"还意味着美国货将侵入国内市场来，工厂一家家地倒闭，失业工人一串串地出现，工人家庭的生活水平一天天降低。请看意大利吧，二百五十万人闲坐着，意大利政府的统计机关告诉我们说，将近一半家庭的生活标准都比最低的必需标准还要低。请看法国，人民的购买力去年降低了百分之二十以上，而法郎贬值更在他们的生活中插下了一把刀子。请看英国，那里面的人民遭受痛苦是因为已经受到严重打击的对外出口贸易，没有被准许到那广大的从捷克斯洛伐克到中国的一片土地上去交换物资，流通商品，却被推销到西方去，而西方并不要它。

最后，这慷慨的"援助"，还将是大自然灾害的继续。再看一看中国好了，在那里，大量的物资和人力，过去不用在预防自然界的灾难，却用来屠杀人民。因此，洪水曾一次吞下数百万亩土地和数百万吨粮食，灾民的数目达于千万。

这些纪录很明白。马歇尔计划不能帮助任何国家，它不是为这个目的发动的，它是别有用心的。

我们再可以看到，美国资本主义制度是一个大混蛋，它已从历史的墙上跌下来。跌破了，破得很厉害。因此，华尔街上的垄断资本家要把它再拼起来。他们采用了非常昂贵的马歇尔计划，却让美国人民和一切受马歇尔计划"援助"的国家的人民来负担它。可是,即使这么一笔天文学数字的巨款也不足以拼好这个破蛋。情况紧急起来了,而且每况愈下,到达了疯狂的程度,于是恐怖的对策被采用了。

这便是备战的对策,表现为"大西洋公约",表现为预约了的"东南亚联盟"和类似的恶意的计谋。这便是给参加者的另外一件紧身衣。这是马歇尔计划以外新添的花样并且附有更多的义务条件。这一次,是叫大家把金钱虚掷在完全非生产性的、非建设性的军火上面,这军火用的是美国标准,由美国工厂来制造,定的是美国价格,付款时要用美金。参加公约的国家,包含美国在内,没有一个经得起这样的浪费。可是美国政府和它的华尔街老板们施用了一切经济的和政治的压力,直到他们达到了他们的目的:即在国内攫取暴利,在国外控制一切市场。别的国家的主权,是丝毫不在他们心上的。他们傲慢地践踏着人民的生计。

这是一个真理:不给别人自由的人们,自己就不自由。由此可以推论:谁使别人穷困,自己不久也将同样穷困。美国人民正是被逐步推到这样境地里去了。

美国的失业人数已经到了六百万,还有一千万工人只是部分就业。这个情形发生在生活费用上涨到一百八十(以一九三九年为一百),而实际工资却下降到一九三九年的水平下面的时候。根据美国就业安全局报告分析组主任的报告,这种情形还看不到有什么挽救的办法。的确,照这个官方机构的估计,每年的失业人数要增加六十万。那一份报告书在结尾地方轻描淡写地带上一笔说,如果这种情形继续下去,就将说明,这种经济制度有了毛病了。

我们现在可以说了,对于美国的人民,这个制度确是有毛病的。但对于在华尔街暗中操纵的那些少数金融集团来说,事情是好得很呢。他们的利润不断膨胀。在一九四七年,这种利润创造了一百七十亿美元的纪录。由于加紧地剥削了这个世界,在一九四八年,他们给自己赚来了二百一十亿美元的巨款。谁看了都明白,马歇尔计划的钱都落到这些人的贪婪的手里去了。而执行大西洋公约所需要的经费也到他们囊中去了。瞧吧,任何人或任何事物,要想制止这赌博和聚财的勾当,那就还要遭殃哩。

利润越大,美国的人民就越受压迫。公民权利被打倒被扔掉了。警察活跃地表明他们不过是既得利益的工具。毕克斯基尔事件①就说明了他们所保护的,只是送贿赂给他们的家伙,而不是人民。教育的标准,由于反对正在进行的法西斯化的教师和教授都受到恐吓或解聘,而经常地受到摧残。科学被装了箱,上了锁,钥匙捏在控制其他一切的金融魔法师的手中。他们甚至不让他们的帝国主义伙伴窥望一眼,正如我们从英美两国在加拿大举行的原子能会议的最近的破裂中所看到了的那样。

这件事情,可把存在于帝国主义国家间的许多矛盾之一公开出来了。美国政府企图把一切原子能的重要资料的研究与发展放在他们自己的手中,把英国和加拿大从这个领域排挤出去。在这件事上,他们失败了,正如他们在大西洋公约所需军火的交货讲价上,一样地失败了。历史的分析证明这样的矛盾永远存在,而且越来越重要。然而,美国政府对待它的卫星国家,不久就要跟它对待自己的人民一样了。因为,比如说英国吧,它是这样地依靠着美国资金,才算保全它不破产的,它能抵抗多久呢? 回答是,如果英国继续它目前的反苏政策,它就支持不长久,迟早美国就可以畅所欲为了。

这是帝国主义者集团所呈现的一幅图画。

现在,让我们来考察一下出现在世界场景上的苏联的政策和实践吧。

截至目前为止,这社会主义的国土已经和下列人民民主国家有了贸易关系:捷克斯洛伐克、罗马尼亚、保加利亚、阿尔巴尼亚、匈牙利、波兰、蒙古和中国。所有这些协定是根据一个目的,也只有一个目的,来订定的——真诚地帮助这些国家发展。没有虚伪,没有钓饵,没有“教育”。问题只有一个:“你需要什么?”这里有几个实例,可以说明这种做法。

中国在解放过程中遇到了铁路运输的巨大问题。给反动国民党部队破坏的桥梁,数以百计。那个同样反动的政府机关让铁路器材浪费掉,糟蹋掉,而

---

① 美国法西斯分子企图阻止保罗·罗伯逊——美国著名进步人士——在纽约州毕克斯基尔开音乐会。巡警丝毫不干涉这些分子殴打听众。

且路基也不加保养。这种情况必须立刻改变过来，因为把供应品从乡村运到新光复的城市去，就要依赖它，把解放军运到阵地上，去给美国所支援的蒋介石最后一击，也要依赖它。

第一批从苏联来到中国的是铁路技师。他们为克服这些困难问题而工作，帮助我们把铁路恢复工作提前完成，比预计的提早了好几个月。他们不是大吹大擂地来的。他们把事情做好了，什么报酬也不要。

同样，去年夏天，中国的东北诸省发现了鼠疫。我们没有足够的医生和技术人员来扑灭这种危险的疾病，因此我们就请教我们伟大的邻人。我们所需要的防疫队立刻到达疫区。他们来了，他们帮了忙，而等到他们办完了事，他们就回去了。想也没有想到报酬，更不求什么特权了。除了为中国人民服务，他们不要求任何权利。

保加利亚提供了另外的例证。这个国家经常遭受旱灾。给斯大林改造大自然的建造森林和构造蓄水池的计划所感动了，保加利亚的机构也做了一个自己的计划。为执行这个计划起见，苏联给它以技术上的援助、机器、电力站设备、高压输电线，给灌溉用的水闸建造闸门，还供给其他的必需材料，只是为了要保证这个重要计划的成功。

这种合作精神现在是一切人民民主国家中间的工作原则。例如，在从前，捷克斯洛伐克和波兰原有深仇，那是帝国主义阴谋造成的。可是，一九四七年以来，他们在一个五年协定的经济互助政策以及一连串的周密的议定书之下，一起工作着。其结果，他们把货物交换和互助增加到五倍于一九三八年的数字。而且，波兰把它自己在波罗的海上的领土让出一部分来建立海港，为了捷克斯洛伐克可以有一个海上的通商的出口。此外，还可以从双方联合起来发展并使用边境地区的自然资源，联合建造电气设备方面，来证明他们的合作。

这里没有你死我活的竞争，也没有强欺弱、大吃小的情形。这种工作方式是从苏联的外交政策产生的，而苏联的外交政策是通过了友好条约，忠实执行的互助条约，以及互不侵犯条约来实现的。难道还不清楚，我们倒向这一面，是因为只有苏联主张并实行这样一个公平而忠实的政策吗？只有社会主义的制度，才能有这样的观点，并且才能同时在国内经济上保持经常的向上发展。

是的，我们的一面倒，也是估计了苏联国内情形之后的结果。我们羡慕人家没有失业的现象，于是我们赶紧跑去请教这是怎么来的。他们在这样短的一个时间里面，在这样广大的土地上，消灭了文盲，这真使我们高兴，于是我们又去请问这是怎么来的。我们还愿意看一看，比如，战后的五年计划，它号召增加住房面积达到八千四百万平方公尺的惊人数字，其中还包括数万幢单独的住宅。消息传来，这目标差不多已经达到，我们不禁为之雀跃。我们想，这是了不起的，最近三十年之内，在苏联，一共造了二万七千个以上农村发电厂，这是很有意义的。在从前是落后的土库曼共和国，在一九一三年到一九四一年间，重工业增加了一百一十一倍；在乌兹别克共和国，工业出品二十七年内跳到七十五倍；在吉尔吉斯共和国，同一期间则增加了一五三倍。在尚未发展的中国，当我们听到了这些新闻时，我们是非常感动的。

没有问题，要没有科学的最充分的应用，这些成就永远不能实现。我们很快地懂得了，原来科学的整个观点，跟在资本主义国家内所实行的观点，也是不同的。在苏联，科学被解放出来，作实际的应用，而且被应用到最大限度。绝不能让大自然奔跑在它自己的、无规律的道路上了，苏维埃的科学家把它扼制起来替人类工作。原子能的进步的、建设性的应用是这方法的最生动的说明。原子能被利用来移山，来改变大河的河道，来化沙漠为沃土。它没有被包在玻璃纸里面，作为恶毒的国际赌博中的一个赌注。科学被用来造福于人民。

教育和文化也受到了同样的尊敬。这一点，可看这个事实，今天的苏联有二十二万以上的学校，学生三千四百万，高等教育的学府八百三十七所，学生在一百万以上。仅在战前的十年之内，这些学校就已经培养了一百万以上的工程师、农学家、教师、医生和其他的专家们。

就这样，我们的比较已经完全了。美国金融集团所领导的一帮帝国主义者，无论在他们本国和国外，都是人类进步途中的一个大障碍物、绊脚石。然而苏联却向国内外在奋斗中的年轻的国家伸出了一双协助的手，直到他们能够自己航行前进。因此，结论还是这个：中华人民共和国一面倒。我们珍视那和朋友"一起工作"的原则。我们特别羡慕那种朋友,有这样的建设性生活的,并在对待别人上懂得容忍的。我们想,所有这样的朋友应该把他们的力量结合起来,来建造一个新社会,来保卫世界和平,这样,社会才能繁荣。因此,中国将继续采用一面倒的政策,和一切热忱地努力于忠诚合作的人们"一起工作"。而在历史的这一个时期之内,中国为整个远东指示了道路。

在中国人民救济代表会议上的闭幕词

（一九五〇年四月二十九日）

各位代表：

我们的全国人民救济代表会议就要结束了，这次会议有了丰富的收获，它是成功的。这次会议所以成功的原因，我想首先是由于全国人民热烈的期望。在反动势力和帝国主义双重压迫之下，中国人民陷于长期水深火热之中。现在全中国已经基本解放了，但是反动匪帮遗留下的灾难还存在着。因此全国人民愿意团结起来，在人民政府的领导下，克服困难，医治创伤，并为建设新中国而努力。他们热烈的期望全国人民救济代表会议就医治创伤、救济苦难方面采取明确而有效的行动，中国人民愿意在这种行动中，如同在解放战争中一样，表现出英雄气概。这是大会成功的重要基础。其次会议之所以成功，是由于正确的领导，特别应该提出来的，是中国解放区救济总会董必武主席于病中，还给我们做了关于新中国的救济福利事业的报告，而这篇报告做得是如此完整，以致使我们没有更多的话好讲了。这篇报告恰好是提示了中国人民救济福利事业的总方针，也就是刚刚产生的全国人民救济总会的工作方针。这是本次会议中重大的收获。再次，这次会议之所以成功，是由于各位代表的努力。各位代表来自不同的地区，不同的团体，担任着不同的工作，但有一点相同之处，就是都有丰富的救济福利工作的经验，并决心为新中国服务。因此在这几天会议中，大家都兴奋而紧张地工作着，尤其参加审查小组的代表及负有职务的代表们往往工作到深夜。在小组讨论中代表的情绪是那样热烈，而大会中的发言又是那样精彩，通过这次会议，产生了全国救济福利工作者的空前大团结，这是本次会议的又一收获。最后，还要提到，这次会议之所以成功是由于筹备工作的周密。这次会议筹备工作从去年十月便开始了，参加筹备工作的以中国解放区救济总会的工作人员为主，他们为筹备工作一直忙了半年，在会议进行期间他们又在大会秘书处辛苦地工作着。由于他们的勤劳和努力，使得大会得以顺利地进行而达到最后的成功。我们要特别感谢参加筹备工作和大会秘书处工作的各位先生们。

现在会议就要胜利地结束了，全国人民救济总会就要组成了。本人除了欢欣庆幸之外，愿对各位代表及今后的工作提出几点希望：

第一，希望各位代表把这次会议的精神和决议传达出去，传达给一切救济福利工作者，传达给全体人民，使他们了解新中国的救济福利事业是以自救自助为基础的，而且在人民政府领导下一定能战胜灾难。第二，希望全国救济福利工作者，经过这次会议，并在将来救济总会的领导下，更加紧密地团结起来，批判旧的，学习新的。过去有不少热心救济福利事业的人士，曾对中国人民作了相当的贡献，今后在团结一致的行动中，将更加与人民大众联结在一起，为新中国的救济福利事业而奋斗。第三，希望全国人民在人民政府的号召与全国救济总会的推动之下，更加积极地行动起来，组织起自己的力量，通过生产节约，劳动互助，坚决地以自力更生的精神来克服目前暂时的灾难。毛主席说："中国人民从来就是个勤劳而勇敢的民族"。董副总理在本会的报告中也说："我们中国人民既能在战斗中战胜近代化的敌人军队，解放了自己，我们也就必然能够在战后医好战争创伤，在和平中建设中国。"因此，我们有充分的自信能够完成这一任务。第四，希望这次会议可以给一切帝国主义者假救灾之名而进行的阴谋诡计一个有力的答复。关于这方面，大会已经通过了两项很有价值的决议，就是揭露美帝国主义阴谋的宣言，和响应世界和平大会常设委员会的号召的通电。更希望在今后的工作中，不断地揭露一切帝国主义和反动派的阴谋诡计，并建立世界上一切爱好和平的人民和我国人民之间的真正友谊。通过这种相互间友谊的援助和鼓励，进而团结一致地打倒共同的敌人，实现全人类的永久和平与幸福！

解放斗争中的中国儿童

——为莫斯科《少年先锋报》作

（一九五〇年五月八日）

中国的革命可以说是翻动了地下的每一颗细小的沙粒。这可以使你们了解到我们人民曾受到多么沉重的压迫。这说明了我国人民是怎样一致奋起为反抗压迫而斗争，说明了中国的儿童也参加了这个斗争，并且对于推翻封建和帝国主义取得胜利有过贡献。

我国少年在历史性的阶段中所创立的革命事迹，有许多情形与英勇的苏联少年过去的事迹相似。回想他们在火线前后的自我牺牲和英勇的事迹，以及在反动环境中的抗敌组织等事迹，使我们联想到"帖木耳分队"和"青年近卫军"这两个故事。我们也有我们的"帖木耳"和"青年近卫军"，他们也在争取人民所应得的权利的斗争中表现了国际主义的勇气。

中国儿童热烈地负起了革命的任务。他们很成熟地带着坚定的信念而行动，而且今天他们对于自己的前途已有了不可动摇的信心。从我所组织的中国福利会在上海工人阶级的儿童中所做的工作中就可举出几个事例来说明这些情况。

三年以前，上海各工厂区里有成千成万毫无生气的儿童，他们在贫苦中挣扎着，被愚昧所蒙蔽。他们生活在国民党反动派统治下，统治者靠剥削他们和他们的家庭自肥，而且怕他们受到教育。中国福利会的组织者在这种情况下，便着手进行工作。

我们展开的工作宗旨在于动员工人阶级的儿童，教育他们认识群众力量的价值和作用，并以这个力量做基础，把革命的真理灌输到这整个人群中去。

由于这些儿童完全为无知所蒙蔽,我们决定首先从扫除文盲入手。不过,仅仅教他们文化还是不够的,我们还需要教他们明了对自己的阶级和自己本人所负的责任。我们用"小先生制","即知即传"的原则来完成这个工作。他们热烈地学会了这种办法,就像燎原之火一般地传播开来。中国福利会迅速地在上海贫民窟的每个角落开办了识字班,由觉悟了的儿童们主持。

他们所用的课本都是特别编写的,课本里教育劳动的价值,这种思想在那时候是具有危险性的。这些课本宣传群众的力量,这在反动派眼中是可以构成刑事罪的。这些书预告着,光明的前途是人民所能争取和建立的,这种思想可以使你被关到监狱里或者更坏的地方去。被激发了的儿童们,就把这种思想带到他们的家庭里去,带到课堂和大小工厂里去。这是他们首先学习到的课程,然后他们又拿来教给别人。他们从他们自己的组织里又迅速地学会了怎样在法西斯统治压迫下进行这种工作而不被消灭。

"小先生们"在上海各部分都有他们的民主小组。他们进行批评与自我批评,他们为自卫和其他可能发生的事而组织了起来。许多意外事件证明,工人阶级的儿童们已经学会了互助的方法。有一次,他们使一千四百人的住处免于火灾。在人民解放军进入上海的前夕,他们普遍建立了秘密组织,凡有这些少年住的地方,地下工作者就可以从他们那里了解那个区域的情况。解放以后,这些愉快的儿童们立即认识到人民所获得的胜利,迅速地组织队伍来向大家宣传。

还要说明一下,这个工作有几千个儿童参加,但只有十个成年人指导,这显示出这些儿童组织的规模,他们所担负的责任的重大和他们所经过的锻炼。

中国福利会工作中所进行的另外一部分工作是儿童剧团。这是中国空前所没有过的一件工作,它是具有革命的目的,为工人阶级的儿童服务并由他们组织的剧团。通过歌咏、舞蹈与戏剧来教育千千万万的儿童和成人,这些美妙的东西都是他们从前连知也不知道的。这剧团的成员都是儿童,其中有许多是无家可归的流浪儿,他们愿意终生为人民服务,做人民的艺人。

他们在最艰苦的情形下接受革命教育。他们远在上海解放以前,在国民党特务的眼下,不顾随时有被捕甚至被害的危险,就向群众宣传社会的病根何在。他们告诉听众为什么一个尊重劳动和工人领导的世界是能够建立的。儿童自己创作了许多歌曲、舞蹈和戏剧。他们也把许多被禁的民间舞蹈和歌曲带到工人、学生中间去，并告诉他们这是从中国共产党所领导的解放区中来的。

在解放的前夕，因反动统治者在绝望中大肆逮捕与屠杀，这些儿童为了保存生命只得隐蔽起来。但是即使是在隐蔽的时候，他们也还组织起来准备迎接瞬将来临的解放。到那一天，儿童剧团齐集起来，涌到上海街道去，他们日以继夜地为工厂工人，为人民解放军，为人民来唱歌和舞蹈。他们宣传说：新生命的曙光照临中国了，我们大家都应该学习并参加到里面来。他们受到广大群众的热爱。今天政府机关，或工会开会总要邀请他们来表演。

这不过是中国城市儿童生活的几个实例。在农村和人民解放军中，同样的事实是非常之多的，例如，儿童们充当路警，就是其中的一个例子。旅客们讲了许多这样的故事：他们碰到"红军小鬼"挥着红缨枪，向你索取路条，否则便不让你过去。

还有许多关于儿童穿过敌人的封锁线往来传递重要情报的事情。有些被逮捕了，但是他们没有一个不是像刘胡兰那样英勇的。现在已经无人不知的刘胡兰是一个年轻的共产党员，她虽落在军阀手里，受到酷刑，惨遭杀害，可是她始终没有出卖同志。

这时，解放斗争还在继续进行，中国必须摆脱过去的一切落后习惯的残余。我们一定要走革命的道路，引向社会主义的道路。因此，我们必须保卫自己的前途，不让狂暴的帝国主义者所破坏。在这新的斗争中，少年人是异常重要的，因为将来是握在他们手里。他们正为了将来而天天在准备着自己。

这是一个紧张的准备工作。他们受少年儿童队和新民主主义青年团的领导，这是和你们的少年先锋队和共产主义青年团相似的两个组织。所以中国的青年都在进行这个准备工作，一面根据我们过去的经验，一面向我们伟大的邻邦苏联学习。

我们的儿童认识到他们的进步不只是对中国有影响，并且对一切还在压迫下的国家的青年也发生影响。今天的中国儿童已和苏联及其他新民主主义国家的儿童们携手并进，走向解放，走向全人类生活的康庄大道。

新上海的诞生

——庆祝上海解放一周年为上海各报作

（一九五〇年五月二十六日）

回忆上海从反动的恐怖噩梦中惊醒起来，开始了它的新生活，屈指已经过事迹纷呈、流光如驶的一年了。为此我们对于人民解放军抱着无限的衷心感激。

在这一年之中，我们了解了许多事情；我们不但了解了自己，了解了这个都市，而且了解到我们的将来。

我们怎样了解自己呢？

我们发现了我们中国人民有无比的力量，磅礴的生命力和卓越的天才，有了这些，就可以解决一切问题和困难。这些正是我们最需要的，因为目前的任务还是有困难的。我们进行的革命任务，是在改变我们的经济，使能为广大人民群众服务，同时还要击败那些反动派。我们经过了一年的时间，证明这两个目标都是可能达到的。我们目睹日用品的价格稳定了。我们又看到空中已无敌机来骚扰了，并且人民解放军在海南及舟山群岛已经登陆了。我们从此可以想象到没有一个建设的问题是不能解决的。完全没有。此外很明显地，我们正在迅速扫除目前所有的一切障碍。我们不久将使我们的都市和国家臻于史无前例的富强康乐。我们一定可以完成这个任务的；因为有了人民的力量，更因为我们的政府是人民的力量所创建，在群众中是根深蒂固的。

我们怎样了解自己的都市呢？

上海是全国视线集中的地方。它是代表我们与帝国主义和官僚资本作决斗的地方。这些害虫，自有上海以来，一直就骑在我们工人和一般人民的背上。全国都知道这些害虫的侵蚀，是不容易铲除的。所以当我们努力使上海变为人民所有的都市，并使工厂及一切企业都为我们国家服务的时候，他们都在鼓励支援我们。

东北的工人们向我们高呼着："你们不久也可以像我们那样没有一个失业的人了！继续奋斗吧！"他们为了支援被帝国主义者策动和支持的敌机轰炸与封锁而致失业的上海工人们，捐助大宗款项，从事救济。

内地的农民也运来了大批粮食，供应都市所需。这是证明他们对于上海人民的信任。并且使我们工商界明白，土地改革收到效果，农民的购买力逐渐上升以后，将来的市场是会不断地扩大的。

以上种种，不久将有成效，在半年以前，商人们对于人民政府曾有误会和埋怨，可是现在已经明了了，而且愿意合作了，他们现在明了要克服帝国主义、买办主义及敌机的骚扰的种种困难，不是一朝一夕所能办到的。最初他们希望人民解放军与中共在短期内会创造奇迹。现在已明了如果坐着等待，任何事都不能成功的。因为胜利须从刻苦、牺牲、耐劳之中培养出来的。这是我们所学习到的教训。

这种新的认识扩大以后，人们对于新上海的将来越来越发生信心。他们对于人民政府的计划已经信任了。因为很明显地，我们是能够击败帝国主义者和反动派的。上海不但已属于中国，并且也是人民的了。这就是我们在解放一年内对于自己都市所了解的地方。

我们了解的将来是怎样的呢？

我们体验到中华人民共和国好像一个异常壮健的婴儿，在童年中虽然必须经历过好些疾病，但是因为有抗拒疾病的力量，我们是毫无问题的会长大强壮起来，顶天立地地为人类服务。

我们从遗传得来的疾病之一就是不健全的水利制度。这在国内许多地域造成了水灾和饥荒。但政府已在急速补救，调动了解放军迅速筑堤、开河和大量植树。同时我们也使灾区的灾民参加这项工作，并且用种种运输工具输送粮食。

结果，我们控制了洪水和灾荒。这证明了我们对于困难之发生，已有克制的能力。

惟有那些美国独占资本的大厅里的伪慈善家，对于这些事实是厌闻的。他们想利用医治疾病的名义，希望包办一切，连生命都包括在内。让他们自己保留这种杀人毒药吧！中国可以从生产自救的纲领中解决自己的问题的。

中国对于救济问题所采取的方针，指出了中国在将来所走的途径。同时我们还有其他种种重要象征可以证明。例如陈云副总理曾在中央人民政府委员会第七次会议中报告过史无前例的财政统一，他并解释了统一粮食分配的工作，这两项成就使我们的经济臻于稳定。这是在解放后一年之中所完成的奇迹。以前的政府曾经试了几百年，但是都失败了。

此外，还有刘少奇副主席的五一演说，更正确地证实我们将来的希望。他公布东北在一年内农产品已增加到百分之一百三十七，公营工业的就业人数增加了二十四万名，职工实际工资平均比以前增加了百分之二十七，单是沈阳的私人工业家数已增加了百分之二十三。

以上所举都是人民政府成立以后的成就，也指出了上海与国内各地发展的道路。

如果我们在建设过程中需要帮助，我们是有办法获得的。因我们所缺乏的，都可以从我们的邻邦——苏联，得到帮助；例如对于资源的开发，贸易与交通以及科学技术的发展等等。我们应该庆幸的，就是这种帮助都是根据合作互助与互相尊重的原则出发的。

总结以上所说，中国好像一个健康的婴孩，克服了一切疾病，日渐长大，将来欣欣向荣，有无限的前途。在英明的领袖毛主席及中国共产党领导之下，我们已进入新民主主义的时代，在地平线上已呈露出社会主义的曙光和一幅崭新而美丽的新中国的远景。这就是我们在解放一年来所了解到的将来。

上海的公民们，任务已经摆在我们面前。我们已经从解放学习了许多，对我们的将来也了解得很清楚。让我们全心全力为建设新上海和新中国而奋斗吧。

中国人民签名拥护世界和平

——为《真理报》作

（一九五○年六月八日）

中国人民正在签名拥护世界和平。刚从文盲和压迫中解放出来的四川农民，中止劳作而骄傲地把他们的名字签写在和平呼吁书上。上海和东北工厂的工人们，在下工时，集体写下他们对世界和平的热烈愿望。商业界、艺术家和作家、青年和学生——全都渴望加上他们的力量。在每一个村庄，在每一个城市，数千百万的人们，都通过和平宣言发出呼声，要求保卫和平，珍视和平。那是声音的洪流，它成了一条河，并汇合别的河流最后注入海洋，那儿，和平的吼声明确地说明中国人民所需要的是什么。

农民的歪歪扭扭的书法，知识分子的娴熟的字体，工人的粗重笔画——这些签名都同样地表示中国人民为和平正在做什么和将要做什么。为了使和平不要像沙一样从我们的指缝里漏掉，我们正在进行或即将进行一些具体的工作。

首先，我们决心全力支援我们的人民解放军，为使它能尽速完成解放战争，把帝国主义永远赶出中国，并消灭封建势力的最后残余。为把台湾交还给它的合法主人——中国人民——而放射的每颗子弹，为解放西藏而采取的每个步骤，都意味着加强世界的安全。因为，只有我们完成了这些任务，人民才能以全部时间和精力专心致志于国家的重建。因此，这种武装斗争的结果是有利于和平的。强大的中国如能完全统一，并和其他爱好和平的国家联合起来，就等于在美英战争贩子面前设置了障碍物。如果他们真要开始希特勒式的冒险以武力统治世界的话,他们就难有胜利的机会。

目前在中国发生的第二件事,是我们经济的稳定,它是为世界和平而斗争的一环。几百年来,从前的政府亦曾想这样做过,却都失败了。为什么呢?因为实际上他们的目的不在稳定,而在剥削人民。但在中国大陆完全解放了的今年内,在人民共和国之下,财政统一了,粮食由国家调配了,统计数字可以搜集了,计划经济可以实现了。

这些措施对于人民的心理有一种健康的效果。他们看到日用品的价格长期稳定。他们开始懂得了,在人民政府的领导下,他们自己的力量是可以控制经济生活的。这自然就使他们对货币有了信心。像过去那样囤货以备通货膨胀的情形是越来越少了。

人民已经开始有了信心。现在他们懂得了毛主席所说的中国有困难但也有办法的意义所在。因此,中国将来的投资会日益增加。工人与民族资本家正在紧密团结,以便加速国家工业化。我们和伟大邻邦与同盟苏联所签订的贸易协定和开发资源的协定,使我们的力量加速增长。我们越强大,我们的人民越繁荣,战争的机会也就越少。

中国人民对于保卫和平的第三个贡献,就是毫不动摇地反对所谓"欧洲复兴计划"和"大西洋公约",以及它们在世界其他区域的产物。同时我们对于那些制造这些历史性失败的反动政府与不幸承担这些失败的后果的美、英、法、意等国人民,是区别得很清楚的。

我们曾明白地表示过,而且将继续明白表示:我们决不需要伴随这种所谓"复兴计划"而俱来的国内工业的破坏和窒息。我们不要长串的失业队伍;我们不愿使民主团体受到任何打击。这些都是为了获取武器军火或不需要的奢侈品、香烟和洋酒而付出的代价的一部分。我们不要这些东西也能进行工作。我们可以靠自己力量,和我们所需要的兄弟友邦的援助,来做我们所必须做的一切,如建设我们国家的工业、救灾或是恢复农业。换句话说,我们知道这种恶毒的"援助"计划和军事协定等是帝国主义者的侵略和备战阴谋。对于强迫人民吞咽这些"援助"计划和军事协定的一小撮华尔街老板和他们的附庸者,我们是誓死不屈的。

应该强调的是：当美、英、意和其他国家的人民起来抵抗这些违反人道的暴行时，我们必然会不断鼓励他们，用一切方法尽力帮助他们。和平阵营是没有民族的或其他任何界限的。凡为公民权利、为忠实反映广大群众意见的报刊和无线电、为充分就业、为机会均等、为与世界上其他国家保持生产的与和平的关系而斗争——这一切也就是全世界普通男女所从事的斗争。因此，斗争是同一的。如果在地球上任何国家中失去了和平生活的某一要素，那末这个要素在其他一切国家中也要受到危害。相反地，中国人民的胜利，也就是所有其他国家人民的胜利。它削弱了帝国主义者，同时又给人民阵营灌输了力量。

这些就是中国人民今天为世界和平运动所动员的力量。在和平呼吁书上的大量签名表示了我们斗争的决心是多么普遍。我们在中国已饱尝了持续近百年的战争。我们早就渴望和平。我们要求和平。中国人民要为自己生产更多的粮食，同时也要为世界的幸福而出力。我们可以实施中华人民共和国的政策来完成这个目标。我们可以在毛主席和中国共产党的领导下完成这个目标。我们可以坚决地站在伟大的斯大林所领导的苏联——这不可摧毁的和平的柱石——一边而达到这个目标。

千百万的人民每天在使我们的政府成为一个生气勃勃的和欣欣向荣的工具。千百万的人民在追随我们坚决的领导。千百万的人民依靠支持着这个柱石。四万万七千五百万觉醒了的中国人民正领导着全亚洲走向世界和平。你们可以确信，在没有达到目的以前，我们是决不会中途停止的。

新中国的第一年

——为庆祝中华人民共和国开国一周年而作

（一九五〇年十月一日）

一九四九年十月一日是一个可纪念的日子，一个有历史意义的日子，一个快乐的日子。它标志着解放了的人民、新生了的中国的开始。从那一天，我们跨过了一个新的世纪的门槛，走向未来，走向人民的时代。

一九五〇年十月一日是一个发放信号、除旧布新的日子。它标志着中华人民共和国第一年的完成，和第二年的开始。它是总结我们的成就、准备向更加壮丽的目标跃进的日子。

一九五〇年十月一日是一个和平的日子。它指出，在新中国的这一年，四万万七千五百万人民的全副力量都投入了世界和平的事业。我们在战争贩子面前摇动我们的巨大的拳头："我们要和平！我们要建设，不要破坏！我们要真诚的国际合作，不要帝国主义！"这是解放了的中国人民和全世界爱好和平的人们所共同发布的号令。所以，在中华人民共和国的这个纪念日，让我们朗声宣布："人民一定会有和平！世界和平万岁！"

这样，我们就把新中国的第一年不可磨灭地写进了历史。

友谊就是团结

——在庆祝中苏友好协会成立一周年大会上的讲话

（一九五〇年十月一日于北京）

"中苏友好"——这几个字代表着许多意义。"中苏友好"——这句话在历史上划下了万里深长的痕迹。"中苏友好"——这四个字保卫着现在，并且规划着将来。

中苏友好在无数的事实中明显地表现了出来，有些是纯朴的、真正的人类表情——从充满同志爱的微笑中，从恳挚的握手中，从友爱的拥抱中，流露了衷心的热情。有些则表现在文化上的相互欣赏，对于两大民族所表现的勇敢行为和所完成的功业的互相钦佩。这些都是兄弟般的互助以及热切地尊重民族独立自主的行为。更主要的，这是在为了引导人类前进这一个共同目标下的大团结。

在中国人民看来，苏联是一个富于创造的、珍贵劳动有如瑰宝的国土。这是一个不断鼓舞着人们、珍视人民为国家生存的要素的国土。这是一个推陈出新、永远与日并进的国土。

在中国人民看来，苏联是斯达哈诺夫工作者的国土；斯达哈诺夫工作者是新型的人，是永远前进的、忘我的和在与困难作斗争中锻炼得坚强如钢的人。苏联是科学的国土，在那里科学被高度地应用着，永远不许停顿，只为着人民的幸福而向前推进。苏联是社会主义的国土，是全世界工人阶级的希望。

在苏联人民看来，中国是一个新觉醒的国家。我们已经从愤怒中站起来粉碎了封建制度。他们从我们身上看到了奋起的人民，永远赶走了帝国主义。

他们从我们身上看到了一个国家燃起了为全亚洲照明道路的解放的火焰。

苏联人民了解我们是一个拥有广大潜在力的国家，我们的民族天才在历史上第一次获得充分的解放。他们看到我们蕴藏着尚未开发的资源的大地，并且知道我们一定会充分利用这些资源。他们知道我们是一个富有活力的民族，能够移山倒海，建立工厂，控制自然。

苏联和人民的中国是两个地大人众的大国家。他们携手前进，他们的力量一经结合，就能粉碎无论在哪里束缚和压迫人民的反动派的黑暗势力的锁链，就会使那些为了几个臭钱而妄想发动战争消灭人类的反动派的黑良心为之震惧。他们携手前进，高举着和平的旗帜，缔造着未来的世界。

中苏友好万岁！

朝鲜人民的斗争在亚洲所起的作用

（载一九五〇年十月十一日《光明日报》）

一个普遍和绝对的真理渗透了今天的亚洲大陆。它是人类历史上悠久的,但仍然生气蓬勃的事实。那就是列宁所说的:掌握了政权的人民是不可战胜的。

以上一句话所包含的意义就是说,武装群众在一切革命和反对帝国主义侵略者的争取独立的斗争中,终究会赢得胜利的。许多事实可以证明,武装群众在一经掌握以辩证法唯物论科学为基础的革命思想这个武器,他们便能赢取并巩固胜利。

这次朝鲜爱国人民的英勇斗争和辉煌成就,以及他们将来的最后胜利,都证明了这个真理和其中所包含的一切教训。麦克阿瑟、他的将领们和美国国务院"摘取紫罗兰"的外交家,曾同声吹嘘南朝鲜是一个"坚不可破的堡垒"。而这个"堡垒"正是针对着人民朝鲜、人民中国以及苏维埃联盟的"侵略矛头"。美国为着这个缘故,建立了、装配了并且训练了南朝鲜军队。他们曾经扬言,只要他们的一团军队便可以消灭北朝鲜的一整旅。但这种吹嘘的实际是什么呢? 事实已使这种吹嘘无声无臭地破产了。南朝鲜的军队在开始侵略时即被击溃而陷于瓦解。这是为什么呢?

资本主义世界的军事力量都用来进攻朝鲜人民了,他们派遣了飞机、军舰、坦克、大炮和其他破坏武器,最初美国为着营救被围的南朝鲜军队,派遣了自己一营军队。后来又为着营救这一营而派遣了一团军队,以后又再派出一师军队去营救这一团。事实上,美国目前在朝鲜的作战兵士已超过了他们在一九四二年北非登陆时的数目。为了应付这个困难的局势，美国不得不进一步增加它的部队，重新部署，以图达到它的目标。但是朝鲜爱国人民要解放自己的铁一般的决心，必将使外国侵略者一败涂地。

美国在亚洲的伙伴以及它自己的军队，虽然拥有现代化的武器，经过特殊的训练和拥有大量的金钱，也不能击败朝鲜的革命力量。这在过去是如此，将来还是如此。我们又要问：这是为什么呢？

这个答案的第一部分也是历史上的一个事实，普遍真理的一部分。因为任何战争的胜负，并非取决于枪炮本身，而是取决于使用枪炮的人的思想意识。换一句话说，朝鲜的人民是为着崇高目的而战斗的。而在国内外的帝国主义者却不是。朝鲜战争不是火力与军需的战争，而是思想的战争。

朝鲜革命领袖金日成曾这样说："美帝国主义者仍然没有了解今天的朝鲜人民与过去是不同了，我们并不是一群懦弱的羔羊，驯服地让饥饿的狼群来任意吞噬。"

朝鲜的群众已经觉悟到，他们已经掌握了政权，他们要从外国侵略者及其傀儡们的手中将祖国解放出来。他们知道帝国主义者把民族自决原则开玩笑。他们从痛苦经验中也体验到，帝国主义者决不会允许他们决定自己的命运，而是要延长封建秩序的压迫，使他们无穷尽地遭受贫困与剥削。因此，他们下定决心，坚决作战，因为他们是为着自己的美好世界而斗争。

这在战场上获得了证明。政治上愚昧无知的美国军队遭到革命军队的抵挡。有一个美国军官描写战斗情形说："他们漫山遍野而来，每一个人都负有一个宁死也要完成的使命。他们又好像每一个部队都有指定攻下的地区，不攻下来，决不停止。"

这种坚强的作战力，是经过政治解放的全体朝鲜人民的特点。原因在于北朝鲜人民在苏联的帮助下已制定改善生活的计划。而在美国压迫下的南朝鲜人民，很容易认识到他们的艰难生活和北朝鲜的兄弟姊妹们的丰裕生活有霄壤的区别。他们要求同样的东西——土地和工业都归人民自己所有，民主权利、民主程序和代表权。他们渴望恢复在日本战败以后掌握在自己手中，但后来被美国和李承晚匪帮所剥夺的人民委员会的权力。他们首先要求给亲日卖国贼和美国傀儡们以应有的处分,因为他们曾使人民受到许多痛苦。因此,朝鲜全体人民排除一切困难,勇猛地进行战斗。北朝鲜人民是为了保持胜利,南朝鲜人民是为了赢取胜利。他们以保卫斯大林格勒的传统,为解除枷锁而作战。

朝鲜人民所以能胜利的答案的第二部分,是同样重要的。这是帝国主义者的本身问题,就是他们对于世界和战争的整个看法。

帝国主义者在战场上所采取的一切战略和行动,正是他们日常思想和生活扩展到军事方面的表现。它反映出他们贪得眼前利益和资本主义思想的空虚、贫乏。正像他们的政治经济理论与哲学观点一样,他们的战争技术和策略也已退化到脱离现实的地步。

在政治方面,他们在国内走向法西斯道路——少数统治者脱离了广大群众并且与群众为敌。在经济方面,他们走向垄断——少数财阀剥削着贫苦人民。在哲学方面,他们走向唯心主义与神秘主义——少数人满足于玄虚幻想的世界,群众则不满艰难困苦的环境。在战略方面,他们一味崇拜武器,而忘却了人——少数人害怕新的事物但是在其他一切方面却胆大妄为,他们不能转变战争方法,却发号施令,置群众于无从抵抗的地位。

这一切对于帝国主义阵营本身起着什么影响呢?不景气代替了希望;恐惧代替了安定;小我代替了大我。这是唯一可能的结果,因为少数人为保持控制,必须不断欺骗人民。他们的政府向他们说谎,对于他们的生活水平,对于他们的现状与前途,尤其是对于战争与和平,都向他们说谎。

美国是一个典型的例子。这个国家的华尔街统治者正有计划地有布置地攻击人民的和平签名运动。他们将这个至为重要的运动诬为苏联的工具。他们却没有告诉人民,苏联当然用和平来发动苏联的人民。在广大的社会主义国家里,工厂、矿场、工场,正在为了和平在做"和平班",以提倡和平的观念。在相反的一方面,美国却用战争来动员它的人民,重新武装,屠杀成千成万的无辜人民,使整个城市和工业沦为瓦砾废墟。由于这是这样一条不得人心的道路,美国人民是被蒙着眼睛牵着走的。美国统治者用尽了一切可能的烟幕和欺骗手段。

美帝国主义的侵略计划是很明显的。他们的国防部和国务院煽动了对朝鲜的侵略。这样使华尔街政治代言人能够利用此项事件，"要求准备应付万一"。在朝鲜战争的起初几个星期内，官方一个声明接着一个声明地告诉美国人民说，这是"警察行动"，不致影响国民经济，不需要更多的人力，不会因此降低人民的生活。但后来却逐步发表文告，要工业转向战争生产，强迫成千成万的和平人民入伍服役，增加赋税，从而使人民的生活资料减少。

美国统治者虽强迫人民进入战争状态，犹感不足，他们进一步地操纵联合国。这个国际讲坛也被用来为谎言找合法根据。美国公开施行压力，例如对西欧国家扬言要停止经济援助以为威胁，并且公然命令它们，牺牲人民的利益从事重整军备，以迫使它们为"杜鲁门与华尔街公司"希望在全世界发动的战争供给炮灰。

这些措施都是直接违反人民的利益与愿望的，不仅在美国如此，即在欧洲，以及世界其他地方也是一样。在最后的分析中，可以看出这些措施引起人民的恐惧，因为这些措施必然使民主权利完全被剥夺，进步领袖遭到追捕、迫害和暗杀，恐怖手段被利用来制造恐惧心理。在最后的分析中，还可以看出其他东西。这些措施是在实施前就注定失败的。因为全世界人民就是不要战争，斯德哥尔摩和平宣言上数万万人的签名证明了这一点。在朝鲜战场上有着更为有力的证明。除了朝鲜人民表现的力量以外，还有美国战俘的供词。他们原来根本不明了他们为什么要进行这样的一个战争，他们看到了美国政策是不正义的以后，便向他们同胞们广播，要求停止战争，让朝鲜人民解决自己的问题。

这样，我们有了两个理由——人民革命的纯洁和帝国主义反动派的卑污——足以说明群众为什么能在战场上、政治上和经济上坚持斗争，克服困难，取得最后胜利。中国如此，越南与朝鲜也是如此。这在历史上标志着力量的日益转移，成为对于今天的亚洲说来是极为重要的政治军事事实。这是世界上占有一半人口的地域内涌现出一种新生的政治军事力量的先声。例如在过去的时候，有人讽刺中国的兵士带着雨伞行军。现在的情形已截然不同了。以革命的政治思想武装了的新的亚洲兵士，已经站立起来与西方帝国主义面对面作战,不但不怕,而且准备克服任何物质上的不利条件。这是亚洲人民军事力量高涨的主要基础。在这个基础之上,他们能够同时采用阵地战和游击战的战术,一面使军队现代化,一面还使他们保持着灵活性。这是把政权掌握在自己手中的人民全部武装起来的办法。这种办法只有人民民主国家才能采用和实施。

这种武装斗争的观念,是在亚洲已达沸腾点的时候打下根基的。亚洲各国人民很容易领会到,他们的贫穷与愚昧,都是帝国主义者造成的。他们努力要寻求独立,渴望解除剥削。他们看到尽管在不可想象的困难条件下,人还是爆炸了坦克,牲畜还能到卡车到不了的地方,机智还是战胜了飞机大炮,仍然取得了胜利。他们看到这一切,也看到牺牲。但他们也看到最后的结果——群众的胜利。这不能不鼓舞了那些被压迫的人民,从事争取自己胜利的斗争,以期整个亚洲得到解放。

三十三年的进步

——为《人民中国》俄文版创刊号作

（一九五〇年十一月一日）

伟大的十月社会主义革命的三十三周年，象征了三十三年来苏维埃人民以及全世界人民的不断进步。这种进步是一切劳动的男女所共有的。这个革命的开端表现了他们挣脱枷锁的澎湃气势。这些年来，它在世界工人阶级团结的名义之下巩固起来。直到今天，苏联仍是一道灿烂的光芒，照引着所有的工人向他们的前途迈进。

十月社会主义革命以及随后三十三年来的进步对于劳动人民有着巨大的意义是有许多理由的，其中主要的是它们曾向许多基本观念，资产阶级——帝国主义思想中的许多谬误的"正确观点"，施以致命的打击。

例如："没有资本家或者他们的经理人，就不可能有任何生产。"这句话老早就使我们震耳欲聋。它无非是要使工人永远服从资本家的任意摆布。无非是使工人相信：凭他们自己是不能希望把工业推动起来的，他们是学不好技术、工程和发明的。这种复杂的"脑力劳动"不是头脑简单，徒手劳作的人们所能胜任的。这种工作只有留待特种的人去做。这种人依仗着神权、遗传、偷窃或阴谋的伎俩，控制了生产手段。工人是不该反对这种控制的，否则他们就会破坏了生产。

苏联建国之后，这种观念很快就扫除干净。苏联的工人证明：没有了那些从事剥削的老板，或从事战争的卡特尔企业家和垄断资本家，人民就能够创造奇迹。他们成百万地从普通工人当中起来证明：工人也能够把各种规模的工业管理得非常出色，他们也能够设计，能够建设，尤其是能够把他们的大量生产力分配妥善。这就是资本主义思想的一个惨败，而全体的工人获得了光辉的成就。

再举一个例："社会主义是不切实际的梦想。"这句话是用来为慢性的失业现象和侵蚀着资本主义经济的周期性危机来辩护的。它的用意无非要人相信：反对不平衡发展和滥用资源，或者反对雇用所有的劳动力以谋利的企图，都是没有用处的。这些念头只是乌托邦梦想家的意见而已。如果谁要深入接触真理，揭破这句谎话，谁就甚至会被目为狂人。换言之，谁都不许干扰老板们的控制。

苏联三十三年来的进步已使这种思想变为历史的陈迹。社会主义果然实现了！人民掌握政权的苏维埃国家矗立在我们的眼前。社会主义正在生气勃勃，发扬光大起来。它表现在生产方面屈指难数的事实。它表现在日用品接二连三的跌价。它表现在生活水平和劳动热情的不断上升，这种现象除了在社会主义的境界内，在任何地方都不可能重复的。苏联已经证明了社会主义绝不是梦想。它，掌握在每个工人的手里，是具体的而且是活生生的，现在如此，将来也如此。于是乎又一个资产阶级的观念被打垮了。

还有一种欺人之谈："在没有开发的地区，大规模的工业化只有依赖国外的资本家。"这就是说：除非有榨取超过寻常的利润的机会，帝国主义者是不会向任何国家投资的。因此，你如果不给他们种种的特权，你如果不把经济政治机构的管制权交付给他们或他们的同伙，那末你的土地只有沉沦在封建时代的落后中。

这一个观念已经被驳斥到毫无怀疑的余地了。苏联已经证明，一切殖民地国家到了相当时候也将以它们自己的事实来证明：归根结底帝国主义者不会帮助人家工业化，实际反而阻碍人家工业化，他们的工业观念是狭窄的，且有害于民族发展的。因此，一个落后的国家想要工业化，想要提高它的农业到机械化和社会化的水平，非依仗人民自己的力量不可。在苏联建国的初期，四面受敌，这副重担完全放在苏联人民的肩上。可是到了今天，由于三十三年来的进步，一些原来落后而今天获得解放的国家，除了本身的力量以外还得到了苏联的兄弟般的帮助。这就是说,依赖外来资金的需要越加减少了。这也就是说,把依赖外来的、自私自利的"帮助"来使一个国家现代化的观念越加葬送到遥远的古代去了。

还有一句谎话:"不同种族、肤色和风俗的人民互相残杀是自然的。他们需要一只强有力的手来控制他们,把他们从自身之中解救出来"。根据这种虚伪的"哲理",帝国主义国家自封为这只"强有力的控制的手"。他们在奴役了千百万人民的过程中,榨取了亿万财富以自肥,建立了一个个的帝国,并且一度统治了全世界。他们所以能够如此,是一方面凭借着莫须有的口实来挑唆别人互相敌对,一方面蒙蔽交战的双方,不让他们明白团结胜于互相残害的事实。帝国主义者在国与国之间,甚至在他们统辖范围之内,都施行着这种政策,其目的无非是为了便利他们的统治和剥削。

现在,这种政策也遭受到有效的打击,并且在金融王国的崩溃中垮台了。一九一七年以来,苏联的经验已经揭露了这种观念的恶毒的全部真相。在这个有着许多民族和种族的伟大国度中,由于斯大林在"民族问题"中的指示,不同的民族有史以来第一次开始生活在一处,和平,平等,为建设的目标而合作,交流着文化,交流着真诚的兄弟般的友爱。由于全世界的人都能看到真正平等的实例,人与人之间再不可能有种族、肤色或风俗的界线了。

当你思考苏联所获得的这些和其他的许多胜利时,你就会看到伟大的十月社会主义革命及其三十三年来的进步对于人类的贡献显得多么伟大!它们表明了这件事实:资产阶级的思想是建基于荒诞无稽的上面,而社会主义的思想是植根于科学之中。它们说明了资本主义如何仅仅为了少数人谋利而存在,而人民的国家却为大众的幸福而工作。最后它们并归根到这个结论:资本主义导向战争,而社会主义只为和平而工作。

把双方作一比较吧。看美国怎样地武装侵略朝鲜,对西欧和东南亚进行经济侵略。再看伟大的苏联怎样地派遣技术人员往东欧民主国家和人民的亚洲,给它们工业援助,并且不断地派遣文化团体和教授们访问朋友国家。比较一下美国的没落的经济及其疯狂的备战和苏联的茁壮的生命及其令人惊叹的建设,如水闸,巨大的为灌溉而开凿的运河,大规模的造林,到处都在控制自然,为人类谋福利。

这是毫无疑问的。世界上一切的劳动男女都会看到在各方面所得出的这一比较的结果的。因此,他们深深了解到十月社会主义革命的三十三周年的重要与意义。因此,在这个日子,我们将听到世界上各种语言都在高呼:

世界和平万岁!

苏维埃联盟万岁!

苏维埃人民万岁!

斯大林万岁!

新中国的信息

——为"中国福利会"而作的录音讲话

（一九五〇年十一月十八日）

中国人民的朋友们，我在这里向你们致意。现在是把消息带给诸位的最好时机。中华人民共和国刚刚结束了它光荣的第一年。目前正是总结我们的成就，认清我们的伟大转变和迎接更伟大的转变来临的时候。这正是四万万七千五百万人民欢欣鼓舞的时候。

在我看来，自从一九四九年十月一日——这具有历史意义的日子以来，中国最伟大的转变就是我们的国号中有史以来第一次有了"人民"这两个字。这两个字不是为了装饰点缀，它的重要意义在于同样有史以来第一次表明我们政府巨大力量之所在——人民。

这件事明显地表现在我们日常生活的各方面。我本想把整个景象中的每一个细节都告诉诸位，但是时间不允许。因此，我这次的报告，只能局限于这一年来新形势怎样影响了紧急救济工作和我主持的团体——中国福利会。我很不甘心地忽略了在这伟大进展中的许多件大事，例如土地改革、工商业的恢复和发展、国防的增强、中国少数民族自由的发展以及许多其他方面的成就。

救济和福利工作的整个观念，已经随着它的环境而改变了。它不再被认为是一种纯粹人道主义的永远结束不了的事情。相反地，它被认为是人民政府整个经济恢复和发展计划中一个重要的部分。它仍旧是人道主义的，但是它的办法是积极的，目的在于最后消灭对救济的需要。福利的享受被认为是每一个人的基本权利，但是专指紧急救济来说，它有确定的开始，确定的方法和确定的终点。

它的开始是现在,这是因为水灾、饥荒和失业而使之成为必要。它的方法是自力更生和生产自救。它的终点是与争取全国经济好转的完成相配合的,那就是当毛泽东主席所说的"为争取国家财政经济状况的基本好转而斗争"成功了的时候。我们已经确定以三年的时间来达到这一目标。

现在让我们来谈谈这些救济问题是如何处理的。首先谈谈水灾问题。

中国几百年来受着水灾的威胁,尤其是在去年由于匪军在我英勇的人民解放大军进迫之下所犯的罪恶行为,水灾的危害格外大。这些反动军队的疯狂行为破坏了几千个重要的堤防地区。因此去年夏天大雨下降的时候,河水泛滥,淹没了几千万亩土地,冲塌了几百万人民的房屋,损害了他们的生计。

以前国民党在美国"援助"计划下的救灾,只是说得好听,绝少行动。这一次可不然,实际行动却超过了公布的计划,因为人民政府是用了全副精力来切实解决这个问题。水利部奉令出动,把这件事当作一个战斗任务来完成。他们在全国建立了一个包括三百三十四个工作站和观测站的庞大工作系统,它与北京的中央防汛总指挥部之间,用电信交通直接联络。他们动员了男女老百姓和人民解放军共四百六十九万人。当紧急的时候,他们又另动员了几百万人。他们特地将灾情最严重的地区的人民发动起来。广大人民同时进行短期的和长期的治水计划。一方面立刻遏止泛滥的河水,一方面永久地控制河水,使它将来造福人民,而不再危害人民。

这一支与洪水搏斗的大军,是由政府付给工资的。同时政府向他们进行教育,使他们了解工作的意义。从小村庄到人口集中的大地区都举行了群众大会,向他们解释每一细节—需要完成什么工作,为什么大家要动员起来,他们的工资是如何支付的,他们的工作对他们的未来和对国家的未来又有什么意义。结果把工人激发起来,在劳动中发挥了伟大的创造力量。

这些工人在一年之内,掘土三亿六千五百立方公尺。这泥土一共有多少呢?我可以告诉诸位:这些泥土足够用来造成一座一公尺高一公尺宽的围墙,它的长度可以环绕赤道八周。实际讲起来,我们的人民,除了修筑永久控制长江、淮河、黄河、沂水、珠江、汉水、辽河等河流以及华东海岸的堤坝以外,还修复了二万五千公里的堤防。由于这样努力的奋斗,我现在可以报告诸位:去年被洪水淹没的田地中,十分之七今年已恢复了耕种。此外,更完成了重要的巨大的灌溉工程。举例说,仅仅在干燥的西北,新受到灌溉的土地就有三十万公顷,已经开始的工程,将另外灌溉二百万公顷。而且这一工程,还可以附带产生三百万千瓦的电力。

根据以上所述,诸位大致可以了解到:我们如何对付水灾的威胁,我们如何开辟水利,我们的人民政府如何拥有群众的力量,如何运用群众的力量。

其次,谈谈饥荒问题。这是你们的报纸和某些政治慈善家最得意的题目。不错,我们中国有过饥荒。我们从来没有否认过。我们已经很明白地说过,我们的人民曾经遭受过饥荒。我们也已经明白地说过,饥荒是水灾造成的,而水灾是国民党破坏的后果。然而同时,我们也告诉了全世界,我们是有办法解决这些困难的。

中国有它自己的力量,而且由于运用得当,苦难已经减少到最低限度。农民因为土地改革和其他切合人民利益的政府的措施,对政府树立了坚强的信心,及时缴纳公粮,目前已完成了百分之九十有余。由于我们人民政府的远见和能力,我们实现了大规模的粮食调剂计划,使得全国每一个匮乏的区域都获得粮食。我们组织并使用了各种各样的运输方式——新建的铁道、内河船只、骡车、小车,以至我们勇敢的人民的背脊。我们的口号是"不准饿死一个人"。为了实现这个口号,这里有几个粮食运转的数字:

从东北运出一百万吨,必要时还可以更多一些。

从四川运出十一万吨。

从华中和华南运出七十四万吨。

这些救命粮运到灾区,用来建设公益事业,例如水利、开展开荒运动和举办贷款,借以鼓励家庭工业和家庭副业等。在极少数的情况下,才作紧急救济之用。同时还有剩余可以运到别处去。举例说,上海一向是依靠外国米的,现在它用本国出产的米就足以解决自己的需要了。

在政府方面这种史无前例的坚决行动,非但战胜了饥荒,而且对全国的经济,产生了最有利的影响:基本粮食价格稳定了,其他物价也随之降落和平稳下来。有许多人认为这是一种奇迹，没有任何别的政府，曾经能够做到这件事。但这并不是一个奇迹，这是一个得到人民拥护的政府经过充分准备、采取迅速行动的结果。

物价稳定的最后效果，就是人民币的信用普遍地确立了。对整个国家来说，这是一切可能的"救济"计划中实际上最好的一个。多年来，人民的心，第一次安定了。他们可以集中精力来搞工作，努力增加生产。同时从这件事，使大家对毛主席说的话，也产生了新的不可动摇的信心，他说我们的国家是有困难的，但是有办法的。

我愿意告诉诸位：我们是如何把这种思想，应用到其他救济工作方面去的，就如某些城市中的失业问题吧。首先我必须指出，这个问题只限于最近才解放的几个受买办阶级、帝国主义影响最深的城市。其次，我还得说明，这个问题是在受到美国支持的国民党空军严重轰炸的几个城市中发生的。我要特别提出这两个因素，是因为下面两个原因：

（一）就买办阶级、帝国主义的影响这个因素来说，失业是内在条件所产生的一个特殊问题。我们目前正在进行调整工商业，使它为中国人民而生产，而过去的工商业主要是为输出而生产，那是单纯的剥削。要把工业扭转过来，使它面向国内，不是一种容易的事，尤其是因为它是在完全相反的方向上建立和发展起来的。这需要时间，需要详细的计算和分析，需要把调整工商业对国家的意义，向工人和工业家进行教育。这就需要一个过渡时期，而在这个时期中，一些脱节现象是免不了的，失业问题也就是这样发生的。不过这个问题也和其他一切问题同样，可以用动员群众的办法来解决。

（二）就轰炸这个因素来说，失业完全是外来的原因造成的结果——电力厂、面粉厂和工厂的毁坏以及航运的中断，使原料不能输入。这个问题也可以用同样的方法——动员群众来解决。

失业问题是由工会和政府协力来处理的。工会的工作，是动员所有在业的和失业的工人，带头发起募集捐款和物品的运动，同时政府和其他机构，也拨款交给他们处理。

这里必须指出，在"团结起来：有职业有办法的人，帮助没有职业没有办法的人"的号召下,援助从全国各地区各阶层源源而来。东北没有失业问题,所以东北的工人特别慷慨地献出了大批款物。

这些款项主要地用来安置失业工人,使他们从事生产事业。公共工程计划订立了,重要的建筑工程也开始了,技术训练计划也举办了。工人们不论做工和学习,都能领到工资。

同时,政府又采取了一些别的积极的和有力的步骤:用各种方法,在公营和私营的工厂里,恢复生产;缺乏资金的时候,人民银行就进行贷款,使机器运转起来;政府采购机关大批订货,使工厂继续生产;同时以满足农村人民需要,来刺激城乡物资交流。此外政府以供给采购国外原料资金和铁路运输,以及鼓励广泛种植工业用的农产品(例如棉花)等方式,取得必需的原料,分配给原料不足的工厂。由于工会教育的结果,在业工人发起了原料节约运动,并且不断地改进技术,以提高生产水平。总的结果是:在执行政府劳资两利和公私兼顾的政策后,工商业状况就不断地改善了。

在另一个部门里,也是运用群众的力量,得到了显著的成功。那就是医务工作。虽然严格地讲:医务工作并不属于紧急救济范围,可是它的某些方面,是具有紧急性质的。所以,我应该就这些方面向你们报告。

正如你们所知道的:如何使中国人民得到现代的医疗方法,一直是我们的一个主要问题。传染病曾经不停地在中国流行着,可是现在已经到了可以看到这种灾难绝迹的时候了。原因是人民政府已经采取措施,要征服自然,并且动员了广大的人民群众,来参加这一伟大的战斗。拥有几百医务人员的许多工作队,已经组织起来抵抗目前最凶恶的敌人,如鼠疫、霍乱等。在东北,这种工作队,曾有两次在瘟疫发生的初期,就把它消灭了。顺便可以提及,这两次的瘟疫,是日本准备细菌战争的余毒所造成的。在其他地区,医疗工作者从各种的传染病中,挽救了几十万头牲畜免于死亡。今年夏天,上海近四百万住民注射防疫针以后,只发现了十个患真性霍乱的病人。这真是一个新纪录。

医疗工作中的这些奇迹,是如何完成的呢? 这只有一种办法:那就是教育广大人民,和技术人员一道参加对疾病的作战。工人、农民和兵士,都成了这一巨大医疗队伍的一部分。在全国主要城市和各级行政区的中心城市里,举办了展览会、演讲会、实验表演和训练，以提高人民的医药和卫生知识的水平。这种广大的计划，过去设计和讨论了多少年，但是在去年一年之内，这种计划已在全国，甚至在新解放区内，大力推行起来了。

这不只是一种暂时的办法。因为在这方面，中国要在若干年以后，才能有足够受过训练的工作人员。因此在医务方面，必须继续以预防为重点。要达到此目的，必须在群众中，建立基础，深入和加强对群众的教育和训练。

目前政府正从事一件最伟大的工作：我们希望能在三年到五年之中，在各级政府机构里，设立一个拥有合格医务人员的医务组织。要实现这计划，就需要各行政区、县和村的医疗工作单位，彼此互相联系合作。为实现这个计划，中国需要在未来五年里，训练两万医生、三万以上的医疗工作者和成千的技师与牙医。此外，作为中国工业化的一部分，我们要努力建立工厂和试验室，尽可能地生产我们自己所需要的药品和器械。只有在群众全力参加之下，这一计划才能完成。

上面的四个例子，告诉了诸位：新中国的人民群众，是如何战胜灾难的。这种办法，不论是执行救济工作，或是完成福利计划，在它的性质、方向和基础上，都是群众性的。

督促和领导这种工作，领导所有救济和福利组织的机构，在今年（一九五〇年）四月刚刚成立。这就是中国人民救济总会。它是根据全国人民的要求，并在人民政府指导之下，成立起来的。

中国人民救济总会的宗旨如下：

一、统一全国救济和福利工作；

二、决定工作范围；

三、按照计划支配人员、款项和物资；

四、使宣传与行动一致。

中国人民救济总会的原则，是从人民的经验中得来的，它包括下列各点：

一、中国人民克服一切困难，取得了军事上的胜利，解放了自己。他们将要用同样的力量，从各种各样的痛苦灾难中解放自己。

二、帮助人民自助，使他们能够确保土地、增加生产、提高生活水平。

三、与一切从事真正救济及福利工作之个人及团体合作,只要这些个人和团体能够遵守中国人民救济总会的原则,并且愿意服从人民政府的领导。

四、欢迎而不拒绝善意的国际援助,并准备在任何可能的地点和时间,帮助国际友人。因为随着人民的胜利,现在我们的基本地位业已改变。

本着这些目的和原则,中国人民救济总会正与我们政府和一切其他人民团体,共同努力来对付那些因胜利而来的考验,并使这个从半封建、半殖民地社会过渡到新的人民的社会。

我知道诸位一定要问:过去一年中,所有这些新的条件,对我主持的中国福利会有何影响?事实是:我们的机构已经重新改组了,由会名改起,一直整顿到我们工作的每个角落。由于大规模救济问题已由政府恰当地处理着,中国人民救济代表会议对我们的事业赋予了新的任务。我们现在已经进入了我们历史上的新阶段,要在福利事业的各项技术的计划和发展上,担任起一个领导地位。

从这一点出发,中国福利会将集中力量来做工、农、兵的妇女儿童的福利工作。我们工作的重点是在医药卫生和文化教育方面起示范性和实验性的作用。我们工作的结果,将由中国人民救济总会和其他人民团体向全国发表和广播。

我们把工作重点放在妇女和儿童方面,是符合于她们在中华人民共和国享有的新的和提高了的地位的。我们的根本大法——中国人民政治协商会议共同纲领第六条规定:妇女在生活各方面,处于和男子完全平等的地位。第四十八条规定要保护儿童。此外,妇女又受到新婚姻法的保护,这法律永久地消灭了丈夫对她们的封建特权。

中国福利会的宗旨,是尽可能彻底地迅速地解放妇女和儿童。因此我们在纺织工厂地区建立妇婴保健工作网,那里百分之八十以上的工人都是妇女。所以我们设立了一个模范托儿所和婴儿托儿所,收容了二百五十多个孩子。我们热情地努力使我们的工作更为完善,使它成为全中国的模范,从而可以解放出千百万的妇女来参加到政府、工厂、田地和人民解放军中去工作。

中国福利会还同样地处理着有关提高我们儿童生活的问题。举教育方面为例:政府已有了伟大成就:两千万孩子进了小学,另外一百五十万在中学中受着教育。此外,教育部还在计划在不久的将来扫除文盲。这是一个庞大的计划,但是它还不足应付全国教育方面的需要。每一个人和每一个团体,只要是有余力的,都应该出一份力。由于中国福利会对民众教育和文化活动有着丰富的经验,并且知道怎样把这些活动与中国经济建设的需要结合起来,很自然地,我们要在工人区中心建立一个儿童文化站,举办民众识字班、课外文娱活动和其他工作。我们并且要通过这个事业为儿童文化工作开辟一条道路,在各地发展起来,一直到中国有了上千个儿童文化宫为止。

在戏剧和人民艺术方面也是如此。自从解放以来,中国已经成为一个普遍歌唱、舞蹈和演出戏剧的国家。文化团体和剧团在各地纷纷涌现。例如,沈阳就有三百五十个业余剧团,拥有一万二千个团员,其中大多数是工厂工人。

中国从来没有出现过这样广泛的文化活动,而中国福利会就是这整个运动的一部分。我们的儿童剧院,在中国还是第一个,它是为儿童而设的,由儿童自己管理着。在我们的剧院里,有一百个有天才的儿童。他们有自己的演员、编剧、布景设计和舞台管理,他们有自己的舞蹈班和管弦乐队。正如在我们一切工作中一样,这是一个首创的事业,除非在我们国内各地成立了成百的儿童剧院,否则我们是不会满足的。

随着时间进展,中国福利会并将从事科学研究。例如:我们已经开始有计划地搜集儿童发育的统计数字,把儿童分组进行研究。这也是我们第一次运用最新的科学方法,大规模地进行这类工作。还有其他类似的计划正在考虑中。

总括说来,中国福利会所有一切工作,都有一个共同目的——把我们经验所得结果,尽可能广泛地传播出去,为人民服务。

通过这篇关于我们如何处理救济问题和中国福利会远景的报告,诸位可以对于新中国获得一个初步的概念:第一,我们一切事情都配合人民的需要;第二,我们敢于正视困难,并且能够努力克服困难;第三,我们愿意接受各方面诚恳的、兄弟般的帮助,但是同时,我们能够充分利用我们自己的富源和智慧。

新中国还有另外一种特点:我们是一个拥护和平和建设的民族,没有人比中国人民更能体会和平的真义。我们已经经历了一百年以上的战争，我们珍贵和平，我们要争取和平，我们将不惜任何代价来保卫和平。

我们看到贵国某些集团运用"高压手段"来危害和平，感到非常不安。当我们看到你们最优秀的儿女，为了主张使和平成为一种生活条件而被投入监狱的时候，我们非常愤怒。我们严斥那些在紧急关头，背叛了人民的各阶层的虚伪爱国分子。但是，我们对于美国人民大众，有着坚定和深厚的信念。我们知道他们有力量反抗和战胜那些企图以战争攫取利润的人们的威迫和恫吓。当中国人民处在最黑暗的日子里时，你们曾对我们表现了这种力量，对于当时为新中国的诞生而战斗的人们，你们曾是一种经常鼓舞的泉源。现在我们想同样鼓舞你们。请接受中国人民——一个已经掌握自己命运的人民——的鼓舞。在我们看来，这是一条生活的规律，即世界上一般普通男女们的奋斗是一致的，无法分得开的。我们的困难，大家分担着；我们的胜利，也是如此。解放了的中国人民，伸出了友谊的手，越过海洋，紧握着诸位的手。有了统一的阵线，我们才能保卫和平。这是中国人民要告诉美国人民的信息。

为荣获斯大林和平奖金而发表的谈话

（一九五一年四月十一日）

我被列名为斯大林和平奖金获奖人之一，感觉无限的荣幸。能够和保卫和平的斗争、和斯大林的名字连在一起，是一个特殊的光荣。因为和平是全世界人民所最需要的，而斯大林的名字是最能代表和平的。

我是以中国人民的一个代表来接受这个最高的荣誉的。中国人民经过了坚持不懈的革命斗争，已经把我们全国的力量放在保卫和平的一边。中国人民的胜利，配合着苏联人民在社会主义方面的胜利，以及其他一切进步分子的勇敢前进与坚定立场，已经使世界的形势永远变为有利于和平与人民的统治。

这个全世界人民的统一战线，今天正以最有力的步调展开保卫和平的斗争。美国的财阀战争贩子及其仆从们，玷污"和平"这两个字，借口为和平而进行侵略，他们接连遭到严重的失败。结果他们发疯了。他们残酷地毁坏一切和平的建设，把勇敢的朝鲜人民的建设成就变成灰烬。他们在朝鲜、马来亚以及世界其他地方，兽性地使母子骨肉分离，或者把他们都杀害了。他们要奴役全人类，以供他们的掠夺剥削，做他们的奴隶和炮灰，正如他们目前在美国国内、西欧和日本所干的一样。然而他们决不能达到这种罪恶的目的，因为世界人民保卫和平的统一战线，自有其特殊的力量。我们亿万人民坚决团结起来反对那极少数的人；正如世界和平理事会所表明的，世界上没有一个地区没有代表参加这个"加强国际和平"的斗争。

因此，让我们趁着斯大林和平奖金颁发的机会，再一次重申我们为保卫世界和平而斗争的决心。让我们集合起新的力量，更加鼓舞起来战胜人类的敌

人,创造人类应该获得的和平地工作与愉快地生活的无比光明的前途。让我们联合起来,齐声高呼:

世界人民争取和平的领导者斯大林万岁!

世界一切的和平力量万岁!

世界和平万岁!

新中国向前迈进

——东北旅行印象记

（一九五一年五月一日于北京，载《人民日报》及《人民中国》）

最近我同林伯渠同志和另一些同志到新中国的东北作了一次视察。我们旅行了整个东北，深入地接触到人民生活中所起的各种变化。我们所经历的，是这样地感动了我，使得我要将我的印象向全国和全世界报道，报道正在铸造中的新中国的前途，而我们的东北正走在这个铸造过程的前头。

这里并不打算给东北做一个全面的、详尽的分析。这里毋宁是简单地概括了我们在东北境内行经四千二百六十公里的时候，给我印象最深刻的一些景象和题材。我们访问了五十四个不同的地区和工程，其中包括东北的七个主要城市和四个完成了土地改革的村子。我们视察了十一个工厂，一个矿场，不计其数的文化福利机构。在每一个地方，我们都听取了口头报告，或者拿到了书面报告。此外，我们还进行个别访问，跟一般的农民、工人以及工厂和政府的行政负责人等进行谈话。

这样，我们就能够对东北的巨大跃进作一个深刻、实在而又全面的研究了。

我们在土地改革后的农民生活中，看到经济生活的巨大改善，文化活动的提高和卫生条件的改进。我们看到这一些进展如何有利地影响了城市工人阶级的生活，他们在从事恢复和重建工业时，具有何等的热情。我们也目击了我们的政府和中国共产党在多么彻底地工作着，他们怎样改正错误以寻求真理，他们怎样充分地认识工农阶级的力量，他们又怎样动员这一个力量，走向更大的成就。

农村和土地改革

当解放战争在东北进行到最剧烈的阶段的时候,土地改革就已经开始了。事实上,从一九四六年的七月到十二月,正是在国民党势力登峰造极,而人民的军队正在作战略撤退的时候,一万二千个干部被派到乡村中去,担任这项工作。他们的任务是发动反对封建和土匪分子的斗争,建立起根据地来为了使革命能在整个地区里巩固起来。

这不是一件容易的事,因为反动势力很顽强。可是农民群众却逐渐地领会了土地改革运动的重要,到一九四七年底,敌人便在农村生活的社会经济方面遭受了失败,正如他们在战场上,同样地开始一败涂地了。到一九四八年底,东北境内国民党匪军残余已完全肃清,十个省份全部解放。这样,就为巩固土地改革和随之而来的新的生活铺平了道路。

东北农民对于这个新的生活表现了他们的热烈情绪,他们在一九四九年农产量的总额达到了一千四百五十万吨粮食(副产品两百万吨尚不在内)。一九五〇年生产了约一千八百万吨。一九五〇年的产量达到了一九四三年——日本帝国主义统治下产量最高的一年的百分之九十三。可是每公顷的平均产量已大大超过了一九四三年的,而且在某些地区,例如黑龙江的白城县,产量达到了一九四三年的数字。

照我的观察,农业产量这种空前激涨是由于下列原因:

甲、现在农民已是土地的主人。

乙、耕种方法改良了。

丙、农业劳动力组织得好。

丁、模范工作者,共产党员和青年团员做了榜样。

戊、政府在人民遇到灾难时予以照顾。

己、公粮和开支以外的余款和余粮鼓舞了农民扩大生产。

我愿意将这些原因每一个都略加分析。

农民是土地的主人

当你走进一个土地改革早已完成了的农村时,你立刻就能够从人民的脸上那种带有自信的表情和他们的昂首挺立的姿态上看出这一点来。处处看得出他们对生活的新的态度。整个的气氛是充满了意义的。村子里忙碌得很,农民和他们的家属不是在工作,便是在学习。房屋和街道都清洁整齐。这一切都导源于一个事实,那就是,农民可以手指着田地,怡然自得地对你说:"这是我的。"看起来似乎这样一个简单方式,却竟然表达出这样一个重要消息。

用图表可以更明显地表达这同样的情况。我们访问过的村中有一个叫永贵村。它属于松江省呼兰县,从下列数字中可以了解它近几年的历史:

呼兰县永贵村土改前后财产分配表

阶级①	每人平均土地（垧）		每人平均房屋		每人平均马匹		每人平均车辆	
	土改前	土改后	土改前	土改后	土改前	土改后	土改前	土改后
雇农	—	〇·六六	—	〇·三三	—	〇·一六	—	〇·〇四
贫农	—	〇·六六	〇·一二	〇·三一	〇·〇八	〇·一三	〇·〇一	〇·〇二
中农	〇·五五	〇·六七	〇·二四	〇·三八	〇·三五	〇·一八	〇·〇五	〇·〇五
富农	二·四一	〇·六六	〇·七〇	〇·二二	〇·四二	〇·一一	〇·〇六	—
地主	三·三〇	〇·六六	一·六二	〇·一五	〇·七〇	〇·〇六	〇·〇六	—

从这表上你能看出,永贵村里的土地确已属于耕者所有。结果是一九四九年的生产与土地改革前比较,平均每垧②增加一担。在东北,我们所经过的每个地方都找得到同样情形和同样结果。

---

① 土改时及土改后新户迁入永贵村,户口自六七六名增至七七二名。
② 当地习惯每垧平均等于十亩,一亩约等于六分之一英亩。

改进了的耕种方法

随着土地改革基本步骤的完成,第二步便是改进生产方法。这就是说,除了垦殖荒地和灌溉农田之外,长年耕种、季节耕种和日常工作要设法提高到科学化的水准。这在东北业已成为一个普遍展开的运动。深耕细作、大量施肥、随种随耙、"平作"和其他许多新法现在都已成为标准的耕种步骤。东北农民们并且喜欢使用现代化的农具、选择种子和用科学方法保护牲畜。在我们所访问的一个农村有一些例子就可以说明为什么出现这种把科学应用到农业上的群众运动。

保安屯是吉林省蛟河县的一个村子。在东北解放以前,它一向以贫穷著称。现在它,不仅因它的富庶,而且因它的先进的耕种技术而闻名全东北了。下面是关于保安屯的一些统计数字:

一九四七年有三十头牲口。

一九五〇年有四十二头牲口。

一九四七年用十副农具。

一九五〇年用二十七副农具(包含洋犁和东北农业部奖给的一部联合铲趟机)。

一九四七年种地三十八点八垧。

一九五〇年种地五十三点零六垧。

一九四七年施肥的土地占百分之六十六。

一九五〇年施肥的土地占百分之九十点五。

一九四七年生产总额是二百四十担。

一九五〇年生产总额是七百担。

从以上所列举的,我们看到新式耕种方法和新式农具已经给东北农民证明它们是能大大增加产量的。我们还可以从保安屯农民所举的一个具体的例子来看一看。

农民老张和他的邻居叶金比了比他们的小米收成。他很懊恼他只收获了一担半,而叶金却收了四担,并且多出了百分之五十的茎子来喂牲口。在交换工作经验时,发现叶金耕地是用的洋犁,而老张用的还是他的旧式耙子。当叶金下地时,浑身淹没在长得又高又密的庄稼里面,老张更是难堪了。他一气把耙子烧毁,发誓永不再用这些旧式的工具。

保安屯的农民还得到了另一个宝贵经验:新的耕种方法可以节省人力多用畜力。例如,从春耕一直到夏种这段时期里,每垧地如果使用旧式农具,就要二十四个半人工和十头牲口。而使用新式农具,只需要十个人工和同样数目的牲口就行了。这样,新农具能节省一四·五〇个劳动力。因为在所有的工作中都采用了新式农具,去年春夏两季,保安屯农民省下三百七十二个劳动力,使许多农民因此能从事其他工作。结果,他们在两季中增加了人民币五百五十八万元的收益。

这并不是说东北已经解决了一切新耕种方法的问题。还差得很远。它依然还需要许多的技术知识和经验。重要的事实在于农民已经认识到,有了科学的协助,才能大踏步地进展。这也是东北农业部经常通过各种活动来指点他们的。例如,在最近一次麦收时,由于部派技术人员的协助,有一个村子一天之内打了四千捆小麦。在这以前,农民所能达到的最高收割纪录是每天三百捆,而且还是费了最大的力量。这样具体的实证在农民思想上已经产生了显著的效果,他们都愿意把这种实验的结果应用在他们的计划和日常工作之中。

这种进步的思想还有另一个重要的影响,我说的是它对人民生活所起的影响。

永贵村村长金成林告诉我们说:"在土地改革前,这里只有十一户中农,还有七十二户贫雇农。现在我们村里百分之九十左右都是中农阶级。有些农民,虽然还买不起牲口,却已丰衣足食了。他们的生活状况和别人比起来相差很少。他们还被称为贫农,因为他们没有马而已。"

从永贵村的图表中所列数字去看,证明金成林的话是正确的。此外我们还看到,该村自从土地改革完成和采用了新技术之后,它的财富增加了百分之四十,而农民的副业生产的收入也增加了大约百分之四十五。

如果你把保安屯和永贵村那样的进展再乘上数千个东北的农村,那你就会很正确地认识到,解放对于我国的农民是具有何等的意义,新的方法和新式农具给他们带来了何等繁荣。

农业劳动力的良好组织

东北农业劳动力的组织是按照高岗副主席在一九五〇年三月的讲话,兼用了科学与民主的原则的。当时他在演讲中说,忽视这种个体经济的积极性,或者挫折这种积极性,是不能允许的,但在同时,必须用很大的注意力去发展和组织变工合作,才可以发展农村经济。

这话的意义是强调变工互助组的组成要以自愿参加和互助为基础。它们是按照每一个个别区域的实际情况而组成和活动的。但同时也照顾到各区农业计划的和副业生产的需要,农民群众的要求和从事组织的干部的能力。因为这种组织工作是相当复杂的,最大的注意要放在这些互助组的实际工作上,而不是在它们的表面形式上。此外,倡导这些互助组是要使它们长期工作下去,并且要和农村经济中,像广泛利用新式农具和供销合作社这样主要的工作联系起来。这些小组的中心目标是增加生产,并证明给农民看:组织起来比单干强。

在我们访问过的每一个农村中都有这种互助组织。我们看到他们在农场工作中已经运用了科学的分工和合理的劳力分配。干部们都极精细地计算各种农具使用的效力,牲畜和农民们自己的工作效力。一切都按工作单位以及完成每项工作所需时间来计算。

分配工作用的是最民主的方式,采用了小组制度,每小组担任一项工作,每小组有一个小组长。在互助小组里,每人工作所得报酬每天用民主评议的方法按劳力单位计算。他们的原则是"工作越多,报酬越大"。这一整套的办法似乎使人人都能满意,它提高了农民的情绪,给他们以处理各种困难工作的信心。

互助组使劳力的使用更有效率,使土地能得到深耕细作。我们可以从下面这张关于保安屯近年来生产情况的图表中看出一个这样的例子。

一九四七年以来生产额比较表(担)

年　份	生产总额	每垧平均产额	备　考
一九四七	二四〇	六·五	
一九四八	三八〇	八·〇	
一九四九	四九〇	八·四	因本年天旱,增产量不大。
一九五〇	七〇〇	一一·五	

我们还看到,目前在东北一方面普遍流行着这些小型的互助组,另一方面也有一些积极分子要求更向将来跃进一步。这些领导分子已经组织了较大的互助合作组和生产大队。这里值得简单地举其中一个人的故事来说明一些东北农民所获得的进步。

一九四七年的春季,保安屯土地改革初步完成了,从这次斗争中,出现了一个好干部名叫韩恩。他和他的几位同志在紧接着的生产竞赛中带头去干。因此,向这样一个人建议组织互助组,就像在最肥沃的土地里播下一颗经过特别选择的种子一样。共产党区委提出了这个建议。跟着韩恩立即召集了保安屯的一个群众大会,向农民们解释,如何组织起来,他们就能致富。

尽管有韩恩的热忱和口才,这种主张最初还是不能好好推动。有一个农民说他有两条牛,不用互助,单干就能够对付一切了。另一些农民对于土地是否真正属于他们还有顾虑,如果一旦地主重新得势,他们加入过互助组织的岂不要受累无穷。另一些听到互助这个主张就耸耸肩膀,说"老天饿不死瞎眼雀",换句话说,是"如果我需要,随时可以得到帮助"。

韩恩不管他们反对,还是挨户访问,渐渐就说服了一些农民来试试这个主意。后来他组成了三个小组,并且动起来了。自然啰,他们生产的结果很快就使得人人瞠目结舌。后来几乎全体农民都加入了互助合作运动。

在韩恩开始努力要搞好合作组织的时候,每一个小的合作单位的形式是固定的。小组之间不交换劳力,不管各组组员能力够不够,人员缺少还是过多,所有工作都在本组内完成。这比单干当然效率较高,但是还没有达到最高效率。比如,每件工作并不是都需要组内所有的劳动力。有些情形是也许只需要五个劳动力,但因为小组里有七个劳动力,那末这七个劳动力都去做这件工作,这是显然浪费。有时候,这样做还会产生不团结的影响,因为在一个村子里的农民中,从事同样工作,却因为小组人数多寡,所花时间长短,个人完成的工作数量都有不同,因而劳动的成绩也不同。这就引起了大家的不满。

韩恩钻研了这整个问题,想出一个分配劳动力的新方法。他建议劳动力分配要按照工作的实际需要。为了这样做,就必须打破小组的硬性的形式,使组与组之间能够换工。保安屯农民试行了这个新方式,成绩十分满意。根据他们的经验,他们决定继续采用他们所谓"互助换工制"。实际上这是小型的集体劳动,这样可以更科学地计划与领导一个村子的工作。结果呢?你总还记得我已经说过,保安屯领到了东北农业部奖给的一架联合铲趟机,"穷棒子屯"富裕起来了。

这样,东北农民懂得了合作方法与良好的劳动组织的重要性和科学性。他们看到,这种方法与组织使得最新式的耕种方法如何发挥了最高的效率,个别的农民作为互助组员之后,如何充分发挥了他的创造力,以及在改善农民的生活上发生了何等重大的作用。

劳动模范和党团员

在分析东北农村的成就的时候，要对劳动模范和党团员的重要性有足够的估计不是一件容易的事情。他们在农村生活的每一个领域内都发生了极深刻的影响。前面提到的一切因素——土地改革，使用新式农具，合作互助，生产和生活水平的提高——这一切所以能够做到都是因为有了这样的农民能够动员群众起来行动，并做了其他农民学习和效法的榜样。这些人在共产党和我们的人民政府的领导下，已培养成为具有自我牺牲精神的干部，他们无论男女都把革命事业看得高于一切，他们从现在的成绩上看到了未来的事业，他们要为工业化的中国建设一个农业基地，使中国人民能享受社会主义的欢乐。

我从东北的干部身上看到一些卓越的特点。也许在这样的先进人物中间找一位，例如大家已知道了一些的韩恩同志，用他的话来表达是再好不过的。用他的话来说，"一个好干部，第一，不该让农民看到害怕。第二，得让农民相信他的话。第三，他必须真正为农民工作。为了要把生产工作领导好，他必须亲自参加互助组，证明他比任何人都劳动得更好。"

韩恩是可以让我们学习的人，他发表的关于干部应该是什么样的人的谈话，值得我们再三思索。我说这话不仅因为他很成功地建立了互助组，被选为全国工农兵劳动模范代表会议的代表。我是根据他屯里的农民对他的看法而说这话的。

有人说，"韩恩是这种人，他不让你走一座靠不住的桥。"另一个人说，"人人都愿意在他的领导下来致富。"还有一个人对我们说，"韩恩懂得用民主方式开会。他事事都和群众商量，从来不先给群众发表长篇大论。他好最后发言，总结全屯农民们的意见，把正确的指出来，解释错误的意见是怎么错了。最后他作出了行动的计划。由于韩恩的见解包含了屯里一切最好的意见，它常常就成了我们会议的决议。"

人民所说的这些话真是干部工作的最宝贵的评价。这方面，我们可以肯定人民是赞赏韩恩的工作的。一般说来,他这种人正是代表了我们在东北所遇见的劳动模范、共产党员和青年团员。他们都是觉悟程度很高的人,能够很快接受新鲜事物和新的工作方法,能够缜密思考,把它们包含在计划中,对于工作同志能够仔细地,耐心地说明一切,无论在学习上、工作上都能带头。难怪有一个农民说,"我们预先就可以看到我们的计划永远不会失败。"

人民感激这样的领导。我还记得永贵村里一位老农的谈话。他名叫冯万山。他首先叙述了大半生的艰难困苦以及解放对于他和他家庭的好处。最后他的结语是:"我活了这么大年纪,从没有见过这样的好日子。我决定要拿出我每一分力量来搞好下一个收成,尽可能收更多的谷子。这就是我给新中国经济建设出的一分力。这样我就报答了毛主席和中华人民共和国。"

这一番话可以说是对东北的领导,对劳动模范、共产党、青年团以及为人民劳碌的政府干部的颂词。

政府在人民遇到灾难时予以照顾

东北农民全心全意投入生产工作中还有另一个原因,就是他们知道在遇到灾难时,政府是会来照顾他们的。过去,在这样的时候,政府确曾证明它和人民是一致的。

我们这一批人在东北发现了几个这样的实例。其中一例是长春郊外胡家店子的复兴史。

这个村子在伪满和国民党统治时期几乎从地图上被抹去了。五百多幢房子都被毁掉。正当解放的时候,剩余的财产只是七条瘦牛、一些别的牲口和一辆破车。农民们没有衣服穿,而且快要饿死。

刚一解放,人民政府赶紧送了三万斤救济粮给村中农民,并借给他们六十五条牲口。后来村里又进行了土地改革。

胡家店子后来怎样了呢?虽然在一九四九年秋收时期,粮食依然缺乏,但每一个农民都能置一套新棉衣。到一九五〇年,所有的房子都盖起来了,这时候他们的牲畜计有:骡驴一四一头,牛二十条,猪六百只。此外,村里有了六十一辆大车。粮食供应不断增加,到一九五一年,村中人人添了一套新衣服。

还有另一个例子。由于我们的国家的发展还没有能够控制大自然,天灾有时还要打击我们的农民。松江省双城县第五区的民和村便是一个实例。

在我们去看这个村子的时候,村子的街景五光十色,黄澄澄的玉蜀黍和鲜红的辣椒挂在屋檐下,一捆捆柴火整整齐齐地堆起在路边。这样构成了一幅愉快的景色。但是前不久,民和村农民的心情还不是这样愉快的。一九四七年,这里遭受了旱灾。去年,正要恢复一点元气,又遭受了雹灾,严重地损害了他们的庄稼。生产额只有平均产量的百分之三十。因此,到了一九五〇年夏种时,村里缺乏粮食和牲口的草料。可是政府正密切留意着这种情况,就来照顾民和村的人民了。政府通过村里的供销合作社拨来了六万六千五百四十斤粮食来给农民支配。农民们自己组织了一个农村信用委员会,调查和分配这些粮食。由于这样的帮助,民和村渡过了一个最为可虑的难关,集中力量去搞生产,使地里的生产达到通常的数量。

我们看到东北当地政府对于军属烈属也照顾得很周到。他们有他们自己的房子,足够的粮食,新衣服和牲畜。因为村里的经济水平提高,这些军、烈属的地位也提高了。例如,永贵村有二十五家军属。其中二十一家在土地改革前是雇农。土地改革后,一家已到达富农阶级,其余二十家已成为中农。其余四家或维持原来的中农地位,或已提高到富农。只要有人家由于参军以致劳动力不够,或发生了其他困难,政府和共产党随时给予照顾,解决困难。

这样,东北的农民感觉到他们无论在平时,或在困难的时候,都能得到各方面的支持。对于提高生产水平是有直接的、鼓励的影响的。

公粮与开支以外的剩余

在东北农村中,最愉快的事情是看不到饥饿、受冻或愁眉苦脸的人。相反地,通常所见的总是容光焕发的农民和他们的全家,穿的是三新棉袄——新的面子,新的衬棉和新的里子。同时常常会听到农民告诉你,有生以来这是第一次,他们手上有了剩余的谷子和其他的日用必需品,而且银行里还有存款。这说明生活标准的提高已活生生地呈现在我们眼前,农民们缴了公粮,购置了生活必需品,准备了牲口的草料之外,还有他们自己的一份财富。这证明农民们在为新中国工作时,同时也就为他们自己工作了。

一九五〇年秋季丰收后,由于合作社和国营贸易机构的公平买卖政策,留在农民手里的谷子估计达四百万吨。这比一九四九年余粮大一倍。此外,据报告,一九五〇年东北储蓄存款的数目和一九四九年相比增加了七·五倍,其中包括农民的储蓄。这一切说明农民和他们的家庭购买力是在迅速增加。根据东北供销合作总社初步估计,一九五一年的景况要比一九五〇年再增加百分之六十。

农民怎样利用他们的上升的购买力来购买布匹,说起来是饶有趣味的。一九四九年他们买了四百万匹。到一九五〇年,他们买了九百〇二万匹,布匹出售额跃升了百分之一百二十五。不仅如此,农民的购买习惯也改变了。

现在在东北,他们所要求的不仅是布匹了。以前,蓝布黑布无所谓,是布就行。可是现在,农民自己感到是富裕了。他们也要讲究穿,所以他们讲究起印花图案和颜色来了。

有一个农民说,"颜色是和生命一样重要,我们刚懂得生命是什么。"

很明显,购买力的增加大大刺激了农业生产。也很明显,这种情况也大大刺激了工业生产。农民们的要求已超越了他们个人的需要。例如,东北政府的经济机构曾订购几万套农具,以供应农民的需要。对一切物品的需要都在提高,这就得把注意力集中到供销合作社上面去。因此明了供销合作社在农业经济中的任务是有必要的。

供销合作社的任务

民和村合作社经理刘英兰说:"合作社必须依靠群众的需要和意愿,因为它们是和生产联系的。"

这是从经验里得出来的教训。可是刘英兰和其他的合作社经理都是煞费苦心才懂得了这个道理的，因为在解放前，他们一点没有接触过这种机构。许多合作社在开始时，只是为了很快的将货物脱手，只作短期打算，目的也只为了牟利。它们卖的货物是迷信物品、化妆品和其他奢侈品。有些合作社甚至没有股本。农民们只把他们从地主那里斗争得来的果实凑合起来作为经营资本。他们觉得这种钱财本来是意外得来的，因此不妨用它投资到合作社，作为一种"赌博"。这就表示他们对合作社并无正确认识，因此也就跟它不发生什么关系。他们把合作社看作不过是一种转眼即逝的玩意儿。有些农民认为做了合作社社员，买东西就不必付现款，这好比是一种家庭债务，不妨赊欠一个时候。

只有在共产党和区合作社进行了教育与帮助之后，这些误解才告消除。区合作社的领导人不得不从合作社课程的第一课开始，教授了合作社理事会的责任是什么，如何召开会议，在会议中讨论与表决什么，以及如何查账等等。

在这样的协助之后，合作社才开始购存农民的基本必需品。这就引起了农民的兴趣，他们开始大量参加。随后，经理们开始了解，合作社不仅是店铺，而且是解决生产和生活问题的中心。这样一来，农民们真是自动参加了，因此农村中不加入合作社的人现在几乎是绝无仅有的。

这究竟是怎样办的，我们可以举民和村合作社做例子。

这个合作社是完全改组过的。在他们懂得了正确的工作原则后，他们就推销股子，并允许贫农分期付款。于是选举负责的工作人员，建立定期的会议和审查与稽核的制度。工作人员在社内服务时，可贷给他们劳动力来耕种他们的田地，并按照每月的一定的预算供给他们衣服和伙食。这一切都是教给农民现代化的经营方法。同时，这又给他们上了民主管理的一课，因为实际上是整个村子都参加了合作社的讨论的。

在这些改革之后，民和村合作社就蒸蒸日上地发展起来。它终于能够承担购销农民的产品的责任。这就给农民省却了许多麻烦，而且办理结果异常圆满，巩固了农民对合作社的信心。合作社还赚了钱，在一九五○年决算时，股东们分到了百分之二十五的红利。

由于刘英兰的管理得法,民和村合作社开始完全和全村的生活与经济结合起来。例如,一九五〇年春天,春耕的种子不够了,刘英兰立即召开理事会,计算了一下所需的种子,他们就卖了一部分存货,买进种子,在短期贷款的基础上,给予优惠的条件分配给大家。这就使播种及时完成了。

合作社还用其他方法来帮助民和村的农民,比如预先调查他们的需要,事先购存合用的农具,或者在收割前贷给粮食以保障收成,因为农民常因缺粮缘故而被迫去吃掉未熟的庄稼。

由于人民的绝对支持,民和村合作社又向前迈进了一步。除去原来的各项业务外,它更作为一个金融机构开始参加到农村经济中去。它设立了一个存款及放款部门。一方面供应农民的需要,另一方面通过这个新设部门帮助农民贷出他们的余款及余粮,得些利息。这就鼓励了生产,而生产又刺激了贸易,这样就利用本村的力量去解决了村里的许多经济困难。

这是一种新的趋势,是一种群众性的信用组织。它在比较大的金融机构——如东北人民银行——的主持与保护下,使本来呆滞的资金活动起来。由于共产党员带头把他们的谷物和款项存到合作社,由于这个存放款部门解决了各种本来会妨碍生产的问题——包括有些个人问题在内——到目前为止这个组织已经获得了初步的成就。

因此,供销合作社在增设了银行业务后,更进一步紧密了它们与人民的联系。它们对农村经济的重建和新中国的建设的贡献也就增加了。

在东北农民的生活中,合作社已经成为一个巨大的力量。一九五〇年内,合作社社员增加了百分之一二七。零售贸易增加了百分之四九四,超过原定计划百分之二五·八。购货额较一九四九年增加了百分之三九四,超过原定计划百分之七·四。从这些数字中我们可以看出,供销合作社不但帮助农民,而且是城乡交流中的一个重大因素,对我们国家的建设是一个基本因素。

农村与政治进展

土地改革改变了基本的经济情况,因而给东北农村的农民改变整个政治环境和政治机构铺平道路。群众的自由,代替了旧日所受的压迫。群众的权力,代替了集中在地主及其狗腿子手中的暴力。这些变革比起生产上的进展,不仅并不逊色,而且与它有不可分解的连带关系。

在这方面最突出的一桩事例,也许就是参加农村政治生活的广泛性。除开过去的地主外,各阶层都积极地参加了政府的管理。大多数的农村都划分成若干段,每段有若干户。这些段在选举村人民代表会议时提出候选人。在选举之后,代表会议再推举一个人数较少的委员会。

村委员会是政府推动工作的基层。委员会中有明确的分工,每个委员负责一个部门。虽然每村情况不同,通常村委员会有下列部门:村长办事处,副村长办事处,民政处,人民法院或调解处,生产办事处,以及民兵、公安、文教、卫生、财粮等部门。通常村委员会并设秘书一人。

村人民代表会议一般每年举行三次,必要时举行的次数可增多。为了解决某个问题,也常有召集特别会议去动员农民的情形。比如在一九五〇年九月,许多的村人民代表会议便曾扩大举行全体大会,计划有效地收割小麦。从这些群众大会中选出了一个小麦收割委员会,担任收割、工作检查、登账、储藏、运送及其他工作。

每季及每年工作的具体计划,也召集人民代表会议来制定。这些会议并审查已定计划的进行情况,将结果直接报告给村民。另外还召集一些会议来交换生产及行政经验,来处理关于生产工作的给奖、批评和处罚的事宜。

在村政府中,大大地发展了最珍贵的批评与自我批评的武器。通过它发现了许多缺点及脱离政府政策的偏向。比如在有些村中,某些农民因为阶级成份划错,而被剥夺了公民权。在另外一些情况下,保护中农的政策曾被滥用,使地主逃过了人民的裁判。这两种错误,以及许多其他的错误,都遭到了严厉的攻击并通过批评及自我批评而得到了纠正。

村政府代表会议选出区代表,区代表再选举县政府。这样推选上去一直到省政府。每级政府的主要特点,都是遇事与群众商量。这种办法曾产生了最为圆满的结果,不但在国内问题及地方问题上如此,在有关国际问题时也是如此。比如农民对于争取世界和平的斗争,就有着清楚的认识,而且他们要求宣告他们也参与这一斗争。单拿两个村子的结果来做例子吧,永贵村百分之八十的农民在斯德哥尔摩和平宣言上签了名。在民和村的一千四百七十人中,有一千一百零一人签名拥护和平。

每个农村都有自己的武装,由农民自己组织,由他们通过村委员会来管理。男女都参加民兵。民兵的任务是保护收成和农田,防火,防地主的阴谋,防帝国主义特务和国民党残余的破坏。

东北农民政治开展的另一个表现,是他们志愿参加人民解放军的纪录。成千成万的农民已经入伍。全东北大概找不出一个村庄没有人参加解放军的。

既然生产与政治不能分开,共产党员与青年团员自然也不能与生产及政治分离。在这两个方面,任何时候都是这些进步分子出最大的力,作最大的牺牲,进行最严格的自我批评。他们在农村人口中所占的比例很小,但是他们的影响却是巨大的。

我已经说明过东北农民群众如何追随他们的领导,如何感激这种领导。现在我愿意叙述一个故事,来说明东北农民对这种领导的珍视。

在解放之前,惯常是用最大及最有势力的地主的名字来称呼各个村子的。现在这种习惯改变了。今天的农村是以人民英雄的名字来命名的。

在这一篇报告中我曾一直提起永贵村这个名字。过去是有一个叫满永贵的。他从十二岁起,就当长工。但是在他的早年,他就知道总有一天日子会比他所过的好。永贵是一个好寻根究底的人,他终于在共产党的领导之下找到了出路。在他的村子解放之前,他把农民组织起来。在解放之后,他当选为解放的农民协会的主席。他以主席的身份领导反对地主的斗争,并开垦熟荒,使得穷人都有饭吃。

永贵为了他的村子不懈地努力,鼓励农民提高生产,并且把这件事与他们在生活的各方面铲除封建势力的斗争结合起来。他变成了村里的领导者之一,后来又成为全区的领导人物。也就在那个时候他参加了共产党。

这个大公无私的人,在他当区长和本地农民协会主席的时候,生活都极俭朴,工作非常努力。在收获的时候,他生病了。但是永贵却不肯告假。他工作着,工作着,战胜了疲劳及磨折着他的病痛。他的病况愈来愈坏,最后他的精神再也无法撑持。他终于在把他的一切贡献给人民之后而死去了。

后来在一个群众大会上,农民刘金山和杨昆及另外几个人提出一项建议。纪录本上载上他们的话:"咱们这个村叫黄有村。过去地主有权力来欺压咱们。共产党来后,咱们过去的区长满永贵领导咱们消灭封建,他为咱们打下了发家致富的基础。是他领导咱们走上翻身的道路。他是和咱们一个阶级的人,咱们一定要设法纪念纪念他。因此咱提议把黄有村改叫永贵村,来纪念咱们亲爱的满永贵同志。"这个建议获得全体村民的一致赞同,因为他们都尊重满永贵本人,也尊重满永贵所代表的党。

＊　　　＊　　　＊

东北农民在政治上进步的另一表现,是农村中妇女地位的提高。在生活的各个方面,她们现在都积极参加。她们在生产中所尽的劳力,使她们获得与男人同样的荣誉和报酬。她们在村委员会里的代表数目,就我们在永贵村所见,高达全体委员数的百分之四十五。她们在经济、文化及卫生各方面都担任负责的职务。我们看到一般东北妇女都已变为一种新型的中国人,洗净了身上的一切封建残余,帮助她们的男人和老人作同样的努力。

福利与文化的进展

由此我们看到土地改革已经在经济上和政治上改变了东北农村的生活。当然,这种改变也反映在农村的福利及文化活动上的。

卫生方面已经有了很大的进步。许多农村每年都有三次预防伤寒、霍乱及鼠疫的注射运动,及一次预防天花的种痘运动。这一切注射不但都是免费的,而且在大多数的村中,单是这些卫生工作已经比过去人民所有的医疗照顾多了百分之一百。因为在日本帝国主义及国民党时代,村民们与现代医药是完全无缘的。

所有这些医疗工作都是由每区的诊疗站进行的。这些诊疗站免费诊疗,在特殊情况下则仅作形式上的收费。此外,许多地方有农民设立的医药合作社。这些合作社以低价供应医药,辅助推进农村一般医疗工作。松江省已经有一百个这样的合作社在营业。

农村中的接生婆问题也已经得到了很好的处理。她们在开业之前必须在区诊疗站受过现代接生方法的训练。这样,旧式的接生婆就重新得到训练,新的助产士则一开始就有正确方式的训练了。

大多数农村中的办法,是容许产妇在产后休养一个月的。在这段时间中,特别供给她们大米、白面、鸡蛋和糖。

对助产士的训练及接生婆的重新训练,对产妇的特别照顾,其结果使婴儿死亡率减低到令人极为兴奋的程度。比如在永贵村,一九五〇年计共出生婴儿四十四人,其中只有三个死亡。而回顾过去来比较一下,这样的死亡率是微乎其微的。现在永贵村及整个区的卫生主管方面正努力把婴儿死亡率减少到最低限度。为此他们准备对婴儿给予更多的照顾,并继续坚持所有接生婆必须遵守规定,没有割脐带用的剪刀以及酒精药棉等基本设备时,不得接生。

关于其他的医务工作者,东北卫生当局准许中医继续应诊,但却经常鼓励他们去取得更多的医药知识及训练。同时,在有更多的合格医务人员可以调度的时候,就把他们派去为农民服务。

我们看到农民们一般地都接受了有关卫生的指导,并且都把它应用到他们日常生活和烹调上去。因此整个卫生方面的标准,也显著地提高了。东北人民已经一个个变成满面发出健康的红光,全身充沛着精力的健壮男女。

在文教活动上,也有了同样的进展。过去,几乎全村农民都是文盲。写信是一件闻所未闻的事。假使有的话,便算是重大事件。写封信或者念封信都是大事一桩。而现在,东北几乎每个农村都有自己的一所小学,为农民的孩子以及农民本人服务。去年,这样的小学新建了二千六百七十三所。

胡家店子的农民,当他们在废墟上重建村庄的时候,同时也盖了一所他们前所未有的学堂。百分之七十的学龄儿童都入了学,而这个数字还在逐年增加。事实上在东北全境,几乎所有的学龄儿童现在都能得到应有的教育了。

正如所有其他的农村一样,胡家店子的成人也大大地利用着村里的学校。在冬学期间,七百个成人注册入学,其中有三百人是妇女。有几个过去连自己的名字都不会写的成年人,现在识字竟达一千个之多了。大多数农民也能简单地计算及书写。儿童的进步更为显著,有些已经进了高小或中学了。

永贵村的情形也是同样的。村里百分之百的儿童都已入学。同样重要的是,入学年龄已在农民群众的要求下提高到十七岁,这样可以使更多的人受到学校的好处。至于那些十七岁以上的人则上冬学。

从这些例子中我们可以看出,东北的农民在思想上已经获得解放,他们渴求知识与文化。这已经是一个启蒙及进步的时代。随着这个时代的前进,生活及思想方面古旧与阻碍进步的习惯就会受到尖锐的打击。最重要的一个例子,就是旧的迷信已经失去它对人民的控制了。在永贵村,我们看到祭拜各种神佛的习俗已经完全废除了。尤其是再也没有人花钱去买香烛及其他迷信品了,新年的时候也没有人浪费时间去拜偶像了。东北农民已经把这一切送到它们应该去的地方——送到了历史书和博物馆中去了。他们认识到只有一种力量,那就是人民的力量。这就是我们的东北农民们的进步。

城市与建设

在乡下农业生产不断增加的基础上,东北的城市正迅速地发展为新中国的基地。因为比较现代化的工业都集中在这些位于我国最大的富源所在地的城市里。从这个有着钢铁厂、发电厂、工作母机制造厂的重工业基地,可以看到东北的真正重要性。当你看到中国的新主人翁——站起来了的产业工人阶级——在工作着,克服着困难,使用着东北工厂的能量的时候,你就会懂得,任何东西也阻止不了中国人民实现他们工业化的美丽的理想。

东北工厂在最近的这段历史是改革和改造的历史。必须把它在日伪统治下的殖民地性质转变过来,使它首先支援解放战争,进而改善人民的生计,使城市协助农村经济的重建。

它必须从日寇和国民党所制造的破坏中重建起来,这种破坏是他们眼看奸计行将失败时干出来的。根据东北人民政府高崇民副主席的话,仅在国民党统治的那段时期,就破坏了百分之五十到七十的机器和设备,并向技术人员施以攻击和残杀,威胁他们相率离散。甚至没有一座较大的铁路桥梁是完整的。

由于土地改革后生产率的增加,而且在城市中依靠了工人阶级,东北的工业产量已逐渐恢复起来,走上了重建和发展的道路。东北工业不仅完成了对于人民解放军和农民的任务,并且为经济建设积累了资金,为大规模生产积聚了经验。从一九四九年起它不断地飞跃发展。仅在一九五〇年一年中,东北人民政府投资在工业建设的总额就占预算的百分之四十,超过了计划的百分之三·六。这项投资使工业设备由百分之十扩大到百分之六十,而且在某些个别工厂里竟扩大到百分之八百。在一九五〇年内新建或修理的厂屋和堆栈所占的面积共达八十七万平方公尺。同时工人住宅、医院、疗养院、托儿所、俱乐部和其他机构也增加了一百五十六万平方公尺的面积。

一九五〇年公营工厂的生产总值是一九四九年的百分之一一七·三,东北工人的人数增加了百分之三五·二。同时,城市人民的购买力也较一九四九年增加了百分之二〇·五,这就进一步地刺激了贸易和工业的发展。

人民的工厂

在这篇报道中,我只打算就东北的几个国营工厂来谈,说一说在调查过程中我个人所得的印象。

哈尔滨铁路修理厂有四十七年的历史,现在除总厂以外还有十九个分厂。

全厂工人经常的工作是修理和检查车辆。他们不仅完成了预定的任务,常常超额完成计划,并且从废铁堆中修改了许多火车头,有几辆还以坚固耐用出名。其中有一辆是用朱德副主席的名字来命名的。

此外,哈尔滨工厂还响应了国家的需要做了些额外工作。事实上这些额外工作竟超过了经常工作的三分之一。例如,当佳木斯河、松花江和拉林河更换新桥的时候,该厂担任制造桥梁钢架的任务。这项工作需要装置一座炼钢用的三吨电炉。工人、技师和工程师经过五天五夜的紧张工作,提早了几天完成任务。后来哈尔滨工厂又完成了一座八十吨的双臂架桥机,这种机器对于国内将来修建桥梁是大有帮助的。

*　　*　　*

说小丰满发电厂是中国人民的血汗造成的是一点也不假的。日本人在一九三七年四月开始建造,强迫了千万个工人去工作,并残酷地压迫他们。结果到一九四五年这项工作仅完成了百分之二十九。但为这一点工作所付的生命代价却很重大,有人估计因此而死亡的中国工人多达一万人。

正当解放之前,国民党派了一队兵去破坏这座发电厂。但由于工人的机智,这批土匪仅能破坏了一些不重要的部分,保存了主要的设备。

解放以后,工人们提出了"不让电力停止供应"的口号,为了实现这句口号,工人和干部一直不停地工作,修理机器,重修堤岸,并且保持了"没有重大事故"的纪录。现在小丰满是为着人民,为着新中国在生产电力。

*　　*　　*

在东北,历史最悠久而且最著名的工业也许要算鞍山钢铁公司了。据我们的了解,远在一千三百年前,朝鲜人已在鞍山炼铁了。那时的高句丽王国占领着今日的辽东半岛。

一九三三年,日本侵略者夺取了鞍山已经成长起来的工厂,扩大它的设备和生产,以服从帝国主义的目的。但是他们不用机器而用人力,因为剥削中国工人是更为便宜的。所以他们雇用的劳力多到了十七万人。

当国民党在一九四六年接收该厂的时候,它已经遭受了严重的破坏。可是他们居然恢复了一只炼炉来产钢,雇用了约一万个工人。但在一九四八年二月解放的时候,大多数工人已被遣散。

人民政府着手来恢复这座受了创伤的庞然巨物。干部召集工人回来,利用以前随人民解放军撤退的积极分子或有组织的留在敌后准备保护工厂的工人做基本力量。从这批人中间产生了高度的工作热忱,结果实现了许多惊人的成就,其中包括把钢的产量提高到原定计划的百分之一百三十六。

现在厂里有数千名工人,许多最复杂的工作都由中国技师和工程师担任,过去这些工作是被日本人看作禁脔的。

当我们在参观这座庞大的钢铁工厂的时候,那种有组织的社会生产给我无限的激动,使我口噤不能说话。我不由得憧憬着中国人民的前途,正如钢铁一样的锻炼。

我看到埋头苦干的炼钢工人在锤击那巨大的开口熔炉。从特制的眼镜中我看见炼钢的情况。起重机隆隆地在头顶上移动,尖锐的汽笛声掩盖了所有其他的声音,机车像雷鸣似地滚过。当炼钢炉的炉门一打开,发出一道灿烂光芒,使我回想起希腊神话中独眼魔王赛克罗皮斯的故事(赛克罗皮斯是希腊神话中掌雷电的巨人)。钢从巨大的桶里倾出,喷射出硕大无比的火花,照耀了满天。我心里不由得想道:"这是中国的生命力。"

鞍山的参观还给我另一些感想。许多次我听人说中国必须外来的技术人员,自己是做不了什么的。当然,在我们的工业尚未发达的情况之下,我们确需技术的帮助。但一经想到这个问题,解决的方法也就随之而来。这句话说得很安详而且有着坚定的信心的。鞍山熔铁厂厂长温良贤同志以前是老解放区的熔铁工人,他说:"只要我们充分地依靠工人并虚心学习,我相信我们是能够管理好现代化的工厂的。"

当我离开鞍山钢铁公司的时候,我心里毫不怀疑总有这么一天中国工人能够全部自己管理这座工厂,同样他们将能全部自己管理新中国所将建立的许多同样的工厂。

我对于我们所看过的吉林造纸厂,大连船坞以及其他一些工业还可以继续叙述他们的历史和情况,但以上的例子已足够表现东北的工业正在茁壮之中,工人们已经以主人翁的姿态来管理工业了。

苏联帮助的重要性

我叙述了东北工业的进步，直到现在还没有提到苏联技师和工人在这进展中所起的作用。我这样的做法是有用意的。首先，我们的苏联朋友曾慷慨地把他们的经验供给我们，这里所表现的国际主义就值得用一整章来大书特书。其次，他们在我们各种生产建设中所起作用是如此之大，所以必须加以详细叙述。

苏联的技师和工人给中国带来了解决各种实际问题的经验宝库。他们带来了应用最高科学的知识，他们带来的是为人民服务的丰富的工作经验。其中有许多人参加过十月社会主义革命之后初期的建设工作。他们都在苏联社会主义的建设和共产主义的准备工作中英勇地工作过的。因此，我们在中国所遭遇的情况和困难也正是他们以前所遭遇和克服过的。他们的任务和他们最大的快乐就是帮助中国人民利用这种经验来建设新中国。

在东北各地凡有苏联技师和工人工作的地方，我们总看到他们和中国工人紧密团结地推进着工作。我们的人民管他们叫"老大哥"。我记得参观哈尔滨铁路修理厂的时候，厂长张鸿树同志热烈地表示他愿意当一个小学生去向苏联同志学习。副厂长赫里杰维赤笑容满面地盛赞他这位伙伴的进步。这种相互的尊敬是中苏合作的普遍的现象。

向苏联工人学习的愿望大部分无疑是出之于他们对于工作的态度。在哈尔滨工厂里我们见着一位被选为劳动模范的苏联工人。他名叫包罗金，是个年已七十五岁的老人，是汽锤部的主任。他对我们所说的话正可表现这种态度。他说："每一个人都有他的朋友。我的朋友就是这个汽锤。工人的最要紧的事是爱护他的工具。因为如果工具一出毛病，我们也只好停止工作。这是对国家的一种损失。所以这么些年来，我总是热爱着我的汽锤如同最好的朋友一样。"

除了爱劳动和爱为人民致富的工具之外，还得配合着在管理和工作方面的重视精确性和科学。中国工人们说："我们的苏联同志对于极细微的事都是认真不苟的。没有事先精确计算好的事决不动手去做。"

在鞍山工厂里有一个例子。一九四九年九月定出了一个计划准备在一九五〇年八月把一只大熔炉完全修复。可是苏联技师仔细审查这个计划和熔炉的情况之后，建议立即动手修理，并且预计本年内就可修好使用。一般老工程师对这表示怀疑，但是苏联技师胸有成竹，他们有着在气候远为恶劣的西伯利亚做修理工作的经验。工人们得到这种信心的支持，就动起手来，竟在一九四九年底的前几天完成了工作。

苏联工人的无处不利用科学可从小丰满发电厂中所发生的一件事情上看出来。

重建这座电厂的一件重要工作是修筑堤岸，蓄水成湖，由此发生电力。这项工作原定要到一九五一年才能完成。但是派来该厂的苏联技师建议在一九五〇年七月十五日完成它。理由是照气象上的观察，一九五〇年秋季的雨量将有增加。如果不把堤岸加强准备，很可能遭遇严重损毁，以致前功尽弃。

这项建议被接受了。去年秋天松花江的水比往年涨得更高，但是堤岸已经修好，电厂的工作仍然照常进行。

这些国际友人给我们帮忙的例子不胜枚举。他们对于工人生活、住宅、医疗卫生和学习的热诚关注也是无法计算的。

当我写到这里的时候，使我回想起苏联友人的真挚，想到那些自我牺牲的人们如大连海港港长诺维果夫，他在上次大战中是列宁格勒港港长，他的独子在解放柏林时牺牲了。我们到过几位这样同志的简单清洁的住处去访问他们，并听了他们的生平事迹。在我认识了他们之后，就明白为什么他们会常常打破生产的纪录。当我看到炼钢的效率提高了百分之三十五，炼焦煤的时间从二十一小时减到十六小时半，全东北的煤矿在采用苏联方法之后生产量从百分之二十增加到百分之三十，我才真正了解到苏联技师偕同着中国同志们从事工作的努力。

新中国的工人

应用在工业方面的苏联科学也应用到东北的企业管理制度方面,因而建立了"按件计工"的合理工资制。由于工会和共产党的领导,这项新制度在工人中间激起了一种极重要的革新运动,因而产生了新型的中国工人,他们是工人阶级中的先锋,他们只从国家的进步着想。他们在城市的地位,等于乡村中的劳动模范。他们合力促使新中国向前迈进。

还是举一个工厂做例子吧,让我来引用一下哈尔滨工厂的数字。在这厂的光荣簿上有一个庞玺顺的名字。这位工人发明了一个铁模,不但把每日生产量从三百五十个单位增加到一千五百个单位,而且把质量从百分之五十的纯度提高到百分之九十。

在这光荣簿上再往下看去,你就看到段尚俭的名字。他发明了两种新法,一种是关于压延作业法,增加效率六倍之多;另一种是砸铁机,节省了十五个工人的劳力并给车间增加了百分之二百八十的生产量。

一九五〇年内整个哈尔滨工厂采用了工人的三百二十件合理化建议。由于这些革新,仅仅从一九五〇年一月至九月就节省了人民币三亿六千八百四十万元。利用废料,又节省了五十二亿六千万元。此外,利用废铁还建造了一千平方公尺的办公室、一所小医院、一所托儿所和二千平方公尺的新厂屋。一九五〇年的上半年全厂生产量增加了百分之三十;同时因采用了苏联的管理制度和更科学的分工,管理部门的职员也大大地减少。

这一切说明了为什么哈尔滨工厂有三百八十七位劳动模范、六十四位受表扬的劳动英雄、六百五十八位超等工人和三百九十八位先进工人,这都是工人们自己选举出来的。这一切说明了为什么有二十八位头等干部从车间主任或分厂厂长中挑选出来转移到别的更重要的任务去,并说明了现在的车间主任和分厂厂长是从工人阶级中提升起来的。

这就是追随学习苏联榜样的被解放的劳动力。这种气氛产生了如赵国有那样的工人和他的创造新纪录的运动,这种运动散布到工业的每个部门,创造了二万一千七百四十件新纪录,并有数以万计的工人个别地和集体地参加到运动中来。

对于私营工业的影响

土地改革、东北国营工业伟大的复兴和工人们的热情,使整个东北经济活跃起来。这也包括私营工业。在日本侵略者及国民党强盗时期,私营工业或者自行凋敝,或者在市场上被有意地排挤出去。人民政府却把形势整个扭转过来。私营工业受到鼓励向农村发展以谋复兴,从而帮助了乡村的经济建设。政府用下列几种方法来帮助工业家:

甲、解决货物的市场问题。政府机关向他们订购成品,或者将半制成品交由私营工厂去加工。

乙、解决劳资问题。政府鼓励劳资双方签定照顾到双方利益的合同,并且也鼓励劳资双方成立关于生产的协商委员会。截至现在,经验证明这个政策增加了生产,并且在东北私营工业的工人中间推动了减少浪费运动。

丙、政府对于取得原料、电力和资本,给予了有计划的协助。

丁、政府加强了东北工商联的工作。

实行这些政策的结果,使私营工业向前发展,特别是与国家经济直接有关的工厂,如机器制造业或钢铁厂等。例如沈阳在一九五〇年一月仅仅有五九六家铁工厂,但是到了年中,便增加到一千零十四家,工人的数目加了一倍。在同一时期,沈阳私营工业的投资也从人民币九百四十六亿元增加到一千七百一十四亿元。同年的生产总值,第三季比第一季增加了百分之二三·二。据高岗副主席最近的报告,从全面看来,沈阳的私营工业从一九四九年十二月到一九五〇年十一月之间,增加了百分之三〇·二,工人数目增加了百分之三二·四。这既然是东北主要工业城市的情形,可见私营工业在整个东北境内是随着国营工业的建设,在政府沟通城乡经济的政策下,复兴起来。

城市与政治进展

东北城市解放以后,政治上都需要完全改造。以前的基层政府是万恶的"保甲制"压在人民脖子上,如一桎梏。自从区人民政府的制度建立以后,这个担负便永远解除了,因为政治的责任已经回到人民手里。他们通过街弄联合会或其他团体,直接参加选举他们的代表。东北城市有史以来第一次得到了有利于群众发展的指示。

区人民代表会议选出代表去参加县级人民代表会议。县政府就是从这些会议中产生的。他们传达群众的意见,讨论及通过各种法令,并且选举工作人员。

研究这些会议的发展,可注意的是会议开的次数越多,其代表人民的程度也越加强。代表的名额既增加,各界代表的比重也随之逐渐调整,因而能准确地反映一个城市人口的成员。例如长春,在第一届全市会议上,仅有七十名代表出席,到第五届时,人数已经增到三百一十名了。

共产党员和新民主主义青年团员在城市中所担任的工作与农村一般重要。在生产中,他们经常不畏牺牲地站在最前线。例如女共产党员赵桂兰,便为了保护大连一座工厂免于爆炸,失掉了她的手臂。

党团员的行动是由毛主席、共产党与中央人民政府的指示所领导着。这些指示就是:接收生产工具时要好好保存,克服一切困难来恢复,使每一块钱都用在生产上,训练干部,最后,为实现中国经济复兴及工业建设而奋斗。

共产党员和新民主主义青年团员在启发人民政治觉悟上也起着领导作用。其结果是:东北的群众在全国领先表示了对美帝国主义轰炸我们城市的愤怒。他们手里握有新生活的胜利果实,未来的发展完全在他们掌握之中。因此,他们首先正告美国,我们决心抵抗并击败帝国主义者对朝鲜、中国与世界和平的攻击。

东北城市群众这样站稳立场,在全国起着带头作用,是归功于他们在政治上的迅速发展。

城市的福利与文化

东北发展给我印象最深的一件事就是在城市工人阶级的福利、文化和教育上的长足进步。

关系工人生命最密切的是在工厂、矿场和纺织厂中的安全及卫生设备。最近这些已经扩大并且改善了。沈阳工厂的例子可以说明这些进展。

沈阳虽然拥有二〇四家国营与私营的工厂，但是安全卫生工作过去一直没有很好地展开。人民政府在这方面采取行动时，首先拿两个工厂作典型试验，然后把试验的结果逐渐推广到其他工厂中去。在一九五〇年，工厂安全卫生委员会成立了。由于市政府的协助，以及劳动局、卫生局、工会、警察及医药专家的合作，把工作深入到沈阳整个公私营的工厂机构中。在工作进展中，引起了全市劳动大众的兴趣，争取工作中的安全与卫生变为一个经常的运动了。

安全卫生委员会的主要任务是在研究和改进机器，并深入所有关于安全卫生设备的问题。它同时也做统计工作，推进厂里的安全教育，并采取一些措施以防止意外损害事件的发生。

基于此，委员会为了明了全面状况，到各工厂去彻底检查。同时开始举行工人体格检验，并采用卫生卡片制。并在没有诊疗所的工厂中设立了诊疗所。当这些工作在进行的时候，最重要的问题也处理了。那就是：大部分工厂的空气不够流通，光线不足，热度太高，潮湿太重，还有尘埃及其他有碍工人健康的危险。凡此种种建议提出后，就在许多工厂中试办，确定了能解决问题后，便将逐渐发展到别的工厂中。此外，工厂的厨房、饭厅、宿舍、浴室和厕所也进行了卫生工作。凡没有具备这些福利设备的，都正采取步骤使其尽快地装置起来。

由于采行了一种新的负责制，安全措施也加强了。根据这种制度，各组工人分别担负机器一部分的责任。这种责任视各个厂址的情形而定，有时甚至扩展到整个工厂、纺织厂、矿场中。工人们的责任即在消灭可以造成意外事件的缺陷。厂方管理人员的责任则在保证调换或修理机器的缺陷或采取其他避免危险的行动。劳资两方签订了合同，详细规定出双方应负的责任。此外，还成立安全委员会，经常举行安全教育运动。所有新的安全设备都先经工人们讨论后再采用。这个制度在采用的工厂中都获得了伟大的成功。

大工业城市中的安全卫生工作是复杂的，进行时必须小心。因此，沈阳的工厂安全卫生委员会是根据一个明确的计划进行的，首先集中大型工厂以吸取经验，然后再把工作推向小型工厂。工作的前程非常远大，这全部计划说明了人民政府认识到这项工作的必要性。

在其他东北城市中，工人的卫生设备已发展到厂地之外了。我们一行访问了大连远东电力公司工人的一座疗养院，这个电力公司是苏联最近完成移交给我们的工业设备之一。疗养院是一座现代建筑，耸立山麓，前临大海，周围都是青松、红枫和樱花，景致异常幽美。以前是日本军阀的一座别墅，如今属于中国的劳动人民了。

疗养院的经费是由该厂劳动保险基金中支付的。在那里养息的工人除了照支薪金外，每天还有一笔经常的津贴。劳动模范们，在生产上有过良好纪录的工人们以及工厂干部们，来这舒适怡人的环境中养息，享受着精美的饭食和娱乐设备。每两周便有百名新的工人利用这个机会来增进他们的健康。经过两周的居住，他们的体重都增加了。

就整个东北来说，这样的工人卫生已经发展到全境有几百所医院、诊疗所和疗养院。这是时代的表现。在这时代里，工人是自己祖国的主人，新社会处处使他们可以走上美好的生活。

为了完成东北所担负的生产任务，并普遍地增进人民健康，对于公共卫生计划也同样予以注意。尽管卫生人员及设备都不充足，东北工人已推行了"预防第一，治疗第二"的政策。这项政策的成功，就由于培植政府与人民间合作的途径，将城市中的医药人员组织起来，动员群众来参加健康运动。

主要是依靠城市中一般人民去推动。如沈阳便培养了一万一千名卫生工作的积极分子。他们带头提倡清理垃圾、灭蝇和从事其他清洁工作。

同样重要的是推动医务人员实行"将医药带给人民"的原则,每个卫生人员都负责他那一区的某项卫生工作。

另外一个重大设施是设立妇婴卫生站,以减少婴儿死亡率,并增进妇孺的福利。看到这种工作,使我想到我所组织的中国福利会在上海妇女工人中间所做的工作,进行着卫生宣传和教育,训练对儿童的保育,产前产后的检验和接生。

东北卫生工作总结他们的经验教训时,有下列几点:

（1）在进行群众规模的卫生工作时,必须与市政府、共产党和公安机构合作。

（2）建立基层卫生组织时,事先训练是有效的,动员基层人员是必要的。

（3）参加的医生是卫生机构的栋梁,因为他们是卫生机构与基层积极分子之间的桥梁。

（4）人民一旦认识了卫生工作的重要,他们将要求扩展,并且要自己主持一部分。但是各级的指导和经常的鼓励仍是必需的。

我们发现东北城市中的人民对于儿童保育工作,其兴趣一如中国其他各地。他们也明了培植中国的将来,必须把我们的幼童从小便训练起来。许多托儿所在开办着,而且数目经常在增加。许多托儿所的经费是直接来自人民政府、工会及妇女团体。

照托儿所工作会议的结果,东北的儿童保育工作干部订出了下列几个工作目标:

（1）帮助儿童取得正确的劳动观点,使他们明了劳动创造了一切财富,所以应当爱好劳动。

（2）用饶有趣味的工作计划去培养儿童的智慧。

（3）帮助儿童发展新道德,即爱我们的祖国、爱我们的领袖、爱我们的人民、爱劳动、爱护人民的财产。

（4）通过好习惯及预防工作的教育,帮助儿童养成并维持良好的健康。

* * *

东北在文化教育工作上的进步,说明了人民有了政权以后,这些工作可以得到怎样伟大的发展。

小学校现在已增加到三万四千所,有学生四百五十七万六千一百一十一名。这个数字是包括了农村儿童的。中学在一九五〇年比一九四九年超出了百分之二十一。学生数目也增加了百分之三十八,已有十五万五千七百四十八名。此外,有六十一所职业学校,和许多特别为工农阶级干部而设的速成学校。东北有十六所新型的高等教育机构,为训练技术工人,包括财政经济系或课程。目前,有一万七千九百七十八名学生在这种大学及学院中攻读。

配合着正规学校,还有扫除东北劳动人民中间文盲的庞大运动。除了四百五十万农民参加冬学外,还有数十万工人参加夜校。

自然所有这些教育工作都引起了对出版物的要求。一九五〇年度,新华书店共印了四千多万册新书。同时,东北建立了遐迩四达的发行网,售卖书籍、杂志、报章及其他出版物。

这样提倡了知识和教育的结果怎样呢?以旅大区为例。解放以前,该地人口三分之一是文盲。一九四九年,当消灭文盲运动刚开始时,二十万人报名学习了。其中,五万人已经毕业。工人的识字标准是认一千二百个字,一般市民认一千个字,农民认八百个字。

在学校中,中学生人数比沦陷期间增加了百分之二六六·五,小学生人数增加了百分之二一七·九。同时,这些城市已有了课程完备的大学。还有直接设在工厂车间中的职业学校。工人们有一座文化宫,九所文化馆,九十二所文化俱乐部及三三二个文化站。

我们在大连参观的一所叫做"工人之家"的便是一个典型的文化机构。实际上这是大连运输公司工人们的家庭、学校和文化宫。在这些工人中,一半是妇女。

这个公司的口号是"工厂就是学校"。这种不断提高工作的精神也传布到他们的"工人之家"。工作是分为三班,因此,这个"家"也昼夜充满着人们。他们在那里有业余学习和他们的职业学校。他们骄傲地告诉你:大连运输公司的经理和学校校长都是"工人之家"的毕业生,都是从工人中间提拔出来的。

"工人之家"是用合作社的利润设立的。他们买了一所陈旧而破烂的学校,而凭了他们的义务劳动,把它变为一所宫殿。有俱乐部、娱乐室、运动场、图书馆、课堂、浴室和一间饭厅,并且有一座能容八百人的礼堂。

我们在东北看见了许多这样的文化机构,并且也参观了旅顺的东方文化博物院及战史博物院。在每个地方,工人不是实际上参加建筑工程的一部分,就是工程的全部,或者便是在经营着那个机构。在每个地方,我们都看见新中国的人民在学习着、享受着一种仅仅几年以前他们所不可能梦想到的生活。这种生活使得他们更急于对祖国的茁长和繁荣有所贡献,使得他们坚决地要用他们所有的勇敢和热爱来保卫它。

结　论

总结一下我从东北所得的主要印象吧:

帝国主义、官僚资本、军阀割据、国民党的腐败政权都已经完全摧毁了。代之而起的,是一个真正的人民政权。

这使得土地改革可以完成并获得巩固。东北的农民再也不会回到过去受压迫、封建、贫匮的日子了。他们已走上了集体努力的道路,走上了导入社会主义时代的新民主主义的道路。

这使得城市的工人阶级解放了他们的创造才能。加上苏联专家在真正国际主义精神下的协助,他们正迅速地重建着工业,为了它在新民主主义时代的未来发展打下了一个基础——新民主主义时代是走向完全组织起来的、高度效率的社会主义时代的工业的准备时期。

这使得农民和工人都能享受不断提高的生活水平,物质上得到利益,文化上长足地进步。我们灵敏而富创造性的人民正被改造为新民主主义的公民,逐渐变成为社会主义时代的先进的人。

东北证明了新中国确实是在朝着它光辉的未来,向前迈进。

论印中友好协会的成立

——为孟买的成立大会作

（一九五一年五月）

印中友好协会的成立是一件具有重大意义的事情，它对于我们两个强大国家，对于亚洲以及全世界，都能产生深远的影响。因此，你们采取这样一个有意义的步骤，是值得衷心祝贺的。我希望你们在发展这个协会方面以及在促进印度和人民中国之间的文化、商业、知识及情感的交流方面获得一切的成功。

像你们这样的协会的成立，是非常自然的事情。首先，印中两国在国际生活的各方面的关系早在古代就树立了基础；其次，这种传统的关系不但应该继续保持下去，而且它们在今天是有了更大的意义。现在，我们两大年轻的共和国面临着帝国主义临近死亡和人民起来做主人的世界局势，在这样一个局势中，我们两大国家将要受到帝国主义的进攻，这种进攻的方式很多，包括从公开而具体的侵略一直到外交上的利诱。我们能否有效地避免和击败这些进攻，我们能够对和平阵营贡献出多少力量，对于亚洲和全世界的人民政权的最后全部实现，有很大的关系。因此，我们必须把印度人民和中国人民更紧密地团结在一起，以求能够打败亚洲人民的任何一个敌人，并对世界和平的事业贡献出全部的力量。

印度人民和中国人民的友谊万岁！

论和平共处

——为世界和平理事会杂志《保卫和平》作

（一九五一年六月一日）

今天国际的紧张局势沉沉地笼罩了我们，这种紧张局势使世界上每个人都感到了威胁。挽救这种局势的办法虽然提出很多，但只有一个值得考虑。那就是和平共处的建议。这个观念把战争思想从头就铲除。它要求不同的经济和政治制度在和平的基础上共处和竞赛，让历史来判断究竟是哪一种最能满足人民大众，效果最好。

这个观念是在什么基础上提出来的？

和平共处的观念是由一切和平战士提出来的，他们认清各种制度之间，确实存在着龃龉，并进一步看到这些龃龉不都是一下子可以解决得了的。但是有一项真诚的建议，即"彼此相让"，共同来解决龃龉，趁战端未启，就先阻止了战争。这个建议是共同来孤立战争贩子，并巩固一切爱好和平者的队伍，使和平培养起充沛的力量。

因此，和平共处的观念不是一个空洞的口号或策略，不是预先祭起来欺骗冒失鬼的法宝。它是预备大力倡导和诚心诚意实施的一种宝贵原则，它是全世界人民赖以迈向持久和平以及求得一切福利与文化需要的一项政策。和平共处正是各阶层人民一致行动以争取世界安宁的一个号召。

拥护和平共处是软弱还是强有力的表示？

要了解和平共处的观念，就必须从根本上认清，这并不是在软弱的地位来拥护和平的，也不是借此来争取一些让步或时间的。相反的，和平共处的观念是从对人民大众的实力与能力怀有无比信心，从坚定的信仰中产生的。对于人民政权的优越具有这样的信心，因此我们才有充分准备，随时能和任何人作和平的竞赛。这种信心有事实的根据。例如，战后苏联的斯大林五年计划表现了举世无伦的成就；中国经济稳定，建设方面有飞跃发展，而在人民作主的每一个国家、每一个工厂和每一个农场都有显著的进步。

支持和平共处这一观念的力量，其次表现在绝大部分人类要求和平的事实上。所以，这个观念是有全世界支持的。甚至在"和平共处"这个词儿和一切和平努力都受到诽谤的地方，人民大众也深知战争和备战仅仅对少数人有利，对于一般人民，战争只能带给他们贫困和忧患。他们也许看不到"和平共处"这个词儿，甚至不让听到这个词儿，但是他们从经验中得出了同样的结论。人民把争取合理生活的斗争和争取和平的斗争联系在一起。他们迅即知道他们的政府应该以和平竞赛来造福人群，这比发动战争来掠夺他们好得多了。

由此可知和平共处这一观念是以事实为根据，而且是大多数人类的意志。再没有其他有力的论点能和它抗衡。

在目前的情况之下，和平共处是否可能？

既然和平共处代表着大多数人类的意志，无疑它是可以成功地实行的。不但全世界各国能够接壤相处，和平竞赛，而且能缔造一个伟大的合作的时代。只要回顾一下上次大战中的反法西斯联合阵线，就可见到这种主张是确实的。那次联合阵线,纵然有各种制度与不同的政府,仍然表现了苏、中、美、英以及其他盟国的人民有他们的共同的利益——击败帝国主义的反动势力,把各国的人民大众从匮乏的恐惧中解放出来。今天还是同样的人民,利益也仍然相同。因此,缔结联合阵线如果可以赢得战争,那末根据和平共处的原理,也一定可以结成联合阵线来反对战争,解决今天一切的争端以达到普遍的和谐与合作。

和平共处既是可能,那末谁在阻挠它的实施?

美英的统治集团中有某些分子简直拒绝承认这个真理,他们偏不能和平地生活下去。他们的眼里充满了杀气,渴望一战。甚至稍微一提到苏联、人民中国或其他人民的国家和组织,他们就要暴跳如雷。这些人就是华尔街和伦敦的少数垄断资本家和卡特尔老板,以及他们的代言人如杜鲁门、艾德礼之流,和"战场人物"如嗜血的麦克阿瑟和蒙哥马利之流。这些是美英人民的"老板",居心要做全人类的剥削者。只有这班人才会从战争中获利。这些就是和平共处的敌人。

这些敌人要转移世界的视线,他们企图撕掉那些记载南京大屠杀、欧洲六百万犹太人的大屠杀、消灭汉城的大轰炸等等的史页。他们响彻云霄地呼喊"和平",还要我们相信,不断地装运军火到欧洲、西德和日本去,正是为了和平,而在非洲和土耳其建设空军基地以及在台湾和的里雅斯特建设海军基地,也是为了和平。

我们全都知道,如要改进国际关系,缓和紧张的局势并加强和平运动,双方就必须合作。但是从上面所说的看来,战争贩子正在尽其所能倒行逆施。看最近的巴黎,就可见到相似的迹象。在那里,苏、美、英、法四国的外长助理正在商讨筹开四国外长会议的议程。我们见到以美国为首的一边,一直在阻挠会议的成功,延宕任何决议,甚至连它自己的提案一经苏联同意后,也拒绝采纳。同时,它们这边加速地实行重整军备政策。在这个会议上以及在一切其他的战线上,这三个西方大国正在阻挠获致真正和平的一切企图,他们要我们放弃和平共处这个观念。这使一切和平战士的任务更为艰难和加倍迫切。敌人为制造战争出一分力量,我们就要为和平出两分力量。

我们如何战胜战争贩子并保证和平共处的胜利?

在发动争取世界和平的运动中,我们首先必须注意几个因素。第一,一切人民包括德国和日本的人民在内都是反对战争的,他们抗议重新武装就是明证。战争贩子们对于这种反对力量既没有充分了解,也没有正确估计。结果,他们将把他们自己和他们的军队驱向穷途末路的境地,无论在国内或在国外都一样。我们和平战士们必须准备利用他们这些错误来暴露战争贩子,并领导人民去作争取和平的斗争。我们必须准备在这些紧要关头团结一切和平的力量,进一步压制这班从事破坏的强盗,因为他们正在疯狂地挣扎着。

我们必须注意的第二个因素就是认清战争贩子的威胁吓不倒我们。站起来了的朝鲜人民和中国人民正在表现我们怎样对付这类威胁。每天在朝鲜的废墟上所表现的勇敢,正是全世界亿万个为和平而战斗的人们的榜样。它提供了一个伟大的教训。它教训我们:帝国主义的日渐衰颓的花朵正在历史的藤枝上枯萎了,而另外有着充满青春的朝气、结合着民族独立与国际主义的新的花朵正在怒放。这说明觉悟了的人民力量能够应付并打败任何帝国主义的攻击。

至于具体实施方面,我们必须继续推广世界和平理事会的影响到地球的每一个角落里去。我们必须使这影响成为人民日常生活中的一部分,消灭在争取和平的斗争中的任何自满或沮丧情绪。人民对联合国已经失去信心,因为战争贩子们歪曲了它的面貌,使它不能被辨认。我们必须挽回联合国在初成立时所透露的光明和希望。我们必须显示战争并非不能避免,有着一个强有力的国际组织在支持这个观念——那就是世界和平理事会。

我们在为和平斗争时必须结合各国的和各地的一切其他的斗争,——在人民作主的国家内,增加生产;在资本主义国家内,争取人民自由,反对法西斯主义的来临;在殖民地国家,争取独立;在每一个国家内,争取提高生活水平。所有这些问题都重要,都和世界和平与和平共处直接联系着。

和平战士们!我们的任务是明显的!把一切宣称他们愿意争取和平的人们在世界和平理事会下团结起来,领导争取和平共处的斗争!领导这个斗争,使在现代史中写上:"和平——展开无限快乐!"

与《红色权力报》记者的谈话

（一九五一年六月十日）

（一）中国在争取世界和平的斗争中有什么重要性？

在估计世界和平力量的时候，可以说，自一九四九年十月一日中华人民共和国成立那天起，获取世界和平的可能性已经大大地增加了。在那天，四万万七千五百万人民宣布了新中国的成立。从那一天起，他们已变成一个团结一致、有组织的强大力量，在防止帝国主义侵略及世界战争的斗争中，站在苏联、人民民主国家和其他和平力量的一边。这是世界历史上所发生的有利于全人类的最重大的转变之一。

（二）在争取世界和平的斗争中，中国人民的团结和新中国的建设有什么重要性？

战争贩子们应该认识到，他们对中国以及中国人民的看法是陈旧而错误的。今天的中国在毛主席、中国共产党和中央人民政府的领导下，是史无前例地团结起来了。我们的人民从来没有像今天这样充满热爱祖国的情绪。他们以这样的热情、这样的创造性和这样的精力来担负起重建国家的任务，也是从未见过的。这就说明我们是在突飞猛进之中，已经有大量的事实证明了这一点。团结起来的中国一天天更强大起来，一天天加强了和平阵营。

（三）在争取世界和平的斗争中，斯大林国际和平奖金有什么重要性？

有许多理由可以说明斯大林国际和平奖金的重要性。第一，它表示在防止战争的斗争中伟大的苏联站在最前线。美、英、法及其他国家的军火厂老板们正在靠军事定货合同取得亿兆美元,这一事实与和平奖金成为一个鲜明的对照。第二,这些奖金戳穿了战争贩子说他们目前重新武装是为了防备苏联那种谎言。这些奖金在世界众目昭彰之中,暴露了真正的侵略者。华尔街暗中进行的阴谋——对全人类发动战争,已被灿烂的光明探照出来了。第三,斯大林国际和平奖金是重要的,因为它是从一个正在进行共产主义建设的国家中来的。这些建设正是全人类未来的远景。最后,这些奖金对于争取世界和平的斗争是有它的重要性的,因为它带有斯大林的称号。斯大林是全体劳动人民的领袖,也是和平的象征。

中国共产党是中国人民的鼓舞力量

——在中国共产党成立三十周年纪念日发表的谈话

（一九五一年七月一日）

在中国共产党成立三十周年纪念的今天，中国共产党在人民的心目中已经上升到空前崇高的地位。这是由于中国共产党坚持着为人民服务以及它对于人民力量坚定不移的信心。

中国共产党已经从各阶层群众里获得了无比的尊敬，它激发了我们对祖国、对人民从来没有过的热爱。我只须举一个例子。

在抗日战争时期，曾经有不断的呼吁，要我国的医务人员在反抗侵略者的斗争中为前线的士兵服务。对这些号召的反应，真是冷落得很，绝大部分的医生护士和其他技术人员们留恋在都市里，做着获利丰厚的业务，忘记了伤员们的痛苦。今天的情形是多么不同呵！当我们的祖国再度受到帝国主义侵略的威胁的时候，医生、护士和其他的人们，立刻回答了号召，随着英勇的中国人民志愿军的队伍，去救护和医疗他们以及英勇的朝鲜人民军的伤病员了。这种态度上和行动上的大不相同，是直接由于我们现在对领导我们人民政府的党的衷心拥护，这种衷心拥护现在可以说是全国一致的了。

为什么中国共产党能够唤起我们大家的责任感，这是值得研究的。

首先我们知道，中国共产党是接近工农大众的，事实上，中国共产党就是工农大众的一部分，它彻底了解他们，而它的一切行动，也都是为了他们，因此当中国共产党有所行动时，它就得到广大人民群众的同情和拥护。

中国共产党成功的第二个基石，是它的统一战线政策，由于在各方面——

个人与个人之间,党派与党派之间,国家与国家之间,这样分清了友和敌,已经巩固了所有国内民主力量,以及国际上的对中国友好的力量。这个政策是我们对人民的敌人给以无情的打击,和取得了一切朋友们的真诚合作的基础,这个政策在过去已经取得了一再的胜利,在将来还是要同样取得胜利。

从这两个基本观点出发,中国共产党和它的党员们的历史性的成就,已经给我们树立了榜样。我们从他们学习如何正视自己的错误,以及如何坚决加以纠正;我们从他们知道了不断学习的宝贵,以及提高我们个人和整个国家的政治和文化水平的必要;我们从他们体验到热爱祖国和为祖国作最大贡献的意义。

换一句话说,中国革命成功的主要因素,是在毛泽东主席领导下的中国共产党的政策和坚持不懈的努力。

目前我们祖国面临的任务,正如在取得革命胜利时一样的艰巨。实际上,这就是革命斗争的延续。首先我们要保卫我们祖国和我们的邻邦不受到帝国主义的侵略。第二,我们要在全国范围内巩固和进一步发展人民的政权。第三,我们要继续稳步推进我们祖国的建设,为了正确地贯彻这样的任务,我们就需要依靠中国共产党的领导。对于中国共产党建党三十周年纪念的广泛庆祝,会显示出共产党是有着多么广大的群众的拥护,以及广大群众从共产党的自我牺牲和坚定信仰,获得了何等有力的鼓舞,这样伟大的团结注定了新中国将克服一切困难,达到国家建设中的最大成功,有了这些成功将会更加强保卫世界和平斗争中的力量。

中国共产党万岁!

中国人民的领袖毛主席万岁!

印中友好协会帕芝辣分会成立贺词

（一九五一年八月）

亲爱的朋友们：

帕芝辣人民进行组织印中友好协会分会，实在是好消息。中国人民都伸出热情欢迎的双手并表示殷切的愿望：让我们这两个强大的国家日益密切地、坚固地联系起来。你们在印中友好协会总会成立后不久，随着进行设立分会，证明这正是我们所采取的道路。

特别是帕芝辣区与中国十分相像。我们两处的人民都爱土地，都爱下地劳动，从耕耘之中使群众获得丰衣足食的生活。我们两处的人民都爱知识，都爱在工厂中和田地上应用科学，从自然中替群众夺取更多的生产。我们两处的人民都有斗争的精神，决心为群众的正义而奋斗，并且使群众起来为正义而奋斗。

相同的范畴既然如此广泛，帕芝辣人民和全印度人民以及中国人民一起，必然会成为诚挚而坚贞的朋友。这种友谊在反抗帝国主义威胁和侵略的斗争之中，是一个极其重要的部分。在要求亚洲以及全世界的和平与和平建设的各国人民大团结中，这个友谊是一个钢铁的环节。让我们为印中友好的发展而全心全意地努力吧！

印中友谊万岁！

在"加强国际和平"斯大林国际
奖金授奖典礼上的答词

（一九五一年九月十八日于北京）

主席,和平战友们:

在保卫世界和平的斗争中,我只是努力尽着我个人对人类所应尽的责任。能够因此而被授予"加强国际和平"斯大林国际奖金,对我个人来说,在人生的历程当中,不能不说这是一件无限荣幸的事,特别是能够和斯大林的伟大的名字连在一起,能够和那些为了保卫和平的斗争而将他们的生命写在历史的光辉书页上的男女们列在一起,更是一个特殊的无上的光荣。我深深地受到了感动。这将是我终生难忘、永远珍爱的一个时辰。

我将永远记得今天这个晚上,我将把它长系心头,这不仅是为了我个人的缘故,而是为了这个光荣是属于中国人民的。保卫和平不是任何个人所能够完成的事。个人只是代表了人民大众的心愿和希望,并且和他们联合起来一致行动。因此,我是以中国人民的一个代表来接受这个奖金的,中国人民在一百年来,特别是近三十年来,曾经看见他们自己的和他们邻邦的土地不止一次被战争所蹂躏。我是以这样一个民族的一分子来接受这个奖金的,从一九四九年十月一日起,他们已经尝到解放的欢欣,全国的统一,以及史无先例的和平建设事业的巨大发展。我是以人类四分之一的代表来接受这个奖金的,他们从经验中知道必须坚决地和全世界的和平战士们团结在一起。

中国人民充分地表明了他们的立场。中国人民在斯德哥尔摩宣言上签名的,已达两万万二千三百万人以上;签名拥护缔结五强和平公约的,已达三亿四千四百零五万三千零五十七人,占全人口百分之七十二·四;投票反对美国重新武装日本的,达三亿三千九百九十万三千零九十二人,占全人口百分之七十一·五。如果人们觉得这些数字的说服力还不够,那末可以亲自来看看中国人民在重建我们国家中所取得的巨大成就。这些工作毫无疑问地说明了我们是何等珍贵和平。如果我们在短短几年内,能够解放亿万农民,提高农业生产量到自足和超过的程度;如果我们能够为工商业创造全部恢复和发展的条件;如果我们能够同时进行巨大的基本建设,试想,我们在一个长久的世界和平的环境里,我们将能够做多少事啊! 在这样一个环境中,新中国的前途是无限光明的!

由于我们衷心需要和平,我们也充分表明了我们具有保卫和平的决心和勇气。和朝鲜战友们在一起,中国人民志愿军充分表现出,为了我们这一崇高的目标,我们是不惜流血的。为了和平,没有比这更伟大的表现,同时这也表现了我们抵抗帝国主义侵略时的刚毅坚定、力量无穷,表现出当我们领土遭受威胁时的同仇敌忾、随时抗击。

在我们建设国家、抵抗美国侵略、保家卫国的巨大斗争中,中国人民已经充分明了,谁是永远站在我们一边,永远热烈关心着我们的。我们的农民和工人称呼苏联友人为"老大哥",称斯大林为一切和平力量的最伟大的领袖,这是有充分道理的。这个紧密的联系是在我们的革命斗争悠长岁月中形成的。现在,我们与爱好和平的苏联人民的团结,是比过去更巩固了;我们对苏联伟大领袖的敬爱也无比地增强了。

这一不可摧毁的团结,是建筑在我们对人民政权与持久和平具有共同信念的基础之上的。就像在天空,升起了一颗最光亮的新星一样。这一历史性的结合变更了整个国际关系。这一历史性的结合标志了有史以来从未有过的广大土地和人民,包括苏联、中国和其他进步国家,已经在和平的旗帜下,团结起来。这一历史性的结合包括了苏联在过去三十三年来的惊人成就,与中国以及其他人民民主国家的近几年内的迅速的勃兴。这一和平斗争的根本力量是举世无匹的。这是和平力量必将获得最后胜利的双重保证。

我们生活在这一大片广大的光明土地上,但同时存在于这个世界上的,还有那黑暗的一面,那儿产生着黑暗和猜疑,那儿叫嚣着战争和毁灭。那不获人心的、丧失理性的美国统治者奴役着一些国家。那些政府拨作人民福利和文化事业的经费已经一再削减,成为微薄的施舍,而为军备所支付的费用,却达到了天文学的数字,少数垄断资本家们欢欣狂笑,因为他们获得了大量的暴利。但广大的人民却陷于痛苦的深渊,消瘦憔悴。同时在那儿,民主也遭受到歪曲和播弄。人民的领袖们被投入牢狱,遭受着和普通罪犯同样的待遇,其原因不过是为了他们具有思想,为了他们真诚地呼吁和平。同时,由于少数统治者有计划地制造仇恨,人民的团结也遭到分裂和削弱,特别是在美国,甚至造成了"合法"谋杀威利·麦基这类的事件,罪状是为了他们是有色人种的缘故。

但是人民的忍耐是有限度的,即使是在那疯狂的阴险的土地上,和平和理智光芒也在勇敢地刺穿黑暗,击退逆流。无论战争贩子们怎样进行迫害,即使在他们自己控制的土地上,他们也不能畅所欲为。美国的金融巨头兼将军们可以挥舞皮鞭,叫他们的政府就范,但他们能不能驱使人民去执行他们的侵略政策,那是另一个问题。人民要怒吼,人民要抗议。因为人民反对战争,人民厌恨战争,人民需要和平。

最近法国和意大利的选举说明了人们是无法用金元的符号来书写真理这个字的。那些以美国作后台老板的政府及其法西斯党羽,运用了种种方法,包括舞弊作假、控制投票机器、威胁利诱,甚至明目张胆地施行暴力。即使这样,这两个国家的人民依旧向他们国内的主张民主和平的政党投了大量的选票。在西班牙,一百万以上的工人为了反对佛朗哥统治所造成的饥饿和抗议加入大西洋公约这一非法行为而举行了罢工。在英勇的西班牙,许多城市里再一次响起了"消灭法西斯主义!"的呼声。在日本和西德,人民明显地表示了他们拒绝充当美国征服世界的狂妄计划的炮灰。在英国,抗议的呼声也日益增高。人民对于政府官吏的奴颜婢膝、甘作美国帮凶,一致表示愤慨。在殖民地和半殖民地,深刻的变化也正在展开。它表明了全世界的被压迫者已经认清了他们的争取独立的斗争与世界和平是有直接关联的,他们已经懂得,加于任何一个民族的威胁,必然也是加于另一民族的。

　　同样,我们也可以看见,在美国本国内,人民虽则还没有充分组织起来,但他们也向华尔街的统治集团表示了不满。我们看到人民对战犯麦克阿瑟被撤职下台所表示的快慰,我们听到了他们对要求和平解决朝鲜问题的呼吁的支持,他们响应了国会中的约翰逊的提案,以及马立克在联合国的演说。这个支持是完全自发的,新闻封锁和所谓"自由"报纸的肆意歪曲,都不能掩盖这一事实。即使是在垄断资本控制下的广播评论家、专栏作家和民意测验,也不得不承认人民急切希望朝鲜战事的结束。宗教家们、教授们、工人们、美国和平大会的五千代表们——都表示美国人民正和全世界人民一样是要求和平的。当朝鲜的伤亡数字继续增加的时候,当更多的青年人被迫穿上军装、被派遣到欧洲和亚洲去的时候,美国的母亲们、父亲们、妻子们是更加焦急,更加罣虑了。他们已更进一步认识到争取世界和平的必要,并且将他们的思想吐露出来。

　　然而,和平的破坏者们是不愿听到"和平"这两个字的,他们正在疯狂加强备战。他们正在国内加强法西斯主义的煽动,加强对任何反抗的窒息。他们把青年模造成法西斯野兽,然后准备将他们纵放国外。他们贪得无厌,他们违背了自己国内的人民和其他国家人民的意愿,企图拼凑足够的力量来发动战争。他们一心要粉碎人民的主权,一心要无情地绞杀人民争取团结合作的和平生活的愿望。这就是他们的罪恶企图、疯狂阴谋。

　　但是斯大林告诉我们,在这样的时候,战争不是不可避免的。如果人民把保卫和平的事业担当起来,我们依旧可以避免这可怕的危险。当我们看见我们周围所有的人民都爱好和平、愿望和平的时候,我们知道这是真理。但是我们必须把这个真理化为行动。我们必须不分政治、民族和宗教信仰,组织对世界和平共处的信念的广泛的赞助。如果全世界的普通男女,那些身受战争痛苦的人们,团结一致,要求用诚意的谈判来代替用武力来解决国际间的纷争,那末我们就不会有战争。这一信念和行动是能够实现的,只要使世界和平理事会的纲领,获得最广泛的注意和考虑;只要使五强缔结和平公约的重要性,获得普遍的承认。人民以一致的呼声能够清除道路,使世界各国人民和平共居。那时候整个人类将只为创造和享受劳动的成果而生存。我们必须将这一斗争进行到最后成功。

伟大的中国三大运动

——为"人民中国"国庆纪念专号作

（一九五一年十月一日）

中华人民共和国已经成立了两周年。这在历史中只是一瞬间，一刹那。然而在这短时期之内，中国人民不仅在自己的国土上成为自己的主人，而且我们的共和国已经成为世界上最稳固、进步和强大的国家之一。

英雄史诗似的成就是有几个主要原动力的。首先是毛主席、中国共产党和中央人民政府的英明领导。第二是中国人民群众的爱国热情，他们认识到斗争的必要，愿意忍受艰苦，不惜牺牲，来争取独立、人民民主和重建我们的国家。

这两年内，我们的领导和我们的人民，同心协力地发动了一系列的群众运动，其规模、范围和成就都是中国的悠久历史上从来没有过的。土地改革、镇压反革命、抗美援朝保家卫国运动，已经激动了全国各界、各阶层、各种政治见解和宗教信仰的每一个人的生活。中国人民这样排山倒海地参与这些运动，奠定了基础，使我们的共和国，从一次成就走到另一次成就，力量逐步增强。这三大运动巩固了中国革命的胜利，并且为未来的进展准备了基础。同样，它们也表明，我们是不会随便让我们的果实从我们的手中被夺去的。

土地改革

土地改革的彻底和迅速实现是一个伟大的胜利。占中国农业人口三分之二,多到三万万一千万以上人口的地区已经体验了这个大翻身的斗争。预计到一九五二年春,这个运动即将在我们大陆上完成。只有特殊地区例外,那多是居住着少数民族的地区,那里的进展要慢一些,要根据当地情况。大体上,我们现在可以说,在我们国内,已经是"耕者有其田"了。在我们人民共和国的两周年,我们可以为这些对我们目前和将来都有重大意义的成就欢欣鼓舞。

土地改革是中国革命的一个基本特点。如果我们要建立人民民主,要繁荣富强,并有足以保卫我们自己的力量,那末旧社会里需要改革的第一件事就是我们的农民的生活。封建制度是建立在压迫农民的基础上的。正是封建制度,造成缺口,使得帝国主义乘虚而入,驱使我们走向贫困和落后。所以,在我们的共同纲领中规定了土地改革。土地改革法规定了没收地主的土地,分配给无地和少地的农民,这个法律是根据中国共产党丰富的经验而制定的。这个法律已有了显著的成效。换句话说,中国人民懂得他们该做些什么,他们就毅然决然做去了。

土地改革具有一切革命斗争的特征。我们依靠贫雇农,团结中农,中立富农。除了有犯罪行为的地主外,我们对地主仍然分给足够的土地,使他们能够维持生活,在劳动中改造自己。我们并不消灭他们的肉体,但是我们坚决消灭他们所代表的封建剥削及其一切表现。通过土地改革,我们宣布了封建制度的死刑。地主阶级再也不是一个经济的和政治的阶级。农村生活从此全部由农民群众管理了。

由于具有极端复杂性,土地改革是要很谨慎周密地准备和实行的。实际的工作需要有步骤地完成。如果一个地区还没有完全准备好,这个运动就暂不进行,直到农民群众有了认识和提出了要求,才开始实施。但一经发动,在划阶级这个最繁复和极端重要的工作上,就需要灵活和精确的处理。划阶级根据的是人和生产手段的多种多样的关系。剥削者与被剥削者之间各种不同的生产关系需要加以考虑和适当处理。

三万万一千万人民已经经过土地改革了,这在嘴上说说是很容易的,而要描写进行斗争中一切艰巨的工作,却无限困难。这个数字后面有土地改革干部的不倦的工作,他们处理各种问题的能力,他们对于农民们的耐心和了解,他们在遇到危险时的冷静和勇敢。

我们还必须注意,没有农民的热烈拥护,土地改革的胜利是不可能的。这表现于他们参加农民协会。农民是通过这个组织,核定了可用的土地,并使土地分配得公平。在这些工作中,农民协会具体地显示了集体力量的意义和民主方式的应用。经过土地改革,农民进而治理他们本村的事情,然后到区、县,直到最高级机构。这说明了为什么农民协会拥有八千四百万会员,而有些村子里入会的村民竟高到百分之五十。在会员的总数中,包括了很大数目的妇女,土地改革对于她们是真正的解放,因为这使她们得到了土地的所有权和经济上的独立。

经过农民协会,农民的政治觉悟得到启发,现代化的农业技术受到了重视,而且出现了中国农民将来的远景——集体农民。

生产力提高是农民获得了土地,而且提高了他们的政治活动的结果。这正是土地改革的目的。土地改革就是要解放潜在的才能和创造性,使得农业生产品自给自足,为工业化准备基础。这曾是孙中山的理想。这是中国共产党的基本纲领。这是中央人民政府的行动纲领。这是中国贫穷的唯一正确的解决办法。

我们的东北和老解放区就是明证。那里大多数的农村人口已成为中农,而且贫农和他们很少差别。一般说来,他们的生活日益改善。他们仓廪里有了余粮。那就是意味着对工业品的要求增加。这个要求是中国工业建设的保证。

因此,伟大的土地改革运动影响到中国人口的绝对大多数。这是我们今天的生存的元气,我们明天的基础。

镇压反革命

第二个伟大的群众运动——镇压反革命,一举完成了几个重要的任务。它有效地揭露了那些图谋危害我们的新生命的败类,逮捕和惩罚了他们。在这个过程中,我们的人民更深刻地认识了团结的重要,不可衡量地加强了对集体力量的信心。

我们进步国家的人民是明白并实行着宽大政策的。但是我们也懂得它有一个限度。如果我们过于宽大了,坏分子利用这一点,就会使国家遭受到损害。革命干部被谋杀;庄稼被烧毁;工厂被破坏;人民被无稽的谣言所骚扰;我们民族之间的友好关系受到威胁。这是我们决不能容忍的。

三十年来,中国人民一直在进行革命斗争,为创造一个人民的国家而战斗。打了许多艰辛的仗,许多革命者牺牲了。我们能让这一切巨大的努力、苦难和牺牲白白耗费了吗? 我们可以对我们的革命成果不加保卫吗? 当然不!毛主席曾指示我们,除非我们采取步骤去肃清反革命分子的活动,否则人民的国家就会受到危害。所以,我们的人民要求保护和预防的措施。

政府满足了人民的要求,维护他们的安全和革命的秩序,这是它对人民所应负的责任。今年二月间,颁布了一项法律,它和共同纲领第七条以及别的一些指示,建立起一个完备的程序来揭发那些积极从事反人民活动的人,详细列举和确凿证实他们的罪行,给他们公平的审判,给以应得的惩罚。这项法律受到各民主党派、民主人士和人民团体的称赞。它得到一般人民的广泛拥护,人民热诚地协助公安部队,追究不良分子。

农民与工人、学生与教授、工商界、家庭妇女、文化工作者和宗教界,都参加了这个运动。参加这个运动的规模之大证明中国人民已具有怎样的政治觉悟。他们认识到帝国主义和反动派的特务分子是国内和全世界和平的死敌。因此,我们的人民严密他们的队伍,动员了他们的力量来打倒这些敌人。

人民在镇压反革命运动的各阶段都是积极的。他们追捕并交出罪犯。他们不怕麻烦,帮助提供罪证。人民坐在陪审员席上进行审判。他们成百万人参加了公审大会。

这是很复杂的工作。它需要时间和耐心,然而我们的警觉的公安干部和人民有那个耐心,他们花费必要的时间来追究每一条线索,某些案件的调查牵涉到好几个省份。尽一切努力做到绝对确凿无误,才将罪人加以审讯。没有真凭实据决不构成罪状。每一件事实都一再调查核对。这证明中国人民对法律的负责态度,以及他们对付反革命分子的威胁的严肃态度。

这个运动的结果明显地鼓舞了我们全体人民的精神。在城市里,虽然许多城市已解放了两年,还有一部分人民没有真正感受到解放的全部欢乐。旧社会所留下来的罪犯们继续在横暴地压迫他们。这些是典型的匪徒,他们在我们的街头活动,混入我们的工厂,压制我们的码头工人。而现在这些坏分子被肃清了,我们的城市居民真正地解放了。现在我们的工人带着轻快的心情工作。他们以新的活力处理着他们的问题,决心要永远保护着他们的家和工厂,并提高生产。

这个群众运动也进一步解放了农民。他们清除了那些放火焚烧庄稼、那些以为暗杀农村政治干部便可以推翻革命的、暗藏着的从事阴谋活动的封建残余分子。现在,土地安全了,农民组织起来保卫着它。现在,他们能够全心进行生产。这在比较新近解放的地区尤其是一个新的经验。

中国人民看到他们自己的成就,同时也认识镇压反革命是一个长期斗争。只要帝国主义存在一天,只要还有一个基地,从那里这些罪犯还可以得到供应,还可以被送进来危害我们人民的国土,那末,这个斗争必定存在一天。因此我们的政策是:永远警惕;对于那些和帝国主义及反动派完全割断关系、真诚悔改他们的罪行的特务分子,人民仍旧可以宽大对待;但对于那些继续双手沾染人民鲜血的分子,我们将无情地搜捕并消灭他们。

总之,这个运动是帝国主义和封建主义分子的又一个重大失败。在我们几万万人民中,他们所能物色到手去作他们的卑鄙勾当的,只是少数长期为非作歹的流氓。然而人民已经掌握了情况。由于我们内部力量的增高,由于中国人民政权有了保证,我们对于我国的前途,同样对于世界和平的安全,就再度作了一次英明的更大的贡献。

抗美援朝保家卫国

今天抗美援朝保家卫国这个群众运动已深入到中国人民的日常生活中。这个运动是中国人民保卫世界和平反对美国侵略委员会发动的,因为保卫世界和平是与一个帝国主义侵略者的实际威胁分不开的。这个伟大的爱国运动把我们祖国的安全与反对武装日本和西德,与要求五大国缔结和平公约联系起来。它使中国人民,与朝鲜人民并肩站在保卫和平的最前线。

我们援助朝鲜是很自然的。首先,我们两个国家已有几千年的历史关系。在近代,在抗日战争期间,我们的关系尤其密切。那时,像现在一样,我们两个民族有共同的帝国主义敌人。许多朝鲜人民的子弟参加了我们遐迩闻名的八路军,他们中间有许多人为中国的解放献出了他们的生命。所以,我们的同志情谊是根深蒂固的。

其次,北朝鲜是一个人民的国家。因而它也是世界和平阵营的一部分。我们不能坐在一旁漠不关心,眼看着战争贩子把它吞并。

还有一个理由是:中国人民完全熟悉那个"首先占朝鲜"的策略。我们以最深的愤恨,回想到日本军阀是沿着同样一条道路来侵犯我们东北的。

所以,我们前面只有一条路——帮助我们的邻邦,同时也就是帮助我们自己以及世界和平事业。我们发起了抗美援朝的群众运动,全国像一个人似地动作起来。我们给前线以人力的支援,我们的志愿军以令人鼓舞的英雄主义告诉侵略者,他们对于在朝鲜疯狂的破坏是要负责任的。我们给前线以物资的支援,同时进行增产运动和巨大的捐献运动。我们的人民在他们全部历史中从没有这样迅速和有力地行动起来。这方面的一个例子,就是通过劳动竞赛,以增加生产。生产竞赛本身就是一个群众运动,通过爱国公约的媒介,它已经普遍推行全国。

中国的工人阶级明白:前线的战士和后方工作台跟前的工人是密切相联

的,工厂也是一个战场。所以,他们为增加生产、减低成本、提高质量而战斗。这个运动,据最近的统计,动员了二百二十三万工人订立爱国公约,一万一千一百五十九个小组响应了马恒昌小组的号召。这个运动已扩展到各种各样的工厂和企业中。

中国的工人同时也表明他们是新世纪的创造者。劳动竞赛运动不但是推动抗美援朝运动的一个原动力,而且也为中国将来的工业化做了准备。工人和技术人员不再不经批判研究就接受旧方法和旧制度了。现在他们把过去的秩序颠倒过来,他们成了机器的主人。他们以科学的革命的态度来考虑提高生产水平的问题,把旧事物好的部分保留下来,孜孜不倦地寻求新的方法。此外,为了个人利益而"留一手"的旧思想也被抛弃了。今天,新发明必须为人民服务,传布到别的部门和工厂去,越广泛越好。这种观点使整个工人阶级团结得更紧,同时也形成了一种更有效地把体力劳动的技巧和创造性结合起来的新型工人。这也使工人们很快提升到行政的职位。例如,去年在矿山中有近七千的矿工成了科长、技师和行政人员。

生产增加就可以有更多的物资拿去支援前线,工人的生活也同时以令人兴奋的速度得到改善。没有通货膨胀来掠夺他们的工资,他们吃穿都更好了,住屋的情况也改进了。劳动保险所规定的医药和其他福利事业正逐渐地扩大到更多的工人身上。工作环境的安全和卫生不断地提高。还有,不但工人的子女们能上学,工人们自己也能通过日益增多的文教机构来补偿他们过去的损失。总而言之,我们工人们的劳动生活和家庭生活都完全改变了。

这种情形之所以能在今天的中国实现,是因为在我们的国家,劳动受到尊敬,做工的人是主人翁。这已在政治上教育了我们的工人。通过劳动竞赛,他们表现了他们对国际主义精神和原则的了解,知道这是保家卫国的工作的一部分。

直接支援前线的捐献运动也表示了新中国的力量。我们可以看出来,我们不仅有能力改善人民的生活,我们也能够把大炮和子弹,战车和飞机,送到我们的战士手中,让他们拿来保卫和平。我们已谈到了工人们怎样在贡献他们的力量。但是农民也在增产捐献。非生产的工人——教员、店员、救济工作者和文化工作者——都能够做些额外工作或捐款支援前线。到现在为止,捐献已达到二千四百八十一架战斗机的成绩,此外还有大量的大炮、高射炮和战车。

在这个伟大的抗美援朝运动中,前方和国内的事实显示出"新的、觉悟了的亚洲"这话的意义。这些事实证明最强大的一个帝国主义,虽然有一群仆从国家在帮凶,还是可以完全被打败的。斗争尽管是长期的,尽管是艰巨的,但它的结果毫无疑问。中朝人民会赢得这场战争。这是为我们的生存以及为全人类的幸福的一个正义的战争。

结　论

土地改革、镇压反革命、抗美援朝保家卫国运动——这三个伟大的群众运动,使我们的人民共和国的最初两年成为历史中最最辉煌的两年。我们已经把我们的力量投入到为和平的斗争中去,并且给予和平的死敌以重大打击。我们已经用我们的力量去加强所有亚洲民族争取独立的斗争。值此我们的人民共和国二周年纪念之时,让我们记得这些重大的成就,同时准备下一步的前进。

福利事业与世界和平

（载一九五一年十月《中国建设》创刊号）

    世界和平与福利事业有着直接的关联。两者是相辅而行的，可以在同样的条件下发展起来，也可以因同样的原因而受到危害。建立了和平，就增进了福利；破坏了和平，就毁灭了福利。因此，一国政府对于战争与和平所抱的态度，也就决定了它为人民所拟订和实施的福利纲领。

    去年，福利事业在新中国所表现的空前进步，反映了我们对于和平的热切愿望。例如，劳动保险已经第一次成为我们国家的立法。它的各种福利工作已经渐渐展开，普及到千百万工人和他们的家庭。在我们国家生活中的其他方面，对于多年的问题，如危害人民三千年的淮河水灾，已在着手进行大规模根治它的工程。儿童保育、医疗、工人的住宅和工人区的现代设备，以及各种各样的农村福利工作都在举办之中，使我们亲眼看到了人民生活的不断提高。这种进步只能从一个珍视和平并维护国际间和平关系的政策中产生出来的。

    我们实行的就是这样的政策。这是直接从中国人民的需要中产生的政策。这种政策所带来的进步，是人民努力的结果。我国新的福利纲领注重如何发动人民的力量来解决一切问题，这是一年前董必武副总理在中国人民救济代表会议上所明白指示的基本方针。董副总理在这次详尽的报告中，说明了福利事业现在是怎样掌握在人民的手中，怎样成为巨大的全面建设工作的一部分，怎样拿自力更生的原则做它的基础。

    这样的政策、原则和进步只能在真正独立的国家才有可能。所谓真正的独立，就是一方面不允许别人侵犯其自决权，一方面争取和所有尊重这种权利的国家合作。事实上，一个政府在福利事业方面所尽的努力，不仅可以正确地衡量它维护和平的诚意，而且可以反映这个国家在世界各国中的地位。

我们知道在仍然受着殖民地或半殖民地束缚的国家中，福利事业不是根本没有，就是仅仅像一件骗人的陈列品，只是为极少数需要救济的人服务。这一点，从那些拥有殖民地的国家自己向联合国经济机关和托管机关提出的报告中，可以得到生动的证明——尽管这些报告显然经过极力粉饰，而实际情况比它们所承认的还要坏得多。

历史也告诉了我们，每逢一个国家的统治者企图保持殖民地奴役制度或者用武力来征服世界的时候，他们本国的人民首先就要遭殃。剥削加强了，福利事业取消了，钱都用在军事预算上了。就在今天，一九五一年，在美国、英国和西欧各国中所发表的材料，如工资冻结、物价飞涨、劳动强度提高、物资缺乏和教育卫生经费减少等，就证明了上述的真理。

另一方面，在人民当了家的每一个国家里面，政权是为大多数而不为国内外少数人服务的，就可以看到生活水平和福利事业不断地提高和发展。不论是在中国、苏联或中欧和东欧，我们都可以在最近几年中看到，战争所遗留的创伤已经医好了，新的工业正在成长起来，工资提高而物价下跌。福利和教育事业，不论是从总预算支出方面来看，或是从劳动人民生活的具体改善方面来看，都在不断地、飞跃地发展。同时，这些国家之间的互助，使它们更加迅速地获得成绩。这种种事实不仅见于它们自己的报告，而且也是一些并不同情这些国家但却做了认真的研究工作的个人和团体所承认的。在这方面，也可以引用联合国出版的经济材料。

中国是站在和平这一边的，然而它有力量保卫自己，同时帮助邻邦，这是亚洲其他国家的人民所特别关心的。他们已经看到我们的农民怎样变成了自己的土地的主人，我们的工人怎样在某些工厂里变成了主人，怎样在其他的工厂里则得到了平等的身份。他们已经看到这种改变怎样解放了我国人民的创造力和生产力，使中国物质财富的生产额不但在总的方面提高了，而且就每个工人来说，也提高了。他们看到在短短的两年之中，我们不但解决了粮食问题，而且开始输出谷物，这是以前闻所未闻的事。他们已经亲眼看到我们的福利工作，如何在一个自己掌握了自己命运的国家里，在健全的环境里发展着，变成了国家生活的不可分的一部分。

这就是福利事业在中华人民共和国的情况。我们国家是世界和平的最强固的堡垒之一。我们的人民是不能从战争中得到丝毫好处的。只有和平才符合我们的利益，因为有了和平，我们才可以进一步发展为我国人民服务的事业，扩大我们对世界福利的贡献。

很清楚，我们所赢得的进步对我们是很宝贵的。任何侵略者都将发现，我们必定拿出一切的力量和勇气来保卫它。我们既不会让自己再受压迫，也不会不援助其他被压迫的人。我们主张各国平等，和平共存，各族人民都自己决定自己的命运。

对于一切愿意和平相处、在互利的条件下贸易的国家和人民，我们都愿和他们友好合作，不论它们的政府是什么形式或抱什么见解。

这种见解，是四万万七千五百万人民所共有的，它空前地保证了和平将在世界各地征服战争。它不威胁任何国家与任何正直的人民。对于一切正在工作和奋斗以求在我们的时代实现和平——这个人类最珍贵的理想——的人，这种见解都是有帮助的。

为亚洲、太平洋区域和全世界的和平而奋斗

——为《人民中国》作

（一九五二年七月三十一日）

定于今年九月在北京举行的亚洲及太平洋区域和平会议，即将在极关紧要的时机举行了。今天，在全世界任何地方，和平都绝不是一个与实际无关的问题。可以绝对肯定地说，在亚洲及太平洋地区，和平是一个迫切的实际问题。在这里，战争实际上正在几个地方进行着。美国违反日本人民明白表示的意志，正在使日本重新军国主义化，准备把它再度变成侵略的基地；美国政府正在对拉丁美洲和亚洲的某些国家施以粗暴残酷的经济和政治压力，企图强迫这些国家参加战争阵营；美国将军们为自己制造更多的痛苦，继续破坏朝鲜停战谈判，对已经化为废墟的朝鲜城市中的妇孺老幼加紧进行罪恶的轰炸，用轰炸和平设施来实行所谓军事压力。这就在他们罪案如山的记录中——其中最恶毒的就是细菌战——又加上了新的罪行。

美国远东政策的残暴和侵略性质，加上西方国家最近在欧洲特别是在德国的蛮横行为，已使国际局势严重恶化。全世界许多人士都为这种情况忡忡不安。连接而来的每一个打击都使他们对这种现象更加惊慌，更加忧虑，也更加恼怒。每一个人都看到自己受到的威胁越来越大：自己的家庭将要受到破坏，或是失去自己的亲人。每一个爱国者都看到自己的国家受到的威胁：驾驭自然和为人民建设幸福生活的机会将在一霎眼间消失在血火之中。因此，对东方西方越来越多的人民就产生了一个任务：怎样对付和制止这种威胁。

生育后代、从事建设和增进人类福利——这是人的一生的主要使命。而

要完成这些使命,和平就是必要的条件。但我们所需要的和这样热切期望的这种和平,我们都知道是必须努力去争取才能得到的。那一小撮战争贩子是狡猾而狂暴的,他们不会轻易放弃追逐利润的阴谋。我们已经一再地看到,他们以为他们可以悍然违反人民的愿望,他们准备随时制造借口来发动战争或扩大战争。这就是说,和平的力量,千千万万的普通人必须保持警惕,必须坚决反对把他们引上灭亡的道路。我们必须大声疾呼,我们必须把我们和一切民族一切国家和平共存的要求变为响亮的有力的声音。我们必须积极行动,随着许多国家许多人士发出和平和合作的呼声,我们必须动员每个国家的一切力量。这就是说,如果我们不愿被一心要毁灭我们的少数人迷惑、欺骗或操纵的话,我们占大多数的人就必须把自己进一步组织起来,以维护进步和文明。

亚洲及太平洋区域和平会议在这一方面的重要性,是无论怎样估计也不为过的。代表十六亿人民的五百名代表将担负一个艰巨的任务,但他们也得到一个机会来缔造亚洲及太平洋区域的和平,这个区域的和平无疑会证明是维护世界和平的中心因素。在人类历史上最伟大的和平运动——世界和平理事会的支持下,在威信卓著的日益发展的各国和平组织的支持下,这个会议是能够采取前所未有的步骤谋求团结,以在世界上人口最稠密的地区实现和平的。

我们有广泛的基础来建立这种团结;这种基础就是:亚洲及太平洋地区内的状况有共同之处,这一点对我们怎样看待和平有着重大的影响。

和平对亚洲及太平洋地区的人民有多方面的意义。和平不仅是意味着没有全面战争。我们长期的痛苦经验证明,即令是在没有全面战争的时候,那些遭受帝国主义压迫的国家也决无和平可言。别的地方也许有和平,但在我们这样一些国家,帝国主义却正威胁着我们的生存。我们大多数国家都有光荣的过去,有着可以建立繁荣的经济的巨大潜能,有着高度的文化。但帝国主义企图把我们的过去化为乌有,它把我们许多国家的经济变成了置之于死命的单一作物经济,或者仅仅是原料和廉价劳动力的供应者。它破坏了我们的文化,并企图用它自己的文化来代替我们的文化。这就是帝国主义在亚洲和太平洋许多地方横行的情况。它给我们带来了巨大的贫困和愚昧,惊人的死亡率和可怕的停滞。它激起了我们大家的愤怒。

因此,在亚洲及太平洋各国人民看来,和平和民族独立是密切联系而不可分的。和平必须建筑在一切民族平等和各国建立互利关系的基础上。只有各国人民能够按照自己的愿望,按照自己最大的利益,不受外来干涉自己管理自己的国家的时候,这一切才有可能。而这又和建立这样的和平的问题密切联系着,在这样的和平中,各个国家能够按照全世界最大的利益互相合作,无论它们的政治制度和经济制度有着多么大的不同。

这种对和平的观念是亚洲和太平洋各国人民所广泛接受的。无论在哪一个阶层的人民里——无论在工人、农民、知识分子、政府官员或工商界人士当中,都可以找得到这种见解的重要部分,或者这种见解的全部。这种看法,已成了我们对今天世界局势的根本见解。可以说,这种由于以前的事例而产生的见解,已经因为中国人民的胜利而进一步无限地提高了。

中国在近代历史中曾经一度被称为“亚洲病夫”。这曾经是许多人对我们的看法,有些人是出于怜悯,有些人则是出于嘲讽。现在,应该谁都不再怀疑,今天这样的怜悯已经不恰当了,嘲讽则已证明只是使嘲讽者自己倒霉的过低估计了。因为在短短的三年里,中国人民已使他们的国家提高到应有的地位,成了世界上的领导者之一。我们恢复了我们的民族尊严。我们锻炼出了一股新的威力。这些震撼大地的成就的取得,是因为我们胜利地进行了争取独立的斗争,是因为我们宣告并实行了人民民主制度。我们以这些胜利,以我们在建设祖国当中的飞跃进步,为亚洲和太平洋人民树立了一个新的范例。我们使他们对他们自己的问题能有新的看法。

中国人民现在之所以享有日益增高的威信,还有另外一个原因,这就是我们坚定不移地维护和平。和平是我们国家和民族的传统。在我们中国人和亚洲及太平洋各国人民保持着来往关系的几千年中,我们从来不曾有过好战的举动。在目前的时期里,和平是我们中华人民共和国外交政策的基本原则。我们已经在一切方面证明,对于我们来说,谋求和平是重大的事业。我们,无论作为整体或作为个人来说,在执行我国的政策的时候,在保卫我们国土的时候,指导和决定我们的行动的原则始终是对和平的要求。

亚洲和太平洋地区的人民已认识到这个事实;他们派遣代表到我们的首都,为谋求和平而采取新的历史性的步骤,就足以证明这一点。北京,是在中国人民团结的中间诞生出来的。现在,在亚洲和太平洋各国人民争取各国和谐共处的斗争中,北京又成了他们新的团结的发祥地。

这样看来,亚洲及太平洋区域和平会议是全世界和平运动普遍高涨的结果。派代表出席这次会议的各国人民将有一个巩固的团结基础,因为和平是他们所要求的,和平是解决他们本国问题的一个要素。最后,这次和平会议要在一个致力于维护和保卫世界安宁与合作的国家、城市和人民中举行。会议的成果一定会非常丰硕而辉煌。

我们可以确信,这些成果一定和最近在亚洲及太平洋地区举行的另一个会议的成果大不相同。我这里所指的是美国政府为成立"太平洋理事会"而召开的会议。在这个会议上,他们口里也谈和平,然而事实上却是策划更进一步的侵略。在这个会议上,他们口里也谈和"落后"国家合作,然而事实上他们却实行更进一步奴役某些亚洲和太平洋国家的计划。在这个会议上,他们也谈所谓各国人民的平等,然而事实上对这个"理事会"发号施令的只不过是一个国家——美国的政府。

必须指出,领导这个战争理事会的美国政客们丝毫不能代表美国人民。事实上美国人民甚至不能走进会场的大门。这和亚洲及太平洋区域和平会议恰成鲜明对照;亚洲及太平洋区域和平会议将是一个讲坛,从这里可以听到真正的美国人民的声音。

我们诚恳地希望美国人民能够派遣一个很大的代表团出席和平会议。美国人民是一个太平洋国家的成员,他们热切地关心我们所决定的问题;他们也确实能够作出贡献。会议将使他们有机会了解世界的这个地区在想些什么。已经有人用他们的名义做出了许多可怕的事情。他们应该了解这些行为的真相。他们也应该了解亚洲及太平洋各国人民是把他们和进行这些行为的真正罪犯截然分开的,我相信我们能够使他们清楚地认识这个事实。

我们希望美国人民的代表能够亲自来和我们相会,直接了解正在发展的新事态。我们要向他们保证,我们或任何人民掌握政权的国家,都不会威胁他们或他们的生活方式。我们认为,我们能够向他们证明威胁存在于他们自己的国家里,他们的敌人和我们的敌人是同一个敌人。我们要美国人民知道,我们各国人民和各个国家有许多理由应该合作,而没有任何理由互相作战。

我们这些亚洲及太平洋国家人民要和美国人民一道来答复这个问题:"在朝鲜、越南和马来亚进行战争、订立把别的国家当做殖民地的片面条约、重整军备、限制贸易和文化交流——这一切究竟使谁发了财?"一方面,美国公司在一九五一年得到了四百四十八亿美元的利润,等于第二次世界大战前的八倍;另一方面,美国人民平均个人的收入三分之一付了税。我们要和美国人民一道来研究这两个事实之间的相互关系。我们知道这一切事情的直接关系,我们认为美国人民的代表会同意我们的意见。

换言之,我们和他们以及一切爱好和平的人民面对着一个共同的敌人,一小撮靠战争发财的恶人。在反对这个敌人的斗争中,在争取生存、争取和平的斗争中,亚洲及太平洋各国人民把美国人民看做一个盟友,看做一个非常重要的盟友。我们希望他们全力和我们一道奋斗。我们希望他们和我们一道缔造和平,然后使这个世界成为一个充满有成果的劳动和欢乐的地方,成为他们的孩子和我们的孩子都能够平安地生活的地方。我们将要在这个最伟大的十字军中握紧他们的手,使我们的时代成为世界历史上一个最美好的时代。

在亚洲及太平洋区域和平会议中共同工作的许多国家的代表,必将实现一切种族、肤色、信仰和宗教的团结,为争取和平而奋斗! 我们将在一道,为亚洲及太平洋各国人民在今年十二月参加具有非常性质的世界人民和平大会奠定基础! 我们将一道为争取一个人民的世界而大踏步前进!

重印后记

    《为新中国奋斗》一书是宋庆龄在陈毅等人的建议下亲自选编的一部文集，收录其自 1927 年至 1952 年间发表的讲演、文章和声明等共计 63 篇，于 1952 年由人民出版社出版发行，周恩来题写书名。

    为庆祝中华人民共和国成立 70 周年，由上海宋庆龄研究会等主办的"为新中国奋斗——宋庆龄文物文献特展"将于 2019 年 9 月在上海举行。为更真实全面地展现宋庆龄为中国人民谋幸福、为中华民族谋复兴而不懈奋斗的光辉事迹与伟大精神，为进一步领悟宋庆龄与中国共产党人的初心，我们重印这部文集。

    本书第一版为繁体竖排本，此次重印改为简体横排本，除统一规范个别文字标点外，其他均无改动。

    谨以此书与新时代的奋斗者共勉！

中华人民共和国名誉主席宋庆龄陵园

2019 年 6 月

责任编辑:杨美艳　郑晓方

封面设计:徐　晖

图书在版编目(CIP)数据

为新中国奋斗/宋庆龄 著. —北京:人民出版社,2019.8

ISBN 978－7－01－021229－6

Ⅰ.①为… Ⅱ.①宋… Ⅲ.①政论-中国-文集 Ⅳ.①D602-53

中国版本图书馆 CIP 数据核字(2019)第 184839 号

为新中国奋斗

WEI XINZHONGGUO FENDOU

宋庆龄　著

人 民 出 版 社 出版发行

(100706　北京市东城区隆福寺街 99 号)

上海龙腾印务有限公司印刷　新华书店经销

2019 年 8 月第 2 版　2019 年 8 月北京第 1 次印刷

开本:710 毫米×1000 毫米 1/16　印张:17

字数:260 千字

ISBN 978－7－01－021229－6　定价:49.00 元

邮购地址 100706　北京市东城区隆福寺街 99 号

人民东方图书销售中心　电话 (010)65250042　65289539